中炮对反宫马

金启昌　杨仕俊　凡逊　编著

人民体育出版社

前 言

象棋是中华民族博大精深的文化遗产，它已成为人类开启智力之窗的重要工具。中国约有1亿多人在下棋，人们对象棋这一奥妙无穷的智力活动进行着不懈的实践和理论探究，逐步摸索总结出很多有规律的布局类型，反宫马就是资历很老的一种。

然而它的发展却经历了坎坷曲折的过程，30年代认为它是“偏局”难登大雅之堂，发展到50年代也认为难以抵挡中炮而遭冷落，经历了历史性的沉默之后于60年代开始崛起。随着棋类事业的兴旺和发展，每年全国大赛和各种比赛频繁举办，老布局不断推陈出新，尤其反宫马得到了迅猛的发展。现代棋手为它付出了辛勤的劳动，进行了精心的雕琢，极大地丰富了这一专题的战略战术，为反宫马布阵注入了活力和勃勃生机。今天我们完全可以说，反宫马和德高望重的屏风马、顺手炮并驾齐驱，并成为抵挡中炮的不可低估的一股力量。

中炮对反宫马（或称半壁河山、夹炮屏风马），是近二十多年来流行于棋坛的重要布局之一。经过广大棋手的不断发掘、整理和创新使其日趋完善，形成一个庞大的体系。

《中炮对反宫马》是一部系统研究反宫马如何抗衡中炮的理论专著。我们在广泛收集国内外重大比赛实战对局资料的基础上，进行了系统整理和分析， 主导思想是针对炮方采取的夹马炮、五六炮、五七炮、五八炮、五九炮等多种进攻方式，采取相应的防范措施，在防守中争先，在运动中抢先，不断与中炮抗衡。近年来，反宫马布局深受广大棋手喜爱，特别引起了很多参与重大比赛棋手的高度重视。

为使广大象棋爱好者能理论研究与实战结合，我们精选了30盘名手对局供大家参考，望读者细心揣摩并悟出更深的道理。

对其战略战术运用的评价和某些着法的推演，大多是我们自己的拙见。由于棋艺水平所限，书中难免有不当之处，希望广大读者批评指正。

本书在编写过程中曾得到杨典、刘海亭的大力协助，在此表示感谢。

金启昌 杨仕俊 凡逊

2009年10月1日于北京

目　录

第一章 中炮盘头马对反宫马

第1局　直车盘头马（1）

1. 炮二平五　马2进3　2. 马二进三　卒7进1
3. 车一平二　炮8平6
4. 兵五进一（图1）
…………

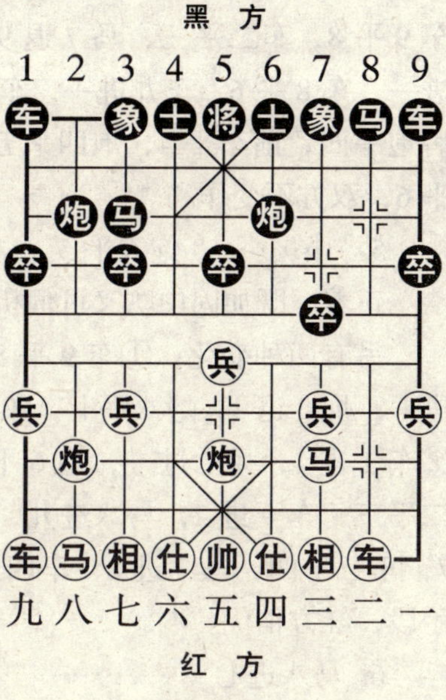

图1

此时进中兵不仅是对反宫马先进7卒，就是对屏风马先进7卒也是行之有效的进攻手段，虽说古老，但雄风犹在。

如图形势，黑方有两种走法，（一）马8进7，（二）车1进1。

第一种走法：马8进7

4. …………　马8进7

正确。另有两种变化：①象

3 进 5，兵五进一，卒 5 进 1，马三进五，马 8 进 7，车二进六，士 4 进 5， 车二平七，车 1 平 4，马五进七，车 4 进 4，马七进六，马 3 退 4，马八进七，卒 5 进 1，马六进七，车 4 退 3，马七退六，红优；②炮 6 平 5，兵五进一，炮 5 进 2（不能卒 5 进 1，这样卒林畅通，红车二进六后黑易处被动形势），马三进五，马 8 进 7，车二进六，卒 3 进 1，炮五进三，卒 5 进 1，炮八平五，红方先手。

5. 车二进六　…………

至此形成中炮过河车进中兵对反宫马布局。如改走兵五进一，则炮 6 平 5，马八进七（如兵五平六，炮 2 平 1，马八进七，车 1 平 2，车九平八，车 2 进 6，炮八平九，车 2 平 3，车八进二，卒 3 进 1，黑方易走），炮 2 平 1，炮八退一，车 1 平 2，炮八平五，士 6 进 5，马三进五，卒 5 进 1，车二进六，车 9 平 8，车二平三，马 7 退 9，车三平七，车 8 进 2，车七进一，车 8 平 6，车九进一，车 2 进 3，炮五进三，车 2 平 6，后炮平四，前车平 4，炮四平五，车 4 平 6，炮五平四，车 4 平 6，双方不变作和。

5. …………　炮 6 平 5

正着。既加固中防又可伺机反击。

另有两种变化：①车 9 平 8，车二平三，车 8 进 2，兵七进一，炮 2 退 1，炮八平七，象 7 进 5，兵五进一，红方先手；②车 1 进 1，兵七进一，炮 6 平 5，炮八平七，象 3 进 1，车二平三，车 9 进 2，马八进九，炮 2 退 1，车九平八，炮 2 平 7，车三平四，马 7 进 8，车四退三，以后有车八进六的进击手段，红方稍优。

6. 马八进七　…………

如改走车二平三，则车 9 进 2，以下有两种变化：①炮八平七，炮2退1，马八进九（如兵七进一，炮2平7，车三平四，马7进8，车四退三，车1平2，兵七进一，卒3进1，炮七进五，炮5进3，黑方反先），炮2平7，车三平四，马7进8，车四退三，车1平2，至此，黑方满意；②马八进七，车1进1（如卒3进1，车三退一，象3进1，马七进五，炮2进2，车三进一，马3进4，兵五进一，马4进5，兵五进一，炮5退1，兵五进一，红方占优），炮八平九，炮2退1，车九平八，炮2平7，车三平四，马7进8，黑方满意。

至此，黑方有两种应着：（甲）车9进2，（乙）车1进1。

（甲）车9进2

6. ………… 车9进2

提前预防红方车二平三压马，还可以在需要的时候平8兑车，走得很灵活。

7. 车九进一 …………

如改走炮八平九，则车1进1，车九平八，炮2退1，黑方各子活跃易走。

7. ………… 马7进6

如改走炮2进4，则兵五进一，卒5进1，车二平七，车1进2，马七进五，炮2退5（如炮2平5，则马三进五，车1平2，炮五进三，马7进5，炮八平五，红优），马五进六，炮5进6，相三进五，马7进5，车九平六，红方先手。

8. 兵五进一　炮5进2　　9. 马七进五　炮5进3

10. 相三进五　马6进5　　11. 马三进五　车1进1

12. 兵三进一　车1平4　　13. 兵三进一　车4进5

14. 马五进三　车9平6　　15. 车九平三　车6进3

16. 仕四进五　炮 2 进 2　　17. 兵七进一　象 3 进 5

18. 兵三平二　士 4 进 5　　19. 车二平四　车 6 平 3

黑方满意。

（乙）车 1 进 1

6. …………　车 1 进 1　　7. 车二平三　…………

另有两种变化：①兵五进一，卒 3 进 1，兵七进一，炮 2 进 1，车二退二，卒 5 进 1，兵七进一，马 3 进 5，兵七进一，车 1 平 3，车二平七，车 9 进 1，相七进九，卒 5 进 1，炮八进二，炮 2 进 1，炮八平五，士 6 进 5，车九平八，炮 2 平 5，后炮进三，炮 5 进 2，炮五进二，马 7 进 5，车八进五，红优；②车九进一，车 1 平 4，车二平三，车 9 进 2，兵五进一，炮 5 进 2，马七进五，炮 5 进 3，相三进五，卒 3 进 1，兵七进一，炮 2 进 1，车三退一，象 7 进 5，车三退一，车 4 进 5，兵七进一，象 5 进 3，车九平四，象 3 进 5，仕四进五，炮 2 进 3，炮八平七，马 3 退 1，车三平五，车 9 平 8，马五进三，车 4 平 7，车五平八，车 8 退 1，双方对峙。

7. …………　车 9 进 2　　8. 马七进五　…………

如改走炮八平九，则炮 2 退 1，车九进一，炮 2 平 7，车三平四，马 7 进 8，车九平四，士 4 进 5，前车进二，炮 7 进 5，相三进一，卒 7 进 1，相一进三，车 1 平 4，前车平二，车 4 进 3，马七进五，车 4 平 7，兵五进一，炮 5 进 2，炮五进三，卒 5 进 1，马五进六，车 9 平 4，马六进七，车 4 平 3，车四进二，卒 5 进 1，车二退二，卒 1 进 1，黑方易走。

8. …………　炮 2 退 1

退炮左移是攻守兼备的好棋。如车 1 平 4，兵三进一，红方优势。

9. 兵五进一　炮2平7　　10. 车三平四　车1平4

11. 车九平八　炮7平5　　12. 炮八进五　…………

进炮邀兑，削弱黑方中路的力量。如改走炮八平七，卒5进1，炮七进四，马3进5，黑优。

12. …………　卒5进1　　13. 炮八平五　象7进5

14. 马五进七　马7进5　　15. 马七进五　车4进4

16. 马三进五　象5退7

正确。否则红方车八进一后，黑方不好应付。

17. 车四退一　炮5进1　　18. 车八进六　卒3进1

19. 兵七进一　士4进5　　20. 车八平七　象3进1

21. 兵七进一　象1进3　　22. 马五进七　车4平5

23. 仕四进五　车9平8　　24. 炮五进一

红优。

第二种走法：车1进1

4. …………　车1进1　　5. 炮八平七　…………

平七路炮从进攻角度考虑紧凑，从防守要求考虑它又十分稳健。

5. …………　马8进7

如改走象3进5，则马八进九，马8进7，车九平八，炮2退1，车二进六，车9进2，兵五进一，炮2平5，马三进五，车1平4，马五进六，红先。

6. 炮七进四　象3进5　　7. 马八进七　炮2退1

8. 车二进六　车9进2　　9. 兵五进一　卒5进1

10. 马三进五　炮2平5　　11. 马五进七　象5进3

12. 车二平六　炮6平5　　13. 车九平八　马7进6

14. 车八进九　后炮平7

必走。否则红方车六进三，马3退4，炮七进三，马4进3，炮七退一，妙杀。

15. 车八退四　炮5进5　　16. 相七进五　卒5进1

17. 马七进五　车9平5　　18. 车八平七　炮7平5

19. 车六退一　车5进1

黑优。

第2局　直车盘头马（2）

1. 炮二平五　马2进3　　2. 马二进三　炮8平6

3. 车一平二　马8进7　　4. 兵五进一（图2）…………

直攻中路是古老的走法。

如图形势，黑有三种走法：（一）车1进1，（二）炮2平1，（三）炮6平5。

黑　方

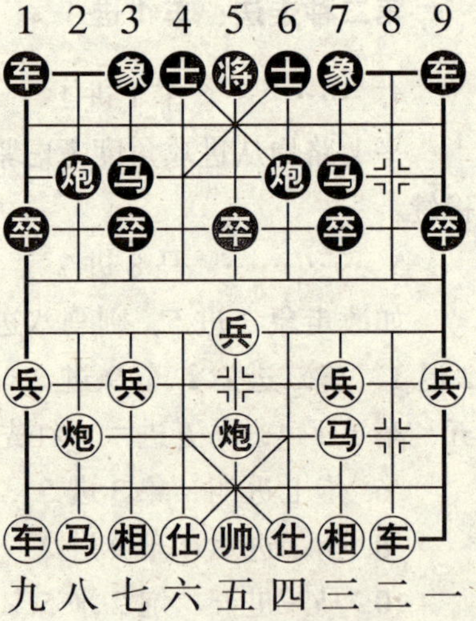

红　方

图2

第一种走法：车1进1

4. …………　车1进1

横车是应付进中兵的惯用手段。

至此，红方有两种着法：（甲）炮八平七，（乙）马八进七。

（甲）炮八平七

5. 炮八平七　…………

红方平七路炮颇有远见，灵活之着。

5. …………　象3进5

如改走卒7进1，则炮七进四，象3进5，马八进七，炮2进4，车九平八，炮2平7，兵五进一，卒5进1，马三进五，车1平4，车二进六，车4进5，车八进五，车9平8，车二平四，士6进5，车八平五，车8进4，兵七进一，红优。

6. 马八进九　车1平4　　7. 车九平八　炮2退2
8. 兵五进一　卒5进1　　9. 车二进五　卒5进1
10. 车八进四　士4进5　　11. 车八平五　卒7进1
12. 车二进一　马7进6　　13. 车五进一　马6进7
14. 炮七进四　车9进2　　15. 马三进五

红方先手。

（乙）马八进七

5. 马八进七　炮6平5

平中炮，遏制红方中路攻势。如改走炮6进5，则兵五进一，炮6进3，马三进五，炮3平4，马五进六，红方弃子占优。

6. 炮八平九　卒7进1　　7. 车九平八　炮2退1
8. 仕四进五　马7进6

黑方疾进河口马操之过急。应走炮2平5，车八进五，车9进2，黑方可以抗衡。

9. 兵五进一　卒5进1　　10. 车八进七　马3退5
11. 车八退二　马5进7　　12. 车八平五　炮2平5

13. 车五平六　马 6 进 7　　14. 车二进六　后炮进 6

15. 炮九平五　前马进 5　　16. 相三进五　车 9 平 8

由于黑方出马不当，经过一番兑子之后，黑虽兵种齐全，但双车晚出，左马易受攻击，已落后手。

17. 车二平三　马 7 退 9　　18. 马七进五　车 1 平 6

19. 车六平三　象 7 进 9　　20. 后车平五　车 8 平 7

21. 车三平七　车 7 进 4　　22. 车五平三　象 9 进 7

23. 车七平一

至此，红方双马活跃，多兵，胜利在望。

第二种走法：炮 2 平 1

4. …………　炮 2 平 1　　5. 马三进五　车 1 平 2

6. 马八进七　车 9 进 1　　7. 车九平八　车 2 进 6

8. 车二进六　车 9 平 4　　9. 车二平三　炮 6 退 1

10. 兵五进一　炮 6 平 7　　11. 车三平四　…………

平车控制肋道，是新变化。

11. …………　炮 7 平 5　　12. 炮八平九　车 2 进 3

13. 马七退八　车 4 进 5　　14. 马八进七　炮 5 进 3

炮打中兵正着。如改走卒 5 进 1，则马五进三，车 4 平 3，马三进二，红方先手。

15. 炮五进三　卒 5 进 1　　16. 车四平七　马 3 进 5

右马盘中正着。如改走马 7 进 5，则炮九退一，士 4 进 5，炮九平五，象 7 进 5，马五进四，车 4 进 1，马四进二，红方先手。

17. 炮九进四　马 5 退 4　　18. 车七平三　车 5 进 1

黑方反先。

第三种走法：炮6平5

4. ………… 炮6平5

反架中炮是一种强硬的手段。

5. 马八进七 车1进1

如改走卒7进1，则车二进六，车9平8（如马7进6，则兵五进一，红优），车二平三，车8进2，车九进一，炮2退1，马七进五，炮2平7，车三平四，马7进8，车四进二，炮7进5，相三进一，车1平2，炮八平六，红优。

6. 炮八平九 …………

亦可走车二进六，以下车9进2，炮八平九，炮2退1，车九进一，炮2平5，车九平六，卒5进1，兵五进一，后炮进3，仕六进五，车1平2，车六进四，前炮进1，车二平三，马7进5，帅五平六，马5进6，车三平七，后炮进5，炮九平五，马6进5，相三进五，红优。

6. ………… 炮2退1　　7. 车九进一 …………

如改走车九平八，则炮2平5，以下变化复杂，双方各有千秋。

7. ………… 炮2平5　　8. 车九平六 前炮进3
9. 仕六进五 卒5进1　　10. 车二进六 马7进5
11. 车二平三 车9进2　　12. 车六进五 车1平4
13. 车六进二 马5退4　　14. 车三平六 马4进5
15. 马三进五 炮5进2　　16. 炮九平五 卒5进1
17. 马五进三 卒5平6　　18. 马三进二 炮5进6
19. 相三进五 车9平8

双方大体均势。

第3局 横车盘头马

1. 炮二平五　马2进3　　2. 马二进三　炮8平6

3. 车一进一　…………

用横车攻反宫马是近期流行的阵法。

3. …………　马8进7　　4. 车一平四　…………

平车四路牵制黑方左翼马炮的活动，是横车的精髓。

4. …………　车9平8　　5. 马八进七　士4进5

6. 兵五进一　…………

形成中炮横车进中兵对反宫马的流行局势。

6. …………　卒3进1

挺3卒准备伺机跃出右马助战。如改走炮6平5，则马七进五，炮2进4，兵五进一（如车四进五，炮2平5，马三进五，车1平2，炮八平六，卒3进1，兵五进一，卒5进1，马五进四，炮5进5，相七进五，卒7进1，车四平三，马7进5，仕六进五，车8进2，兵三进一，象7进9，车九平七，车8平6，兵三进一，马5进7，马四退三，卒5进1，黑方易走），炮2平5，马三进五，车1平2，车九进二，卒3进1（如卒5进1，马五进六，马3退4，马六进五，马4进5，炮八退一，车8进5，车九平六，车2进5，炮八平九，红优），炮八退一，卒5进1，马五进四，车8进2，炮八平五，马7退8，马四进五，象7进5，车九平六，车8平6，车四进六，士5进6，车六进六，红优。

7. 马七进五（图3）…………

如图形势，黑方有两种走法：（一）马3进4，（二）车

8 进 4。

第一种走法：马 3 进 4

7. ………… 马 3 进 4

跃马准备兑掉一只连环马，是类似局面常规手段，也是进3 卒后的继续。

8. 兵七进一 …………

兑七兵保持复杂变化。如改走兵五进一，则马 4 进 5，马三进五，炮 2 平 5，黑方反先。

黑 方

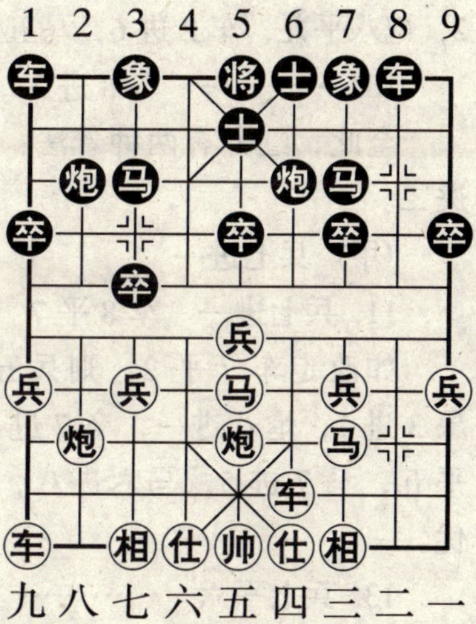

红 方

图 3

8. ………… 马 4 进 5

正着。如改走象 3 进 5，则兵五进一，马 4 进 5，马三进五，卒 5 进 1，马五进六，车 1 平 4，兵七进一，象 5 进 3，车四进六，象 3 退 5，马六进七，士 5 进 6，马七进六，将 5 平 4，炮八平九，车 8 进 5，车九平八，炮 2 平 3，车八进九，将 4 进 1，车八退四，车 8 平 4，仕六进五，卒 5 进 1，车八进三，将 4 退 1，车八进一，将 4 进 1，炮五平六，将 4 平 5，车八退三，将 5 退 1，炮九进四，红方稍占先手。

9. 马三进五 车 8 进 4

巡河车稳健。如改走炮 6 平 5，则兵七进一，车 8 进 4，兵五进一，炮 5 进 2，兵七平六，炮 5 进 3，相七进五，炮 2 平 5，马五进四，车 1 平 2，车九平八，红方先手。

10. 炮八进三 …………

进炮打车抢先，好棋。如改走兵五进一，则炮 2 平 5，兵七进一，炮5进2，兵七平六，炮5进3，相七进五，车1平2，炮八平九，车2进6，马五进七，车8平4，双方均势。

10. ………… 车8进2

至此，红方有两种着法：（甲）兵七进一，（乙）车四进二。

（甲）兵七进一

11. 兵七进一 车8平7　12. 马五进七 象3进5

如改走车7平2，则兵五进一，炮6平5，兵七平六，象3进1，炮八进一，卒7进1，马七进六，车1平3，炮八平五，马7进5，马六进八，车2退4，炮五进四，红方占优。

13. 兵七平六 …………

如改走兵五进一，则车1平3，兵五平六，炮2平3，马七退六，车7平4，仕四进五，卒7进1，车四进五，车3平2，相七进九，车2进3，炮八退四，马7进8，兵六平五，卒7进1，车四退一，马8进6，炮五平四，炮3平4，炮八平六，车4平7，双方对峙。

13. ………… 车1平3　14. 相七进九 车7平2

15. 马七进六 车2平4　16. 兵五进一 卒5进1

17. 马六进四 士5进6　18. 兵六平五 士6退5

19. 车九平七 车3进9　20. 相九退七 车4平5

21. 车四进五 车5退2　22. 车四平八 炮2平4

黑方略优。

（乙）车四进二

11. 车四进二 …………

提车保兵很必要，不让黑方打通兵线，似笨实佳。

11. ………… 炮6平5

黑方反架中炮是改进后的着法。另有两种变化：①卒3进1，马五进七，象3进5，炮五进四，车1平4，相七进五，车8退1，兵五进一，炮6进3，炮五平六，车4平3，仕六进五，车3进4，炮八退四，炮6平4，车四平五，卒7进1，炮六退一，炮2平4，炮八平七，车3平2，车九平七，红优；②炮6退1，车四进五，车8平7，兵七进一，车7平5，兵七进一，车5平2，炮八进一，炮2平5，仕四进五，车1进2，车九进二，车1平4，车九平七，象3进1，炮八平五，马7进5，炮五进四，红优。

12. 兵七进一　象3进1　　13. 兵五进一　车1平3

14. 兵五进一　马7进5　　15. 炮五进四　车3进4

16. 相七进五　…………

正着。如改走炮八退三，则炮2进4，车四进三，车3进2，黑方易走。

16. …………　车3平5

捉炮正着。如改走车3平2，则马五进七，红方先手。

17. 仕六进五　车5退1　　18. 马五进六　车5平4

19. 车九平六　炮5平6

如改走炮2平4，则车四进三，红方先手。

20. 车四进三　车4平6　　21. 马六进四

红优。

第二种走法：车8进4

7. …………　车8进4

黑车巡河稳健。

8. 兵七进一　象3进5　　9. 炮八平七　…………

另有两种变化：①兵五进一，卒5进1，兵七进一，象5

进3，车四进五，炮6平5，炮八平七，卒5进1，炮七进五，卒5进1，马三进五，炮5进5，相七进五，车8平5，马五进三（如车九平八，车5进2，车八进七，车1平3，局势平稳），车5退1，车九平八，卒7进1，车四平五，马7进5，车八进七，卒7进1，兵三进一，马5退3，车八平七，象3退5，车七退一，卒1进1，双方均势；②车九进一，车1平4，车九平七，卒3进1，兵五进一，卒5进1，车七进三，马3进2，炮八进二，炮2进3，车七平八，马2进4，车四进三，马4进5，相三进五，车8进2，黑方较优。

9. ………… 马3进2　10. 兵五进一　卒5进1
11. 兵七进一　卒5进1　12. 兵七平八　卒5进1
13. 马三进五　车8平2　14. 马五进七　车1平4
15. 车四进五　车2平4　16. 相七进九　卒7进1
17. 车四平三　炮6退1　18. 炮七平六　前车平3
19. 炮六平七　车3平4　20. 车九平八　炮6平7
21. 车三平四　炮2退1　22. 炮五进三

红优。

第4局　双横车盘头马

1. 炮二平五　马2进3　2. 马二进三　炮8平6
3. 车一进一　马8进7　4. 马八进七　车9平8
5. 车九进一（图4）…………

至此，形成中炮双横车对反宫马阵式，别具一格。如图形势，黑有两种走法：（一）炮2平1，（二）士4进5。

第一种走法：炮2平1

5. ………… 炮2平1

如改走卒7进1，则兵五进一，士4进5，马七进五，炮6平5，车一平四，炮2进4，炮五退一，炮2平5，马三进五，车1平2，炮八平五，车2进7，车九进一，车2平1，相七进九，车8进6，车四进五，车8平7，车四平三，马7退9，车三平一，马9进7，车一平三，马7退9，兵五进一，卒3进1，马五进四，车7平4，兵五进一，红优。

黑 方

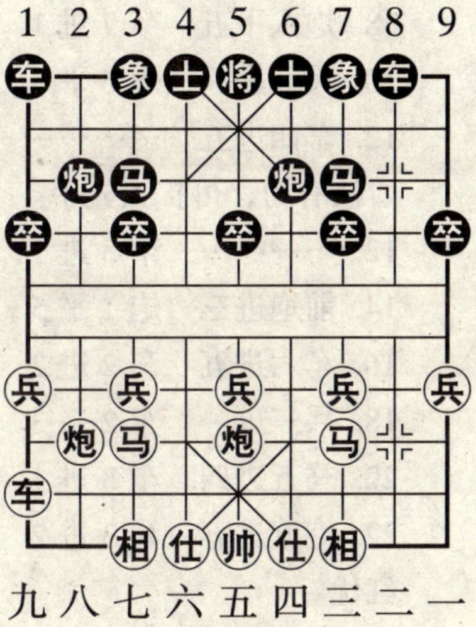

红 方

图4

6. 兵五进一 车1平2

7. 炮八退一 …………

红方退炮极为灵活。

至此，黑方有两种应法：（甲）士4进5，（乙）炮6平5。

（甲）士4进5

7. ………… 士4进5

如改走卒7进1，则炮八平五，炮6平5，车九平六，车8进6，车一平四，车8平7，马三进五，车2进4，车六进七，马7进6，兵五进一，马6进5，马七进五，炮1进4，马五进六，车7平4，马六进五，车4退5，车四进八，将5进1，兵五进一，车4进7，兵五平六，将5平4，车四平六，红方胜势。

8. 炮八平五　卒7进1　　9. 车一平四　车2进4

10. 兵五进一　炮6平5　　11. 马三进五　卒5进1

12. 车四进五　…………

着法有力，可扩大先手。

12. …………　卒5进1　　13. 前炮进二　马7进5

14. 前炮进三　炮1平5　　15. 车九平六　车8进7

16. 车六进五　车2进2　　17. 相七进五　卒3进1

18. 兵三进一　车2平3　　19. 兵三进一　车8退2

20. 马五进四　车3进1　　21. 兵三进一　车8退3

22. 炮五进五　马3进2　　23. 车四平五

红优。

（乙）炮6平5

7. …………　炮6平5

及时补架中炮，是反宫马在类似局面的常规手段。

8. 炮八平五　卒3进1　　9. 车九平六　车8进4

10. 车一平四　士4进5　　11. 马三进五　…………

如改走车六进五，则马3进2，黑方易走。

11. …………　车8平4　　12. 车六进四　马3进4

13. 车四进四　…………

稳健，如改走兵五进一，则马4进5，马七进五，炮1进4，马五进四，炮1进3，黑方底线有攻势。

13. …………　马4进3　　14. 车四平七　马3进5

15. 相三进五　炮5进3　　16. 车七退一　炮5退1

17. 马五进四　炮5进4　　18. 仕四进五　象7进5

19. 车七进二　卒7进1　　20. 马四进三　炮1平7

21. 车七平五

双方均势。

第二种走法：士4进5

5. ………… 士4进5 6. 车一平六 …………

如改走车一平四，则卒3进1，车九平六，车8进4，兵五进一，象3进5，马七进五，炮2平1，炮八进四，车1平2，炮八平三，炮1进4，兵五进一，卒5进1，马五进六，马3进4，车六进四，炮6进4，兵七进一，车1进6，车六平七，炮6平5，双方对攻。

6. ………… 象3进5 7. 兵五进一 卒7进1

黑方进7卒似不如炮6进5为好。

8. 马七进五 马7进6 9. 兵五进一 马6进5
10. 马三进五 卒5进1 11. 马五进七 炮2进3
12. 马七进六 车1平3 13. 炮八平七 车8进5
14. 兵七进一 炮6进1 15. 车九平八 车8平4
16. 车六进三 炮2平4 17. 车八平四 炮6平7
18. 车四进七 马3退4 19. 车四退三 车3进2
20. 车四平五 炮7退2 21. 仕四进五 马4进2
22. 炮七平六 士5进4 23. 车五进二

红优。

第二章
五六炮进三兵对反宫马

五六炮进三兵对反宫马是近几年来一种新兴的布局，在名手实战对局中经常出现。这种布局到目前还在不断发展。炮方主要战略是两翼子力平均发展，运用双车牵制对方，稳扎稳打，逐步扩先。马方则在巩固阵地中，力争主动，寻求反击。这种布局的特点是双方互缠紧凑，对峙性较强，双方多是在中残局分出高低。

下面按双方布局阵式，共分20局详细介绍。

第一节　黑飞左象局型

第1局　红起右横车

1. 炮二平五　马2进3　　2. 马二进三　炮8平6

3. 兵三进一　卒3进1

双方互进三兵（卒），是中炮对反宫马的主要流行体系，攻守内容丰富多彩，目前正在深入发展。

4. 马八进九　象 7 进 5
5. 炮八平六　车 1 平 2
6. 车九平八　马 8 进 7
7. 车一进一（图 1）
…………

起横车攻法新颖，一般多走车八进四或进六，请见下局介绍。

如图形势，黑方有炮 2 进 4、士 6 进 5 两种着法，演变如下：

黑　方

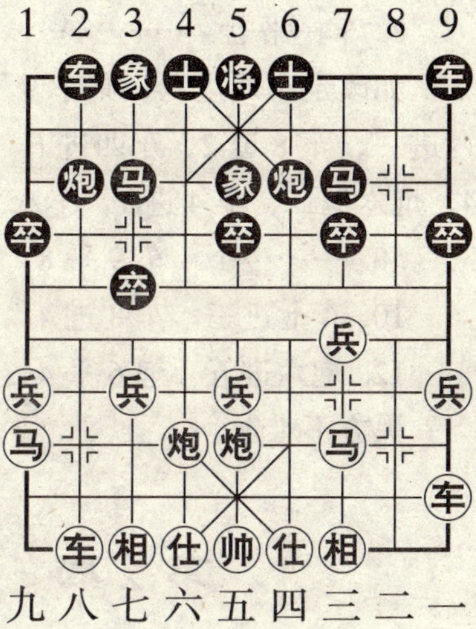

红　方

图 1

（一）炮 2 进 4

7. …………　炮 2 进 4
8. 兵七进一　卒 3 进 1
9. 车一平七　…………

红方弃七兵闯出横车，着法匠心独运。

9. …………　炮 2 退 5　　10. 车七进三　炮 2 平 3
11. 炮五进四　…………

炮打中卒好棋。黑如士 6 进 5，则炮五平七压马占优。

11. …………　马 3 进 5　　12. 车八进九　马 5 退 3
12. 车八退五　炮 3 进 4　　14. 车八平七　马 3 进 2
15. 马三进四　车 9 平 8　　16. 马四进六　…………

红优。

（二）士 6 进 5

7. 士 6 进 5

补士巩固阵地，以逸待劳。

8. 车一平七　…………

如改走车八进六，则车9平8，车一平四，车8进6，炮六进一，车8退2，车四进五，卒3进1，车四平三，卒3平4，炮六退二，卒4进1，车八平六，车8退2，黑优。

8. …………　车9平8　　9. 兵七进一　卒3进1

10. 车七进三　车8进4　　11. 车七进二　炮2退1

12. 炮六进五　炮6平4　　13. 车七进一　炮2进7

黑方不难走。

第2局　红升左车

1. 炮二平五　马2进3
2. 马二进三　炮8平6
3. 兵三进一　卒3进1
4. 马八进九　象7进5
5. 炮八平六　车1平2
6. 车九平八　马8进7

(图2)

如图形势，红方有车八进四、车八进六两种走法，演变如下：

黑　方

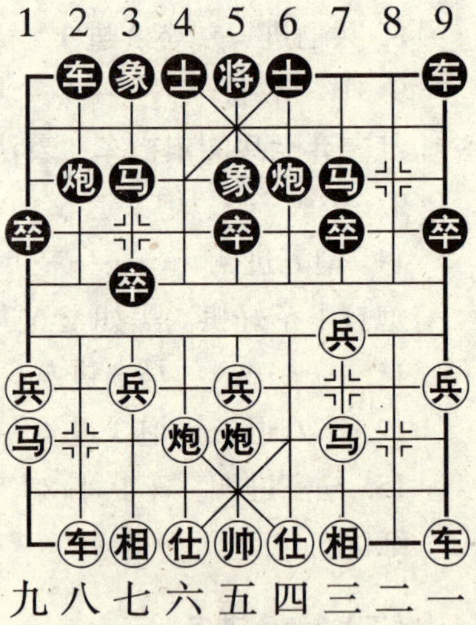

红　方

图2

(一) 车八进四

7. 车八进四

左车巡河是一路稳健的

走法。

7. ………… 车9平8　　8. 兵九进一 …………

等一手，含蓄。如改走车一平二，则车8进9，马三退二，士4进5（如炮2平1，则车八进五，马3退2，炮五进四，士6进5，马二进三，炮6进4，炮五退一，红多中兵占先），兵九进一，炮2平1，车八平六（可改走车八进五，以下马3退2，炮五进四，马2进3，炮五退一，红较好），车2进4，马二进三，卒3进1！车六平七，卒7进1，马三进四，卒7进1，马四进五，马3进5，炮五进四，炮1平3，相三进五，卒7进1，各有千秋。

8. ………… 士4进5　　9. 仕四进五　车8进4

10. 车一平二　车8平6　　11. 车二进三 …………

升车老练，攻守兼备。如改走车二进六，则炮2进1，红方无趣。

11. ………… 炮2退1　　12. 炮六进四　车6平4

13. 车八进二　卒3进1　　14. 兵七进一　炮2平4

15. 炮六平三　车2进3　　16. 炮三平八　车4进1

17. 兵五进一　车4平3　　18. 马三进五　车3退2

19. 炮八退二　车3进6　　20. 炮五平三　马7进6

21. 兵五进一　马6进5　　22. 车二平五　卒5进1

23. 车五进二

红方较优。

（二）车八进六

7. 车八进六　车9平8

如果改走士6进5，则车一平二，炮2平1，车八进二，马3退2，炮五进四，马2进3，炮五进七，卒1进1，兵五进一，车9平8，车二进九，马7退8，炮六进六，马3进5，兵五进一，马5退7，炮六平九，炮6退1，炮九进一，红中兵过河占优。

8. 马三进四　…………

如改走车一进一，则士6进5，车一平四，炮2平1，车八进三，马3退2，炮五进四，车8进6，车四进五，车8退2，炮五平八，马2进3，双方平稳。

8. …………　炮6进1　　9. 炮六进四　炮6平4

10. 车八平六　车8进4　　11. 马四进三　炮2进4

12. 兵五进一　车8退1　　13. 炮五平三　马3进2

14. 车六退二　马7退8　　15. 兵一进一　炮2进1

16. 车一进三　士6进5

双方均势。

第3局　黑补左士

1. 炮二平五　马2进3　　2. 马二进三　炮8平6

3. 车一平二　马8进7　　4. 兵三进一　卒3进1

5. 马八进九　象7进5　　6. 炮八平六　车1平2

7. 车九平八　士6进5（图3）

补士巩固中防，求取稳健。

如图形势，红方有车八进四、车八进六两种走法，演变如下：

(一）车八进四

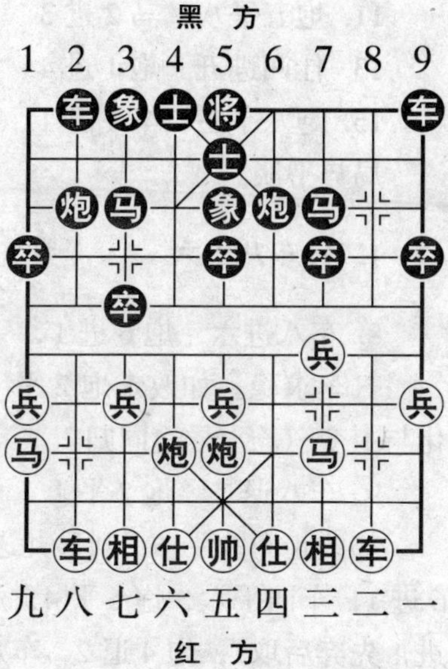

图3

8. 车八进四　…………

以下黑方有卒 9 进 1、炮 2 平 1 两种着法。

（甲）卒 9 进 1

8. 卒 9 进 1　…………

9. 兵九进一　…………

良好的等着。如改走车二进六，则炮 2 进 1，车二进二，卒 7 进 1，兵三进一，马 7 进 9，车二退四，马 9 进 7，黑方反先。

9. …………　卒 9 进 1

10. 炮五退一　炮 2 平 1

11. 车八进五　马 3 退 2　　12. 炮五平一　炮 1 进 3

13. 兵一进一　车 9 平 8

如误走车 9 进 5，则相三进一打死车。

14. 车二进九　马 7 退 8　　15. 兵一进一　马 2 进 3

16. 兵一平二　炮 1 进 1　　17. 相三进五

红方稍先。

（乙）炮 2 平 1

8. …………　炮 2 平 1　　9. 车八进五　马 3 退 2

10. 炮五进四　炮 6 进 4

如改走马 2 进 3，则炮五退一，炮 1 进 4，仕六进五，炮 6 进 1，炮六进六，马 3 进 4，相三进五，红先。

11. 炮五平八　马 2 进 3　　12. 车二进三　车 9 平 6

13. 仕四进五　炮 1 进 4　　14. 相三进五　马 7 进 5

15. 炮八平三　卒 1 进 1　　16. 车二进三　卒 9 进 1

局势平淡。

（二）车八进六

8. 车八进六　炮 6 进 1

打车求稳。如改走炮 2 平 1，则车八进三，马 3 退 2，变化与上变（乙）异途同归。

9. 车八退二　炮 2 平 1　　10. 车八平四　炮 6 退 3

如改走车 9 平 6，则兵九进一，车 2 进 4，仕四进五，炮 6 进 1，车四平六，炮 6 平 4，炮六平七（如炮六进三，则卒 3 进 1 先弃后取），炮 4 退 2，车六进二，红先。

11. 兵九进一　车 2 进 4　　12. 仕四进五　炮 6 平 7

13. 炮五平四　卒 7 进 1　　14. 兵三进一　炮 7 进 4

15. 相三进五　马 3 进 4　　16. 车四平六　卒 3 进 1

17. 兵七进一　炮 1 平 4　　18. 车六平五　炮 4 平 3

19. 车二进六　车 9 平 7

双方均势。

第 4 局　红退马捉炮对黑进炮封车（1）

1. 炮二平五　马 2 进 3　　2. 马二进三　炮 8 平 6

3. 车一平二　马 8 进 7　　4. 兵三进一　卒 3 进 1

5. 马八进九　象 7 进 5　　6. 炮八平六　车 1 平 2

7. 车九平八　炮2进4

进炮封车是黑方目前一种流行变例，双方攻守内容丰富，变化比较复杂。

8. 马九退七　…………

退马捉炮消除黑炮在兵线封车。如改走车二进六过河车，请见第13~16局介绍。

8. …………　炮2进2（图4）

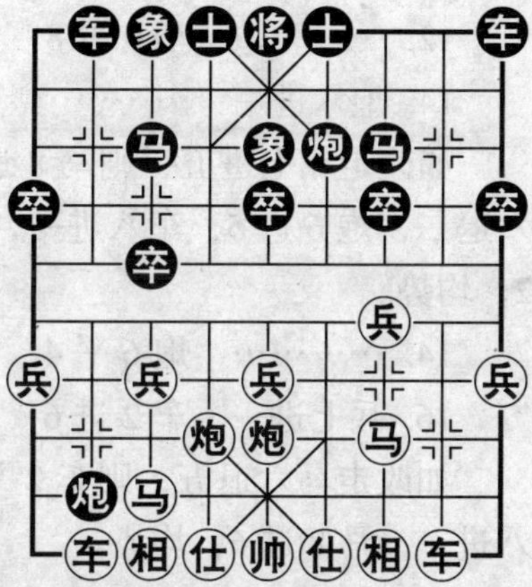

图4

如误走炮2平5，则炮五进四反将，黑方失子。

如图形势，红方有马三进四、车二进六、兵五进一三种着法，本局介绍前两种。

（一）马三进四

9. 马三进四　士6进5　　10. 马四进五　…………

如改走兵五进一，则炮6进7，车二进七，车9平6，马四退三，炮6平4，帅五平六，车6进8，炮五退一，车2进7，黑方弃子有攻势。

10. …………　马3进5　　11. 炮五进四　炮6进4

12. 炮五退二　…………

如改走炮五退一，则车9平6，车二进七，车6进4，炮六平五，马7退6，车二退四，炮6平3，兵五进一，卒3进

1，仕六进五，车2进3，车二平六，马6进7，帅五平六，马7进5，均势。

12. ………… 车9平8　　13. 车二进九　马7退8

14. 炮六进一　…………

如改走相七进五，则马8进7，炮六进一，炮6退3，炮六退二，炮6进5，车八进一，车2进8，炮六平八，炮6平2，均势。

14. ………… 炮6平4　　15. 马七进六　卒3进1

16. 兵七进一　车2进6　　17. 相七进五　…………

如改走马六退五，则车2平5，炮五进四，士4进5，车八进一，马8进6，均势。

17. ………… 车2平4　　18. 车八进一　车4平5

19. 炮五平四　马8进6

局势平稳。

（二）车二进六

9. 车二进六　车9平8　　10. 车二平三　炮6进4

11. 相三进一　炮6平7　　12. 车三平四　车8进4

13. 车四退三　车8平4

可考虑走马7进6，红如炮五平四，则炮7平5，炮四进三，炮5退2，黑占空头炮有攻势。

14. 炮六进一　马7进8　　15. 炮五平六　车4平5

16. 马七进五　炮2退1　　17. 马五进三　炮2平7

18. 车八进九　马3退2　　19. 炮六平五　车5平4

20. 兵五进一　车4进1　　21. 仕四进五

红方较优。

第5局　红退马捉炮对黑进炮封车（2）

1. 炮二平五　马2进3　　2. 马二进三　炮8平6

3. 车一平二　马8进7　　4. 兵三进一　卒3进1

5. 马八进九　象7进5　　6. 炮八平六　车1平2

7. 车九平八　炮2进4　　8. 马九退七　炮2进2

9. 兵五进一　…………

进中兵畅通马路，伺机从中路进攻。

9. …………　士6进5（图5）

如图形势，红方有马三进四、兵五进一、马七进六三种走法，演变如下：

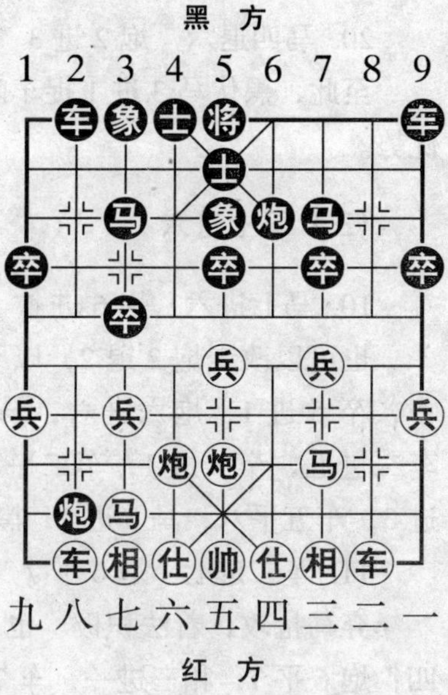

图5

（一）马三进四

10. 马三进四　…………

进马劣着，给黑方造成反扑机会。

10. …………　炮6进7

也可以走炮2退3，打马伏有卒3进1的手段。

11. 相三进一　炮6平4

12. 帅五平六　车9平6

13. 车二平四　…………

如改走马七进六，则炮

2退2（如炮2平4，则炮六平八，黑方反而不利），兵七进一，卒3进1，黑优。

13. ………… 车6进4

至此，黑方弃子占优。

（二）兵五进一

10. 兵五进一 卒5进1
11. 炮六进六 马3进4
12. 车二进三 炮2退3
13. 仕四进五 车9平8

兑车好棋，抢先之着。

14. 车二平六 炮6进2
15. 车六进一 卒3进1
16. 车六平七 车8进6
17. 兵三进一 卒7进1
18. 马三进四 车8平3
19. 车七退一 马4进3
20. 马四退六 炮2进3

至此，黑伏马3进1捉车凶着，又可卒5进1渡河，显占优势。

（三）马七进六

10. 马七进六 炮6进4

也可以改走炮2退2，以下马六进四，卒3进1，兵五进一，卒5进1，炮六进六，马7退6，马四进三，炮6进1，车二进五，卒3进1，车二平五，车2进1，炮六退七，车2进3，车五平八，马3进2，黑方易走。

11. 车二进七 炮6平7

弃马抢攻，着法积极。也可以改走车9平7，以下马六进四，炮6平7，相三进一，车7平6，黑方易走。

12. 马六退四 …………

保相正着。如改走相三进一，则车9平8，车二平三，炮

2平9，车八进九，炮9进1，仕四进五，车8进9，仕五退四，车8退7，仕四进五，车8平7，车八退五，车7平8，黑弃子有攻势占优。

12. ………… 车9平7　　13. 仕四进五　炮2退2

14. 车八进二　车2进4

双方对峙。

第6局　红退马捉炮对黑进炮封车（3）

1. 炮二平五　马2进3　　2. 马二进三　炮8平6

3. 车一平二　马8进7　　4. 兵三进一　卒3进1

5. 马八进九　象7进5

6. 炮八平六　车1平2

7. 车九平八　炮2进4

8. 马九退七　炮2退1

退炮河口，意在控制红方的子力出动，是目前黑方流行的一步应着。

9. 马三进四

(图6) …………

进马河口虎视黑方中、7路卒，是一种攻法。此外另有车二进六或兵九进一，详见以下各局。

如图形势，黑方有士6进5、炮6进2两种走法，

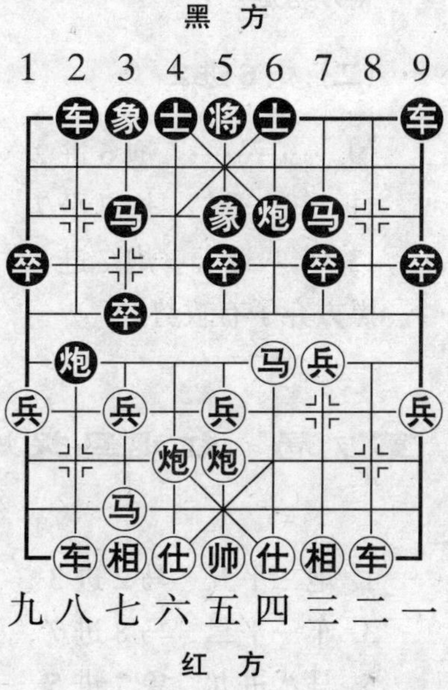

图6

演变如下：

(一) 士6进5

9. ………… 士6进5　　10. 马四进三　车9平8

兑车简化局势，正着。如改走炮2退2，则炮六进四，车9平8，车二进九，马7退8，车八进四，红方先手。

11. 车二进九　马7退8　　12. 车八进二　马3进4
13. 炮六进二　炮6平7　　14. 炮五平三　车2进2
15. 马三进一　炮7进5　　16. 马一进二　炮7退1
17. 马七进五　炮7平6　　18. 马五退三　炮6退4
19. 马二退三　炮2平7　　20. 车八平三　炮7进3
21. 车三退一　车2进4

黑方易走。

(二) 炮6进2

9. ………… 炮6进2　　10. 车二进七　车9平8
11. 车二平三　炮2平7　　12. 车八进九　炮7退3
13. 车八退五　炮7进7　　14. 仕四进五　炮7平9

黑方弃子有攻势。

第7局　红退马捉炮对黑进炮封车 (4)

1. 炮二平五　马2进3　　2. 马二进三　炮8平6
3. 车一平二　马8进7　　4. 兵三进一　卒3进1
5. 马八进九　象7进5　　6. 炮八平六　车1平2
7. 车九平八　炮2进4　　8. 马九退七　炮2退1

9. 车二进六（图 7）

…………

用过河车助攻，是一种强硬的走法。

如图形势，黑方有炮 2 退 2、车 9 平 8、车 9 平 7、士 6 进 5 四种着法，本局介绍前三种。

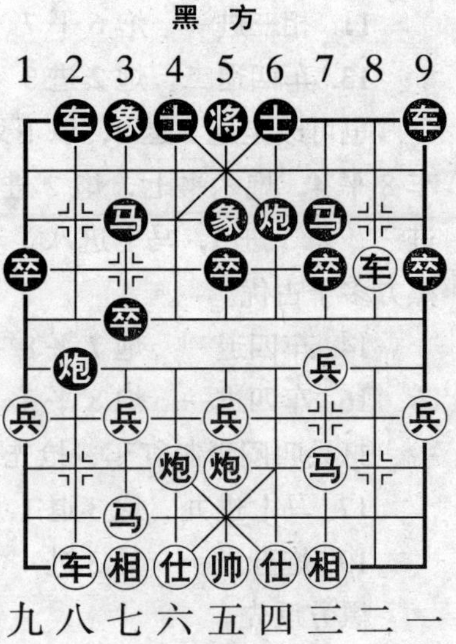

图 7

（一）炮 2 退 2

9. ………… 炮 2 退 2

10. 车八进四 …………

如改走车二进二，则士 6 进 5，车八进四，炮 2 平 3，车八进五，马 3 退 2，炮五进四，炮 6 进 4，炮五退二，车 9 平 6，车二退一，炮 3 退 1，相七进五，炮 6 平 3，马七进六，车6 进 4，黑方易走。

10. ………… 士 6 进 5
11. 兵五进一 车 9 平 7
12. 车二退三 车 7 平 8
13. 车二进六 马 7 退 8
14. 马七进六 炮 2 进 1
15. 马三进四 卒 7 进 1
16. 兵三进一 炮 2 平 7
17. 车八进五 马 3 退 2
18. 炮五进四 马 2 进 3
19. 炮五平七 马 8 进 7
20. 兵五进一

红多中兵略优。

（二）车 9 平 8

9. ……… 车 9 平 8
10. 车二平三 炮 6 进 4

11. 相三进一　炮 6 平 7　　12. 车三平四　士 6 进 5

13. 车四退二　炮 2 进 3

也可改走炮 2 退 2，以下兵七进一，车 8 进 4，车四退一，车 8 平 4，炮六平七，炮 2 进 3，车四进一，车 4 进 3，炮七进三，象 5 进 3，马七进八，车 2 进 6，车八进三，炮 7 平 2，黑方多子占优。

14. 车四退一　炮 7 平 8　　15. 炮五退一　炮 2 退 3

16. 车四进一　炮 8 平 3

打兵叫闷牵制红车，抢先之着。

17. 马七进九　炮 3 退 1　　18. 车四退一　车 8 进 8

19. 炮五进一　马 3 进 4

黑方反先。

（三）车 9 平 7

9. …………　车 9 平 7　　10. 兵九进一　士 6 进 6

11. 车八进三　炮 2 退 2　　12. 车二退三　马 7 退 6

退马伏兑 7 卒，着法灵活。

13. 马三进四　卒 7 进 1　　14. 马四进五　马 3 进 6

15. 炮五进四　卒 7 进 1　　16. 马七进六　车 2 进 2

17. 相三进五　车 7 进 4　　18. 车八进一　马 6 进 7

19. 炮五平九　炮 2 平 5　　20. 车八进三　炮 6 平 2

21. 炮九退一　…………

打车好棋，抢先之着。

21. …………　卒 3 进 1　　22. 兵七进一　炮 2 进 4

23. 兵七进一　车 7 平 3　　24. 马六进七　炮 2 平 8

25. 炮六进四　卒 7 平 6

双方对攻。

第8局　红退马捉炮对黑进炮封车（5）

1. 炮二平五　马2进3
2. 马二进三　炮8平6
3. 车一平二　马8进7
4. 兵三进一　卒3进1
5. 马八进九　象7进5
6. 炮八平六　车1平2
7. 车九平八　炮2进4
8. 马九退七　炮2退1
9. 车二进六　士6进5

补士巩固阵地，是一种稳健应法。

10. 车二平三　车9进2（图8）

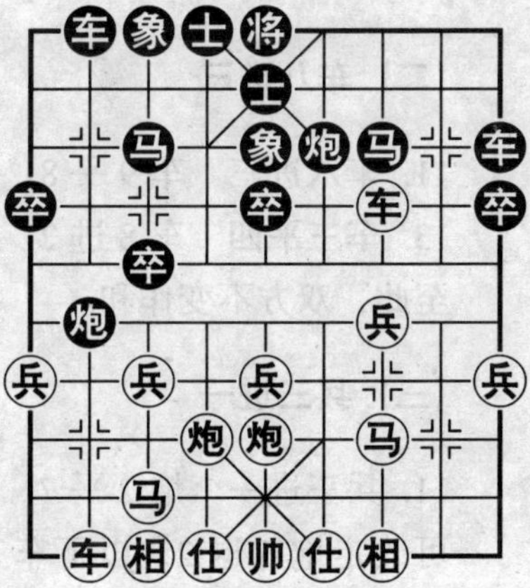

图8

如改走车9平7保马，变化请见下局。如图形势，红方有马三进四、车八进三、兵三进一三种走法，演变如下：

（一）马三进四

11. 马三进四　炮6退2　12. 兵三进一　炮6平7
13. 车三平四　炮7进4　14. 炮六进四　…………

如改走马四进三，则车9平8，车四退二，炮2退2，炮六进四，车8进6，仕六进五，车8平7，相三进一，炮2进4，黑方反先。

14. ………… 车9平8　15. 车八进三　车8进3
16. 炮六平七　车2进3　17. 炮五平八　车2平3
18. 车八进一　炮7平6　19. 车八平六　车3平2
20. 炮八平三　车2进5　21. 马七进五　车2平6
22. 兵五进一　车6退2
黑方易走。

（二）车八进三

11. 车八进三　车9平8　12. 相三进一　炮6退2
13. 车三平四　车8进2　14. 车四平三　车8退2
至此，双方不变作和。

（三）兵三进一

11. 兵三进一　炮2平7

可改走炮6退2，以下车三平二，炮2退2，车二退二，炮6平7，兵七进一，炮7进4，相三进一，马3进2，炮六平八，卒3进1，车二平七，马2退4，车七平八，炮7平2，车八平六，炮2进5，炮八进七，炮2退9，车六进二，前炮进4，车六平八，炮2平7，车八进三，车9平8，车八退五，炮7退3，黑方易走。

12. 车八进九　马3退2　13. 车三平四　炮7进4
14. 仕四进五　马2进3　15. 兵五进一　…………

进中兵准备弃3兵发动攻势，是一步新变。如改走兵三进一，则马7退9，马三进二，车9平8，车四退二，车8进2，车四平三，炮7退6，炮六进六，炮7平8，炮五平二，车8平4，炮六平一，炮8进4，车三退二，炮8进2，炮一进一，车4平7，车三进三，象5进7，黑方较优。

15. ………… 车9平8

正着，如改走炮7退5，则马七进六伏兵五进一，红有攻势。

16. 兵三进一 马7退6 17. 兵三平二 车8平7

18. 兵二平三 车7进1 19. 车四平三 炮7退6

双方均势。

第9局 红退马捉炮对黑进炮封车（6）

1. 炮二平五 马2进3 2. 马二进三 炮8平6

3. 车一平二 马8进7 4. 兵三进一 卒3进1

5. 马八进九 象7进5 6. 炮八平六 车1平2

7. 车九平八 炮2进4 8. 马九退七 炮2退1

9. 车二进六 士6进5 10. 车二平三 车9平7

11. 马三进四 炮6进7

炮打底士，蓄意反击。如改走卒3进1，则兵七进一，炮2平6，车八进九，马3退2，炮五进四，红方弃子后多兵占优。

12. 帅五平四 炮2退2 13. 炮六进四 卒5进1

14. 炮六进一 炮2平6 15. 车三平四 车2进9

16. 炮六平三 车2平3

如误走车7进2，则炮五进三，车2平3，马七进五，车7进3，马四进三，马3进5（如车7进4，则帅四进一，马3进5，兵五进一，车7退5，马三进四，红优），车四平五，车7进4，帅四进一，车7退5，马三进二，车7平6，帅四平五，象5退7，兵五进一，红胜。

17. 炮三平七 车3平4 18. 炮五退二！ …………

退炮应将，正着。如改走马七退五，则车7进5，相三进一，车7进1（如改走车7平8，则马四退三，车8退1，炮七退一，红多子胜势），马四进三，车7平8，炮五平三（如马三进一，则车8进3，帅四进一，车4退1，炮五退一，士5进6，马五进三，将5进1，车四进一，将5平4，马三退五，车8平5，黑胜），车8进1，炮三退一，车8平5，炮三退一，车5平9，马三退二，车9进2，车四平三，车9退3，黑优。

18. …… 车7平6

如改走车7进5，则相三进一，车7平8，马四退六，车8进4，帅四进一，车4退1，炮五进一，车8退1，帅四退一，车4退1，炮七退一，车4平7（如车8平5，则炮七平六打车），炮五退一，车7退7，炮七平五，象3进1，后炮平八，车8平4，炮八进九，象1退3，车四进二，车4进1，马七退五，红胜。

19. 车四进三 将5平6

20. 马七进五 车4退7（图9）

黑 方

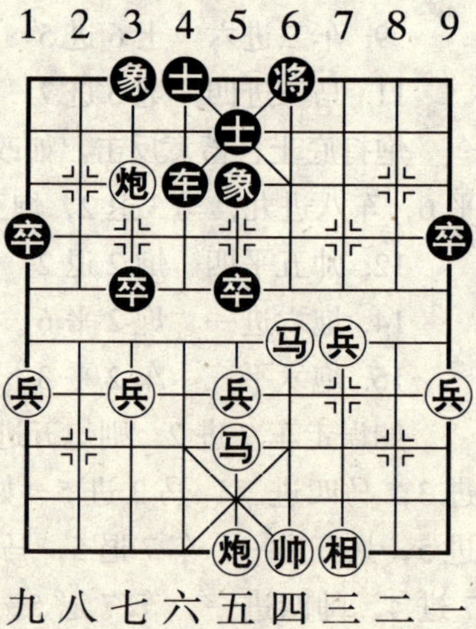

红 方

图9

如图形势，红方有炮七进一、炮七平五两种走法，演变如下：

（一）炮七进一

21. 炮七进一 卒3进1！

弃卒妙手！如改走车4退

1，则炮七退一，车 4 平 3，炮七进二，车 3 退 1，兵五进一，卒 6 进 1，炮五进四，红多子占优。

22. 兵七进一　车 4 平 3　　23. 兵五进一　…………

无奈，如逃炮则车 3 进 3，红方失马黑优。

23. …………　卒 5 进 1　　24. 炮五进四　车 3 进 3

25. 炮五进二　车 3 退 4　　26. 帅四平五　车 3 进 2

27. 兵九进一　士 5 进 6　　28. 帅五进一　士 4 进 6

29. 兵一进一　车 3 进 2　　30. 炮五平四　将 6 平 5

31. 兵三进一　车 3 平 1

各有顾忌。

（二）炮七平五

21. 炮七平五　…………

弃炮轰象是取胜关键之着。

21. …………　象 3 进 5　　22. 兵五进一　车 4 进 4

23. 炮五进一　车 4 进 3　　24. 炮五退一　车 4 退 3

25. 炮五进一　车 4 进 3　　26. 炮五退一　车 4 退 3

27. 炮五进一　卒 5 进 1　　28. 炮五进三　车 4 平 9

29. 帅四平五　车 9 平 6　　30. 炮五平六　车 5 退 1

31. 炮六退三　车 5 平 2　　32. 马四进三　…………

弃兵跃马算准取胜途径，着法简明。

32. …………　车 2 平 7　　33. 马五进四　车 7 进 4

34. 帅五进一　车 7 退 3　　35. 炮六进一　车 7 平 6

36. 炮六平五　车 6 平 5　　37. 马四进六　车 5 退 3

38. 马六进五　将 6 平 5　　39. 马五进三　将 5 平 6

40. 前马退一　将 6 平 5　　41. 帅五平四

红胜。

第 10 局　红退马捉炮对黑进炮封车（7）

1. 炮二平五　马 2 进 3　　2. 马二进三　炮 8 平 6
3. 车一平二　马 8 进 7　　4. 兵三进一　卒 3 进 1
5. 马八进九　象 7 进 5　　6. 炮八平六　车 1 平 2
7. 车九平八　炮 2 进 4　　8. 马九退七　炮 2 退 1
9. 兵九进一　…………

进边兵准备升车阻炮，然后再进马捉炮争先，是红方近期流行的一种新变化。

6. …………　士 6 进 5

如改走车 9 平 8 兑车，变化详见第 12 局。

10. 车八进三　炮 6 进 4

进炮兵线准备牵制红车。如改走车 9 平 6、车 9 平 7、车9 平 8，详见下局。

11. 马七进九　卒 3 进 1

12. 炮六平七（图 10）

…………

黑　方

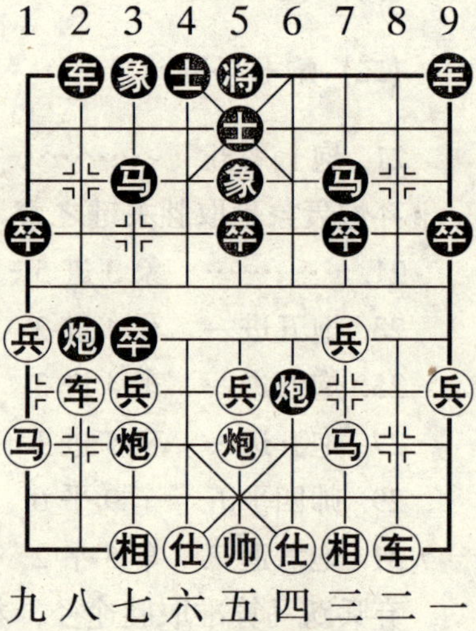

红　方

图 10

亦可改走车八退二，以下炮 6 平 3，马九进八，车 2 进 5，车八进三，卒 3 平 2，车二进七，车 9 平 7，马三进四，炮 3 退 1，炮六进六，炮 3 平 7，炮五平七，象 3 进 1，相七进五，炮 7 退 1，炮七进四，红方略先。

如图形势，黑方有炮2平7、卒3进1、车9平8、车2进4四种着法，演变如下：

（一）炮2平7

12. ………… 炮2平7　　13. 车八进六　马3退2
14. 兵七进一　车9平6　　15. 炮五平六　…………
卸炮好棋，调整阵形。
15. ………… 车6进4　　16. 相三进五　炮7进1
17. 炮六进四
红方略先。

（二）卒3进1

12. ………… 卒3进1　　13. 车八进一　卒3进1
14. 车八进五　马3退2　　15. 车二进七　卒3平4
16. 炮五平四　炮6平7　　17. 车二平三　炮7进3
18. 仕四进五　车9平8　　19. 仕五进六　马2进3
20. 相七进五　炮7平9
各有顾忌。

（三）车9平8

12. ………… 车9平8　　13. 车二进九　马7退8
14. 炮七进二　炮2平7　　15. 车八进六　马3退2
16. 马三进四　卒7进1　　17. 马四进六　马8进7
18. 炮七进四　马2进1　　19. 炮七平六
红方略先。

（四）车2进4

12. ………… 车2进4　　13. 相三进一　卒3进1

14. 马九进七　炮2平3　　15. 车八进二　马3进2
16. 炮七进二　马2进3　　17. 车二进七　车9平7
18. 马三进四　马3进4　　19. 马四进六　…………

进马保中兵不怕黑马挂角，着法有力。如改走仕六进五，则马4退5，炮七进三，马5退6，红丢中兵无先。

19. …………　车7平8　　20. 车二进二　马7退8
21. 炮五进四　马4退6　　22. 帅五进一

红方占优。

第11局　红退马捉炮对黑进炮封车（8）

1. 炮二平五　马2进3
2. 马二进三　炮8平6
3. 车一平二　马8进7
4. 兵三进一　卒3进1
5. 马八进九　象7进5
6. 炮八平六　车1平2
7. 车九平八　炮2进4
8. 马九退七　炮2退1
9. 兵九进一　士6进5
10. 车八进三（图11）

…………

黑方

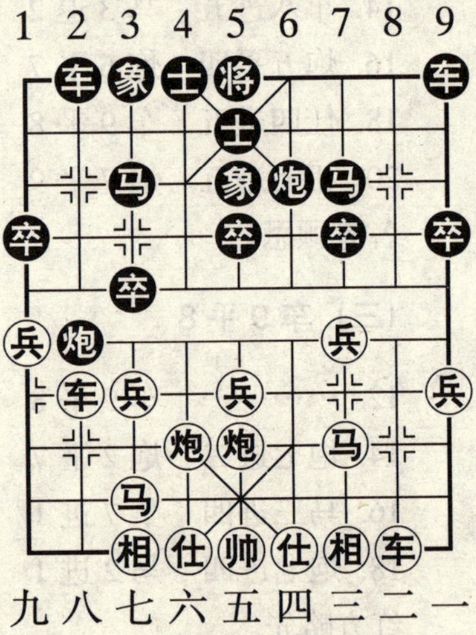

红方

图11

如图形势，黑方有车9平6、车9平7、车9平8三种着法，演变如下：

（一）车9平6

10. ………… 车9平6

出贴将车作用不大，应法欠妥。

11. 马七进九 炮2平3　12. 车八进六 炮3进4
13. 仕六进五 马3退2　14. 车二进八 马2进3
15. 车二平三 车6平7　16. 车三进一 象5退7
17. 炮六进四 象7进5　18. 炮六平七 炮6进4
19. 马三进四

红方先手。

（二）车9平7

10. ………… 车9平7　11. 车二进三 …………

升车兵线，着法含蓄。如改走马七进九，则炮2退1，仕四进五，卒7进1，兵三进一，象5进7，马三进二，马7进8，炮五平二，象7退5，双方平稳。

11. ………… 炮2退1

如走炮6进2，则炮六进四，卒1进1，车二平四，炮6平4，兵九进一，炮4平1，车四进一，炮2退2，兵七进一，炮2平3，炮五平八，车2进6，马七进八，炮1进1，兵七进一，炮3进6，仕六进五，炮1进4，炮八退二，红七兵过河较优。

12. 马三进四 炮6进2

如改走炮6进7，则帅五平四，车7平6. 车八进一，马3进4，车二平四，红方得子占优。

13. 车八进一 炮2退1　14. 马七进九 炮2平4
15. 车八进五 马3退2　16. 炮六平七 车7平6

17. 马八进九　马2进3

如改走炮6进5，则马八进六，卒5进1，马四进三，炮6退5，马三退四，红方较好。

18. 兵七进一　炮6进5　　19. 兵七进一　车6进5
20. 炮七进五　炮4退1　　21. 马八进六　车6退1
22. 仕六进五　炮6退1　　23. 炮七平八

红方先手。

（三）车9平8

10. …………　车9平8　　11. 车二进九　马7退8
12. 马七进九　卒3进1　　13. 兵七进一　炮2平7
14. 车八进六　炮7进4　　15. 帅五进一　…………

上帅正着。如改走仕四进五，则马3退2，以后黑有炮6平9威胁边兵的攻击手段。

15. …………　马3退2　　16. 炮六平七　马8进7
17. 炮五进四　马2进3　　18. 炮五退一　马3进5
19. 马九进八

红方多兵占优。

第12局　红退马捉炮对黑进炮封车（9）

1. 炮二平五　马2进3　　2. 马二进三　炮8平6
3. 车一平二　马8进7　　4. 兵三进一　卒3进1
5. 马八进九　象7进5　　6. 炮八平六　车1平2
7. 车九平八　炮2进4　　8. 马九退七　炮2退1
9. 兵九进一　车9平8

兑车简化局势，是一种求稳的着法。

10. 车二进九　马 7 退 8（图 12）

如图形势，红方有车八进三、马七进九两种走法，演变如下：

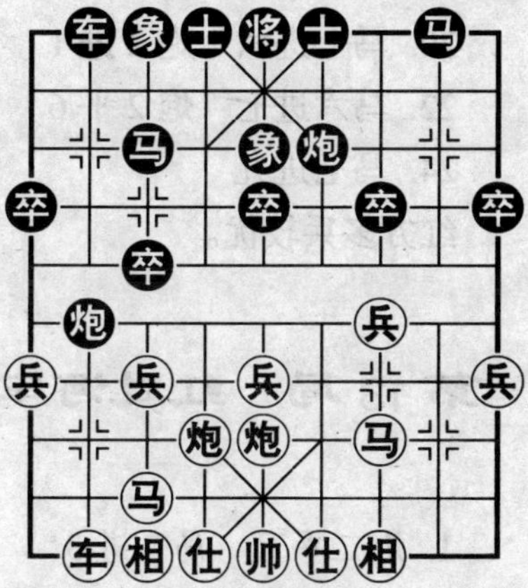

图 12

（一）车八进三

11. 车八进三　炮 6 进 4
12. 马七进九　卒 3 进 1
13. 炮六平七　炮 2 平 7
14. 车八进六　炮 7 进 4
15. 帅五进一　马 3 退 2
16. 炮五进四　士 6 进 5
17. 兵七进一　将 5 平 6　　18. 马三进二　马 8 进 7
19. 炮五退一　炮 7 退 4　　20. 炮七平四　将 6 平 5
21. 马二进三

红方多兵较优。

（二）马七进九

11. 马七进九　炮 2 进 3　　12. 马三进四　士 6 进 5
13. 马四进五　马 3 进 5　　14. 炮五进四　炮 6 进 5
15. 马九退七　马 8 进 7　　16. 炮五退二　…………

退炮求变。如改走炮六平五，则马 7 进 5，炮五进四，车 2 进 3，炮五退二，炮 6 退 1，马七进五，炮 2 退 2，马五退七，炮 2 进 2，双方平稳，红无便宜。

16. ………… 炮6退1
17. 炮六进一 炮6退1
18. 炮六退二 炮2退3
19. 相三进五 马7进6
20. 马七进六 炮2进1
21. 仕四进五 马5退3
22. 马六进七 炮2平6
23. 车八进九 马3进2
24. 马七进九

红方多兵较优。

第13局 红过河车对黑进炮封车（1）

1. 炮二平五 马2进3
2. 马二进三 炮8平6
3. 车一平二 马8进7
4. 兵三进一 卒3进1
5. 马八进九 象7进5
6. 炮八平六 车1平2
7. 车九平八 炮2进4
8. 车二进六 …………

先进过河车保留马九退七捉炮这手棋，别具匠心。是红方一种选择，近几年来比较流行。

8. ………… 士6进5

补士巩固中防，求取稳健。

9. 车二平三 车9进2（图13）

升车保马正着。（如改走车9平7，则兵三进一，炮2退2（如炮2退8，则炮六进四），马三进四，炮2平7，车

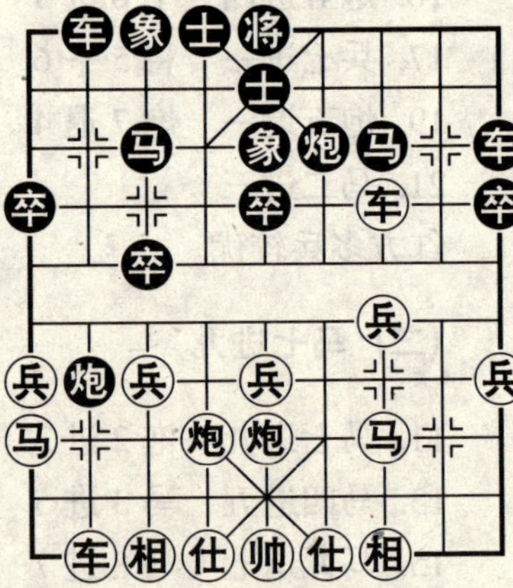

图13

八进九，马3退2，马四进五，红优。

如图形势，红方有炮五进四、兵三进一两种走法，演变如下：

（一）炮五进四

10. 炮五进四　…………

炮打中卒谋取实利，着法实惠。

10. …………　炮6进4

如改走马3进5，则车三平五，马7进8，车五平二，炮6平7，车二退一，炮7进1，炮六进一，炮2进1，兵三进一，红方多兵占优。

11. 炮六进五　…………

伸炮牵制黑方车马，着法凶劲。如改走炮五退一，则炮6平7，车三平二，车9退2（如马7进5，则炮六进五，士5进4，车二平五，红优），相三进五，车9平6，各有顾忌。

11. …………　炮6平7　　12. 车三车二　车9退2
13. 炮六平三　炮7退4　　14. 炮五平八　炮7进5
15. 车八进三　马3进4　　16. 兵五进一

红方多兵占优。

（二）兵三进一

10. 兵三进一　炮6退2　　11. 车三平二　…………

如改走仕四进五，则炮6平7，车三平二，炮7进4，兵五进一，炮7平4，马九退七，炮2退3，车二退三，车9退2，马三进五，车9平7，兵五进一，卒5进1，马五进六，马3进4，马七进六，马4进3，马六进五，马3进5，相三进五，炮2进4，炮六进一，车7平8，车二平五，车8进3，局势平稳。

11. ………… 象5进7　12. 兵七进一　卒3进1

如改走象7退5，则兵七进一，象5进3，炮六平七，象3退5，马九进七，炮2平5，马三进五，车2进9，炮七进五，车2退7，马七进六，炮6进2，炮七平四，士5进6，炮五进四，士4进5，相三进五，卒9进1，炮五退一，车9进1，车二进一，车9平5，车二平三，车5进1，双方均势。

13. 车二退二　卒3平2　14. 兵九进一　…………

如改走炮六平七，则象7退5，马九进七，车2进2，炮五退一，马7进6，车二平五，车9平7，相七进五，车7进4，炮五平三，车7平6，炮三平七，炮6进2，黑方易走。

14. ………… 卒2平1　15. 车二平九　马7进6

16. 车九平八　车2进5　17. 马九进八　马6进4

18. 马八退六　马3进2　19. 炮六进二　马2进4

20. 兵五进一　…………

进中兵欠妥。应改走炮五平六，以下炮6平7，炮六进二，炮7进7，车八进三，炮7退1，车八进三，炮7平4，双方均势。

20. ………… 炮6平7　21. 炮五平六　炮7进7

22. 炮六进二　炮2平9　23. 车八进二　车9平4

24. 车八平三　车4进3

黑方多卒占优。

第14局　红过河车对黑进炮封车（2）

1. 炮二平五　马2进3　2. 马二进三　炮8平6

3. 车一平二　马8进7
4. 兵三进一　卒3进1
5. 马八进九　象7进5
6. 炮八平六　车1平2
7. 车九平八　炮2进4
8. 车二进六　车9平7
(图14)

平7保马以逸待劳，是后中先的着法。

如图形势，红方有车二平三、马九退七两种走法，演变如下：

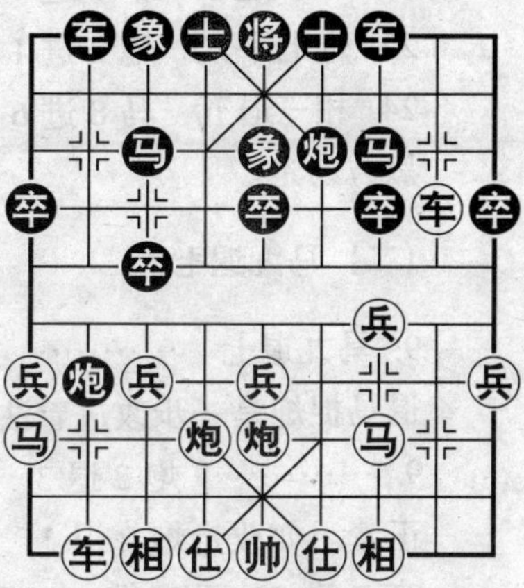

图14

(一) 车二平三

9. 车二平三　炮6进4
10. 车三平四　炮6平7　　11. 相三进一　士6进5
12. 兵三进一　…………

如改走仕四进五，则车7平6，车四平二，马7进6，车二退三，车6平7，车二进二，马6进4，马九退七，炮7平3，马七进八，车2进6，车八进三，马4进2，炮六平八，车7平6，黑优。

12. …………　车7平6　　13. 车四进三　马7退6
14. 兵九进一　…………

如改走兵三进一，则马3进4，仕四进五，马6进8，黑先。

14. …………　象5进7　　15. 炮六平七　象7退5
16. 兵七进一　马3进4　　17. 兵七进一　马4进6

18. 炮五平六　后马进7　　19. 车八进一　马7进8
20. 相一进三　卒5进1　　21. 马九退七　车2进5
22. 炮七平九　炮2进1　　23. 马七进五　马7进6
24. 相三退五　马8进6

黑方易走。

（二）马九退七

9. 马九退七　…………

退马捉炮是一步改进着法，试探应手。

9. …………　炮2退3

正着。如改走炮2退1，则炮六进四，士6进5，炮六平七，卒7进1，兵三进一，马7进6，兵三平四，车7进7，兵四平五，炮6平7，车二进三，士5退6，炮七平一，炮7进7，仕四进五，炮7平9，炮一退六，车7进2，仕五退四，车7平9，前兵进一，红优。

10. 车八进四　士6进5　　11. 车二进二　卒9进1
12. 马三进四　炮6进2　　13. 车二平四　车7平6
14. 车四进一　马7退6　　15. 马七进六　马6进8
16. 兵五进一　马8进6　　17. 炮五进四　…………

先弃后取，可走之着。

17. …………　马3进5　　18. 兵五进一　马6进5
19. 马六进五　炮2进1　　20. 马四退六　炮6平8

双方对峙。

第15局　红过河车对黑进炮封车（3）

1. 炮二平五　马2进3　　2. 马二进三　炮8平6

3. 车一平二　马8进7　　4. 兵三进一　卒3进1

5. 马八进九　象7进5　　6. 炮八平六　车1平2

7. 车九平八　炮2进4　　8. 车二进六　车9平8

兑车是黑方流行的应着。其作用是：第一，红如兑车则减轻压力，透松局势。第二，红如不兑车则伏炮6进4伸炮反击的手段。

9. 车二平三　炮6进4　　10. 车三平四　炮6平7

11. 相三进一　士6进5（图15）

如图形势，红方有仕四进五、车四退三两种走法，演变如下：

（一）仕四进五

12. 仕四进五　车8平6

13. 车四进三　将5平6

14. 马九退七　炮2进2

15. 炮六进一　炮7平4

16. 马七进六　马3进4

17. 炮五平四　将6平5

18. 炮四退一　马4进3

19. 兵三进一　…………

如改走炮四平八，则马3进2，车八平九，卒3进1，黑优。

19. …………　象5进7

20. 马六进七　炮2退1

黑优。

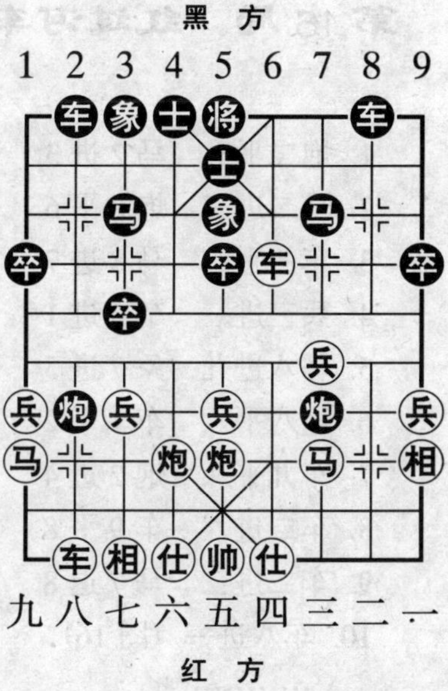

图15

（二）车四退三

12. 车四退三　炮7平8　13. 兵九进一　马3进4
14. 仕六进五　卒3进1　15. 兵三进一　象5进7
16. 兵七进一　炮2平6　17. 车八进九　象7退5
18. 兵七进一　马4进5　19. 车八退五　车8进4
20. 车八平五　车8平3　21. 马三进五　卒5进1

好棋！运用先弃后取，夺回一子。

22. 车五进一　车3平5　23. 炮五进三　炮8平5
24. 相七进五　炮5平9

双方均势。

第16局　红过河车对黑进炮封车（4）

1. 炮二平五　马2进3
2. 马二进三　炮8平6
3. 车一平二　马8进7
4. 兵三进一　卒3进1
5. 马八进九　象7进5
6. 炮八平六　车1平2
7. 车九平八　炮2进4
8. 车二进六　车9平8
9. 车二进三　马7退8
10. 车八进一（图16）

…………

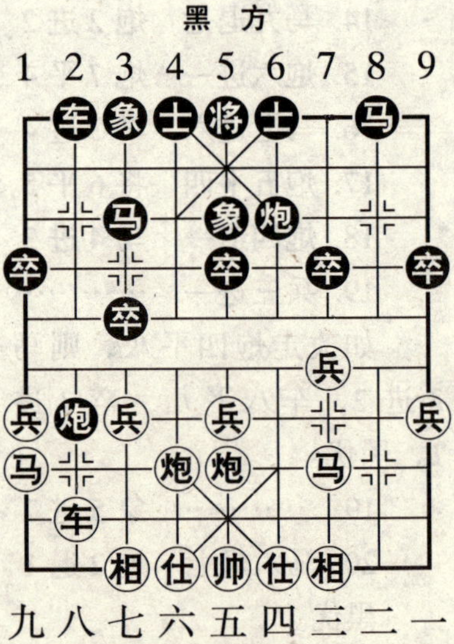

图16

红方选择兑车后再走车

八进一，其作用是准备平车捉马，伏炮六平八打车夺取主动，是近期比较流行的一种走法。如图形势，黑方有马8进7、车2进1、士4进5、车2进3四种着法，演变如下：

（一）马8进7

10. ………… 马8进7　11. 车八平二 …………

平车欠妥，改走兵九进一或车八平四较为稳健。

11. ………… 车2进5

骑河车针锋相对，顿使红车失去作用。

12. 车二平八 …………

去而复返，无奈。如改走车二进七，则卒7进1，车二平三，马7进6，兵三进一，马6进7，黑方反先。

12. ………… 士6进5　13. 仕四进五　车2退1

14. 炮六进四　炮6进6　15. 车八进一　炮6退2

16. 炮六平三　炮6平3　17. 车八平六　炮3平9

黑方先手。

（二）车2进1

10. ………… 车2进1

高车意在畅通车路，掩护左翼。

11. 炮六进一　炮2进1　12. 马三进四　士4进5

13. 兵九进一　马8进7　14. 炮五平三 …………

改走马四进三踩卒比较实惠。

14. ………… 炮6进2　15. 相三进五　炮2退3

16. 兵三进一　象5进7　17. 车八平三　车2平4

18. 炮三进二　卒5进1　19. 马九进八　马3进5

至此，黑伏卒5进1再车4进4的有力手段，黑优。

（三）士 4 进 5

10. ………… 士 4 进 5

补左士是一路稳健的应法。

11. 车八平二 马 8 进 9　12. 兵九进一 车 2 进 3
13. 仕四进五 车 2 平 4　14. 车二进六 象 5 退 7
15. 马九退七 炮 2 退 4　16. 马三进四 车 4 平 2
17. 兵三进一 马 3 进 4　18. 车二退三 马 4 进 6
19. 车二平四 卒 7 进 1　20. 车四进二 象 3 进 5

双方均势。

（四）车 2 进 3

10. ………… 车 2 进 3

进车卒行线，兼顾左翼马炮位置的调整，加强保护中路，是近期流行的一种应着。以下红方有车八平四、炮六进一两种走法。

（甲）车八平四

11. 车八平四 …………

如改走车八平二，则马 8 进 6，车二进七，车 2 平 4，车二平四，士 4 进 5，车四平二，车 4 进 4，黑方反先。

11. ………… 士 6 进 5　12. 车四进三 马 8 进 6
13. 仕四进五 马 6 进 8　14. 兵七进一 卒 3 进 1
15. 车四平七 卒 7 进 1　16. 炮六平七 马 3 进 4

至此，黑各子活跃呈反先之势。以下红如车七进一，则炮 2 平 3 叫闷，黑方胜势。

（乙）炮六进一

11. 炮六进一 …………

进炮逼黑炮退离兵线，可走之着。以下黑方有炮2进1、炮2退2两种着法。

①炮2进1

11. ………… 炮2进1　　12. 马三进四　卒1进1

进边卒富有新意。如改走马8进6，则车八平二，卒5进1，炮五进三，士4进5，炮六进五，车2平6，炮六平四，炮6进3，炮四平一，车6平5，兵五进一，红方略优。

13. 炮六退一　炮2退1　　14. 马九退七　炮2退1

15. 马七进六　马8进6　　16. 车八进二　炮6进1

17. 相三进一　炮2平3　　18. 车八进三　炮3进4

19. 帅五进一　炮6平2

双方均势。

②炮2退2

11. ………… 炮2退2　　12. 车八进三　马8进6

13. 马三进四　炮6平7

平炮射兵是一步新变。如改走马6进8，则马四进三，士6进5，兵五进一，炮6进4，兵七进一，炮6平5，仕六进五，车2平4，炮六退二，马8进6，相三进一，车4进8，双方对峙。

14. 炮六进一　卒5进1　　15. 相三进一　炮7平8

16. 仕四进五　车2平6　　17. 马四退三　炮8退1

18. 兵九进一　卒7进1

弃卒伏马6进8，是先弃后取的手段，着法灵活。

19. 炮六退二　马6进8　　20. 炮六进五　炮8平2

21. 车八平六　马8退6　　22. 炮六进一　卒7进1

23. 车六平三　炮2平3　　24. 车三进三　马3进4

25. 炮五进三　马6进5

双方互缠。

第二节　黑飞右象局型

第17局　红升巡河车（1）

1. 炮二平五　马2进3　　2. 马二进三　炮8平6

3. 车一平二　马8进7　　4. 兵三进一　卒3进1

5. 马八进九　象3进5　　6. 炮八平六　车9进1

起横车准备过宫支援右翼，是反宫马飞右象布局的一个主要特点。如改走士4进5，则车九平八，车1平4，仕四进五，以下黑方有两种着法：①炮2平1，马三进四，卒9进1，马九退七，卒9进1，马七进六，车4平3，兵五进一，炮1进4（如卒9平8，则兵五进一，卒8平7，马四进五，红优），车八进三，炮1退2，兵五进一，炮1平5，马六进五，卒5进1，马四进三，红优；②炮2进2，马三进四，卒7进1，马四进五，马3进5，车八进五，马5退3，车八进一，卒7进1，车八平三，车9进2，炮五平三，卒7进1，炮三退一，卒7进1，车三退四，马7进6，兵五进一，红优。

7. 车九平八　车1平2　　8. 车八进四　车9平4

9. 仕四进五　士4进5（图17）

补士正着。如改走车4进3，则马三进四，卒3进1，车八平七，车4平2，马四进五，马3进5，炮五进四，士4进

5，炮五退二，前车平 6，车二进六，红优。

如图形势，红方有车二进八、马三进四、兵九进一三种着法，本局介绍前两种走法。

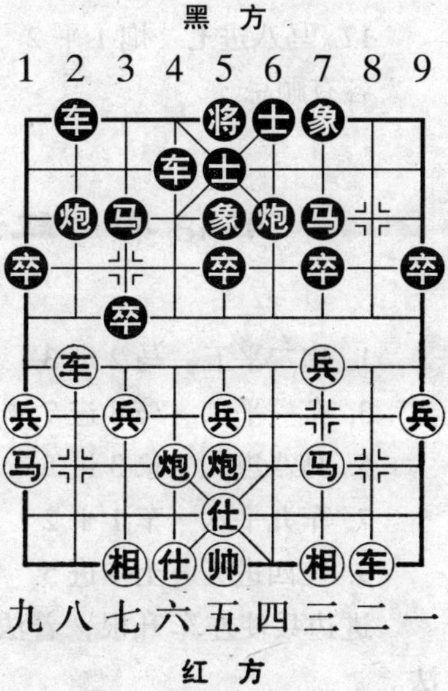

图 17

（一）车二进八

10. 车二进八 …………

伸车下二路威胁黑方左马。

10. ………… 卒 3 进 1

弃卒精巧之着，解救左马受攻。

11. 兵七进一　车 4 进 4

12. 炮五平四 …………

如改走车二平三，则炮 6 进 2，车三退一，炮 6 平 2，车八平九，马 3 进 4，车三退一，后炮平 3，黑弃子后有攻势。

12. ………… 车 4 平 7　　13. 相三进五　车 7 退 1

双方均势。

（二）马三进四

10. 马三进四　炮 6 进 2　　11. 炮五平三　炮 2 平 1

12. 车八平五　车 4 进 3　　13. 兵九进一　卒 5 进 1

14. 车五平八　车 4 退 1

正着。如改走车 2 进 5，则马四进六，车 2 退 3，马六进 7，炮 1 平 3，相三进五，红方占先。

15. 车二进六　车 2 进 5　　16. 马九进八　车 4 进 2

17. 马八进七　炮1平2

各有顾忌。

第18局　红升巡河车（2）

1. 炮二平五　马2进3　　2. 马二进三　炮8平6
3. 车一平二　马8进7　　4. 兵三进一　卒3进1
5. 马八进九　象3进5　　6. 炮八平六　车9进1
7. 车九平八　车1平2　　8. 车八进四　车9平4
9. 仕四进五　士4进5　　10. 兵九进一　…………

进边兵使左车升根，着法含蓄，是近几年比较流行的走法。

10. …………　炮2平1

兑车正着。如改走炮2退1，则炮五平四，卒7进1，兵三进一，象5进7，车二进六，象7退5，车二平三，马7退8，相三进五，红方略优。

11. 车八平四（图18）　…………

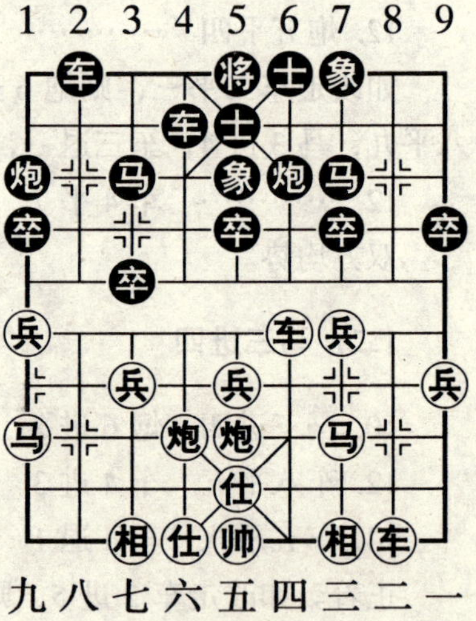

图18

平车守肋避兑，保持复杂变化。如改走车八进五，则马3退2，炮五进四，炮6进7，帅五平四，马7进5，双方均势。

如图形势，黑方有车4平2、车4进3、卒3进1三种着法，演变如下：

(一) 车4平2

11. ………… 车4平2　　12. 车二进八　前车进3
13. 车二平三　马3进4　　14. 车四进一　卒3进1
15. 车三退一　卒3进1　　16. 炮五进四　卒3进1
17. 炮六进二　卒3平2　　18. 炮五退一　马4退2
19. 车三退一　马2退4　　20. 炮六进二

红优。

(二) 车4进3

11. ………… 车4进3

升车巡河着法稳健，是一步理想的应法。以下红方有马九进八、车二进六两种走法。

(甲) 马九进八

12. 马九进八　卒3进1　　13. 车四平七　车2进4

升车巡河拦马好棋。如改走炮1进3，则马八进七，卒1进1，炮五平四，车4平2，相三进五，卒7进1，车二进八（如兵三进一，则前车平7，炮四退二，马7进8，均势），卒7进1，车七平三，马7进8，车二平四，红优。

14. 车二进六　…………

如改走炮六平八，则炮1进3，炮八进三，炮1平3，兵七进一，车4平2，马八退七，卒7进1，黑先。

14. ………… 卒7进1　　15. 车二平三　炮1进3
16. 马八退九　炮1平7　　17. 车三平二　炮7进4
18. 车二退六　炮7退1　　19. 车二进一　炮7进1

20. 车二平三　炮 7 平 9　　　21. 炮五平四　卒 7 进 1

22. 车三平一　炮 9 平 4

弃炮破仕精彩之着，摧毁红方防线。

23. 帅五平六　卒 7 进 1　　　24. 马三退二　车 2 进 4

25. 帅六平五　马 7 进 8

黑弃子有攻势占优。

（乙）车二进六

12. 车二进六　卒 7 进 1　　　13. 车二平三　马 7 退 8

14. 马三进二　…………

可改走炮五进四，以下车 2 进 3，炮五平七，炮 6 平 7，马九进八，卒 3 进 1，车四平七，炮 1 进 3，马八退九，炮 1 平 7，车三平二，马 8 进 9，相三进五，前炮进 1，马九进八，红方先手。

14. …………　马 8 进 9

可改走卒 3 进 1，以下车四平七，车 2 进 4，炮五平三，马 8 进 9，车三平一，车 4 平 3，车七平六，车 3 平 5，兵三进一，车 5 平 7，相三进五，车 7 进 2，均势。

15. 车三平二　卒 3 进 1　　　16. 车四平七　炮 1 退 1

17. 炮五平三　车 2 进 4　　　18. 相三进五　炮 1 平 3

19. 车七平五　卒 9 进 1

双方对峙。

（三）卒 3 进 1

11. …………　卒 3 进 1

弃 3 卒企图在红方七路线上制造弱点，这是 1982 年全国个人赛广东吕钦执黑应湖北李望祥弈出的新变。

12. 车四平七　炮 1 退 1　　　13. 炮六平七　马 8 进 2

14. 炮五平六　…………

卸炮较软，应改走炮七退一较好。

14. ………… 马2进1　　15. 车七进五　车2平3

16. 炮七进七　炮1进4

打兵失去战机，应改走炮1平3，以下相三进五，车4进1，炮七平九，车4平1，炮九平八，车1平2，炮八平九，炮6进2，黑有攻势。

17. 炮七退三　车4进2　　18. 炮七进二

至此，黑左翼子力受制，红方易走。

第19局　红过河车

1. 炮二平五　马2进3
2. 马二进三　炮8平6
3. 车一平二　马8进7
4. 兵三进一　卒3进1
5. 马八进九　象3进5
6. 炮八平六　车9进1
7. 车九平八　车1平2
8. 车八进六（图19）

…………

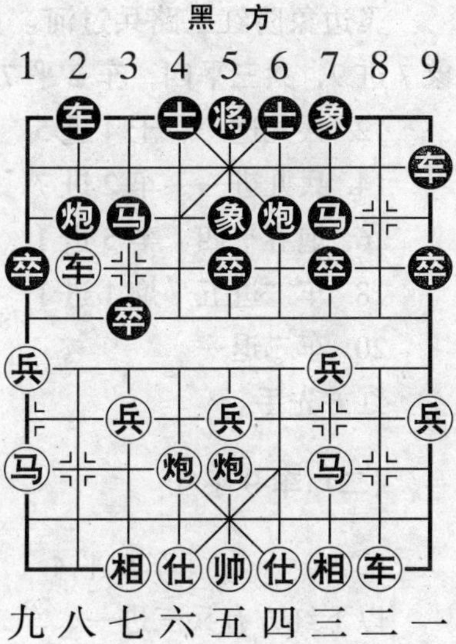

图19

过河车封锁黑方右翼，比车八进四巡河来得积极有力。

如图形势，黑方有车9平2、车9平4两种着法，演变如下：

（一）车9平2

8. ………… 车9平2

联车准备平炮兑车，似笨实佳。这是1987年南北对抗赛上海林宏敏执黑应辽宁卜风波弈出的新变。

9. 炮六进四 炮2平1 10. 车八进二 …………

如改走车八平七，则车2进4，车二进四，士4进5，炮六平三，象7进9，兵三进一，象9进7，炮五进四，马3进5，车七平五，前车进3，炮三平四，车2进7，车五进一，后车平6，车五平九，车6退4，车二平三，车6进1，黑兵种齐全较易走。

10. ………… 车2进1 11. 炮六平三 象7进9

飞边象防红三路兵过河。如改走车2进4，则兵三进一，象7进9，兵三平四，车2平7，马三进二，红优。

12. 兵九进一 士4进5 13. 仕四进五 卒1进1
14. 兵九进一 车2进7 15. 兵九平八 车2退4
16. 炮五平四 卒5进1 17. 炮四进四 马3进4
18. 车二进五 炮1进1 19. 兵三进一 卒5进1
20. 车二退一

红方先手。

（二）车9平4

8. ………… 车9平4 9. 炮六进四 卒7进1

以下红方有兵三进一、车二进六两种走法。

（甲）兵三进一

10. 兵三进一 象5进7 11. 车二进六 马7进6

12. 炮六平九　士4进5

如改走马6进4，则马三进四，马4进6，炮五平四，红优。

13. 炮九退一　马6进4　　14. 炮九平三　马4进6

15. 炮三退二　炮6进7

弃炮背水一战，否则局势也难挽救。

16. 车二平三　象7进9　　17. 炮三平二

双方对攻，红方占优。

（乙）车二进六

10. 车二进六　马7进6　　11. 炮六平九　马6进4

12. 兵三进一　象5进7　　13. 仕四进五　象7退5

14. 车二平三　士4进5　　15. 炮五平六　马4进6

16. 马三进四　炮2平1　　17. 车八进三　马3退2

18. 炮九平八　车4进4　　19. 炮六平四　马6退8

20. 车三退二　炮6进5　　21. 仕五进四　马8进7

进马逼兑，简化局势。

22. 车三退二　车4平6　　23. 仕四退五　马2进3

24. 车三平六　卒9进1

双方均势。

第20局　红补右仕

1. 炮二平五　马2进3　　2. 马二进三　炮8平6

3. 车一平二　马8进7　　4. 兵三进一　卒3进1

5. 马八进九　象3进5　　6. 炮八平六　车9进1

7. 车九平八　车1平2　　8. 仕四进五　车9平4

9. 兵五进一（图 20）

…………

如图形势，黑方有车 4 进 3、车 4 进 4、车 4 进 5、炮 2 进 1、炮 2 进 4、士 4 进 5 六种着法，演变如下：

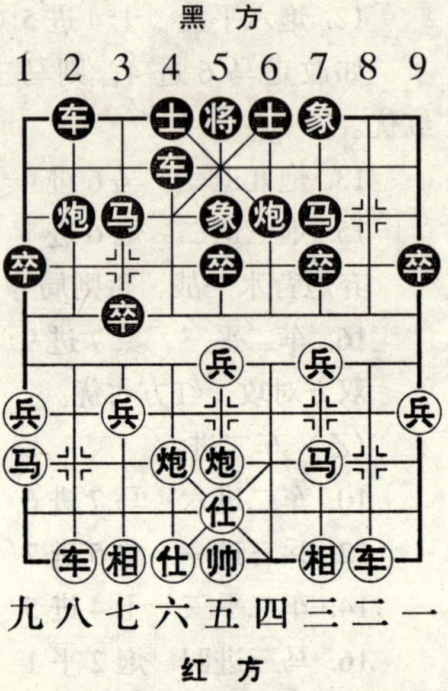

图 20

（一）车 4 进 3

9. ………… 车 4 进 3

10. 车二进三 …………

紧凑。如改走车二进八，则卒 7 进 1，车二平三，马 7 进6，兵三进一，马 6 进 7，兵三进一，车 4 平 7，黑方易走。

10. ………… 士 4 进 5

另有两种着法：①卒 3 进 1，则兵七进一，马 3 进 2，炮六平八，士 4 进 5，炮八进五，炮 6 平 2，炮五平八，炮 2 进 5，车八进二，红方较优；②炮 2 进 1，则炮六进一，车 4 进 1，炮六平五，卒 3 进 1，兵七进一，车 4 平 3，炮五进三，士 6 进 5，车二平七，红方稍先。

11. 马九退七　炮 2 进 3　　12. 马七进六　炮 2 平 4

13. 车八进九　马 3 退 2　　14. 马三进四　…………

进马有力，抢先之着。

14. ………… 炮 4 进 2　　15. 仕五进六　马 2 进 3

16. 兵五进一　车 4 退 1　　17. 仕六退五　卒 5 进 1

18. 马六进五　车 4 平 6　　19. 马四退六

红优。

(二) 车4进4

9. ………… 车4进4　　10. 车二进八 …………

进车下二路捉马有力。如改走车二进三，则车4平5，马三进五，车5平6，红白丢中兵无益。

10. ………… 车4平5　　11. 车二平三　士4进5

12. 车三退一　车5平7　　13. 车三平二　车7进1

14. 车二退三　卒7进1　　15. 相三进一

红方多子占优。

(三) 车4进5

9. ………… 车4进5　　10. 车二进八　卒7进1

11. 兵五进一 …………

可改走车二平三，以下马7进6，兵三进一，马6进7，车八进六，马7退5，兵三平四，红兵过河较好。

11. ………… 卒7进1

如改走卒5进1，则车二平四，士4进5，车八进七，车2进2，炮五进五，士5进4，炮六平五，红优。

12. 车二平三　马7进8　　13. 兵五进一　马3进5

14. 车三退四　士4进5　　15. 车八进六　马5退3

16. 车三进五

红方得象占优。

(四) 炮2进1

9. ………… 炮2进1　　10. 马三进四　士4进5

11. 炮五平三 …………

亦可改走马四进五，以下马3进5，炮五进四，炮6进5炮五平九，炮6平1，炮九退四，车4进6，车八进六，车2进3，仕五进六，红方稍优。

11. ………… 车4进5

如改走车4进4，则马四进三，炮2平7，车八进九，马3退2，炮三进四，车4平5，相三进五，黑左马受制，红方较优。

12. 兵五进一 车4平5

平中车吃中兵是步新变。如改走车4平7，则马四退五，车7平6，兵三进一，卒5进1，兵三进一，马7退9，车二进四，红优。

13. 兵三进一 车5退2　　14. 兵三进一 车5平6
15. 马四退五 马7退9　　16. 车二进八 炮2退2
17. 车二退五 炮2平1　　18. 车八进九 马3退2
19. 炮六进二 卒5进1　　20. 炮六平三 卒5进1
21. 兵三进一 炮6进1　　22. 兵三进一 炮6平7

准备弃子解围，可走之着。

23. 炮三进四 车6平7　　24. 炮三平一 车7进5
25. 仕五退四 车7退6　　26. 炮一进四 炮1平7

各有顾忌。

（五）炮2进4

9. ………… 炮2进4　　10. 马九退七 炮2退1
11. 车二进三 士4进5　　12. 马七进六 车4平2
13. 车二进三 炮6进4　　14. 兵五进一 炮2平3
15. 车八平九 炮6平3　　16. 车二平三 车2进5

如改走马7退9，则兵五进一，车2进3，马三进四，炮

8平5，兵五平六，红优。

17. 车三进一　前炮平1　　18. 兵五进一　马3进5

19. 马六进五　炮3平5　　20. 车三退一

红方多子占优。

（六）士4进5

9. ………… 士4进5　　10. 车二进八　炮2进3

进炮射兵准备弃子取势，是士4进5补士后的续着。如误走炮2退1，则车二平三，车4进6，车八进八，红方得子。

11. 兵九进一　炮2平7　　12. 车八进九　马3退2

13. 相三进一　炮7平1

打兵准备弃子，正着。如改走炮7进1，则车二退五，车4进5，炮五进一，炮2退2，兵五进一，红优。

14. 车二平三　车4进4　　15. 车三退一　…………

如改走兵五进一，则卒5进1，车三退一，卒7进1，车三退一，马2进3，黑弃子多卒形势较好。

15. ………… 炮1平5　　16. 马三进五　…………

如改走帅五平四，则炮5平6，帅四平五，卒7进1，车三退一，马2进3，黑势不差。

16. ………… 卒7进1　　17. 炮五进二　车4平5

18. 马五退三　马2进3　　19. 车三平二　卒1进1

20. 车二退三　车5平8　　21. 马三进二　卒1进1

各有千秋。

第三章
中炮进七兵对反宫马

五六炮正马对反宫马平炮亮车阵形，为炮方探索出新的进攻路子，并给马方提出了如何抵抗炮方攻势的新课题。这种布局特点是对峙性强，变化繁复，内容丰富，已引起棋手们的广泛兴趣。近些年来的不断实践和研究，使这类布局阵式有了新的发展。

1. 炮二平五　马2进3
2. 马二进三　炮8平6
3. 车一平二　马8进7
4. 炮八平六　车1平2
5. 马八进七　炮2平1
6. 兵七进一　卒7进1
7. 马七进六（图1）

…………

至此形成五六炮正马对反宫马平炮亮车布局阵式。如图形势，黑方主要有士4进5、象7进5、士6进5三种着法，以下共分19局详细介绍双方常见局式的攻防着法和变化。

黑　方

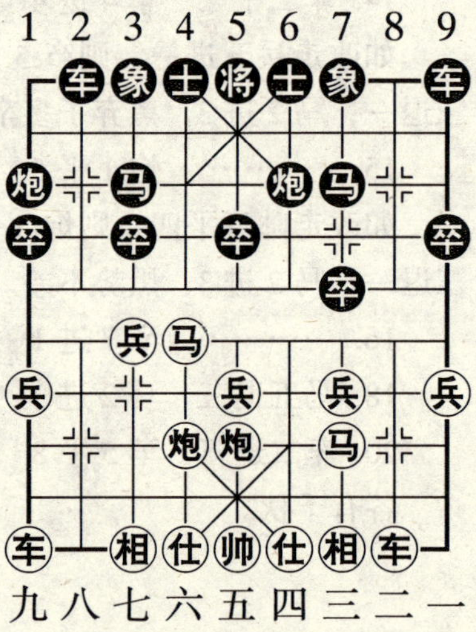

红　方

图1

第一节　黑补右士局型

第1局　红过河车（1）

1. 炮二平五　马2进3　　2. 马二进三　炮8平6

3. 车一平二　马8进7　　4. 炮八平六　车1平2

5. 马八进七　炮2平1

平边炮亮车出右车封锁红车，是目前马方应付五六炮正马流行的变例。

6. 兵七进一　卒7进1

挺7卒活通马路，正着。

7. 马七进六　士4进5　　8. 车二进六　…………

过河车作用是威胁黑方中路及封锁左翼，是红方一种流行攻法。

8. …………　车9平8　　8. 车二平三　炮6退1

10. 马六进七　…………

踩卒胁炮，抢先之着。另有一种走法值得注意：车九进二，炮6平7，车三平四，炮1退1，车九平八，车2进7，炮五平八，车8进5，炮八进二，红方先手。

10. …………　车2进3　　11. 兵七进一　…………

正着，如改走车三平四，则车2平3，车四进二，车3进2，相七进九，车3退1，车九平七，车3进5，相九退七，马

3 进 4，车四退七，车 8 进 5，黑方先手。

11. ………… 炮 6 平 7　　12. 车三平四　炮 1 退 1

13. 马七退五　…………

退马卒口，准备冲七兵抢攻。如改走车九进二，变化详见下局。

13. ………… 车 2 进 2　　14. 兵七进一　马 3 退 4

15. 马五退六　车 2 进 1

也可车 2 平 3，以下兵五进一，车 8 进 6，相七进九，车 3 进 1，炮五进一，车 3 平 4，炮五平二，车 4 进 1，马三进五，马 7 进 8，黑一车换双较易走。

16. 马六进七　车 2 平 3

17. 马七进五　车 3 退 3

18. 车四进一（图 2）

…………

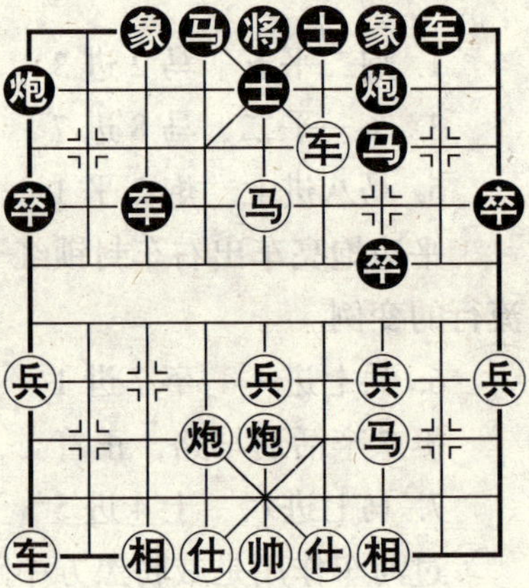

图 2

如图形势，黑方有马 7 进 8、士 5 进 6、车 3 平 5 三种着法，试演如下：

（一）马 7 进 8

18. ………… 马 7 进 8　　19. 车四退四　象 7 进 5

20. 车九平八　车 3 平 4　　21. 仕四进五　马 4 进 3

22. 兵五进一　…………

弃马冲中兵发动攻势，着法凶悍。

22. ………… 马 3 进 5　　23. 兵五进一　马 5 退 7

24. 车八进九

至此黑双象受攻，红弃子有攻势。

(二) 士5进6

18. ………… 士5进6　19. 马五进六　士6退5
20. 马六退七　车8进3　21. 马七退五　象7进5
22. 车九平八　马7进6　23. 车八进四　马6进7

对方对峙。

(三) 车3平5

18. ………… 车3平5　19. 车四平三 …………

如改走炮五进四，则士5进6，车九平八，车8进3，炮五退二（如车八进七，则车8平5，炮六平五，车5退2，黑多子占优），车8平4，炮六平五，马4进3，黑方多子占优。

19. ………… 车5平4　20. 炮六进七　将5平4
21. 仕六进五　象7进5　22. 车九平八　车8进3
23. 炮五平六　将4平5　24. 相七进五　炮7退1

均势。

第2局　红过河车（2）

1. 炮二平五　马2进3　2. 马二进三　炮8平6
3. 车一平二　马8进7　4. 炮八平六　车1平2
5. 马八进七　炮2平1　6. 兵七进一　卒7进1
7. 马七进六　士4进5　8. 车二进六　车9平8
9. 车二平三　炮6退1　10. 马六进七　车2进3

11. 兵七进一　炮 6 平 7
12. 车三平四　炮 1 退 1
13. 车九进二（图 3）
…………

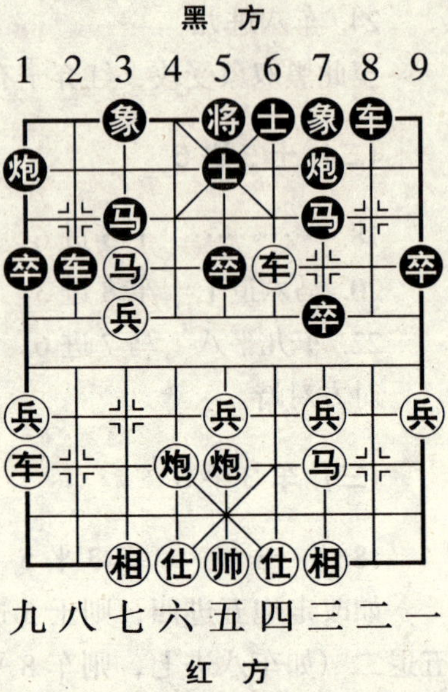
图 3

升车开动主力，着法含蓄。另有一种走法是：相七进九，象 7 进 5，车九平七，炮 1 平 3，炮六平七，象 5 进 3，马七退五，车 2 退 1，炮七进五，车 2 平 3，炮五平七，象 3 退 1，马五退七，车 3 平 5，马三退五，炮 3 进 6，马五进七，车 8 进 7，黑兵种齐全较易走。

如图形势，黑方有卒 7 进 1、炮 1 平 3、车 8 进 5、象 7 进 5 四种着法，演变如下：

（一）卒 7 进 1

13. …………　卒 7 进 1　　14. 兵三进一　车 8 进 4
15. 马七退五　…………

回马卒口佳着。如改走车九平七，则炮 1 平 3 伏象 3 进 5，红七路线受牵，黑方反先。

15. …………　车 2 进 2　　16. 马五退六　车 2 进 1

如改走车 2 平 7，则兵七进一，马 3 退 4，车九平七，红优。

17. 马三进四　炮 1 进 5　　18. 炮五平三　车 8 退 2
19. 兵七进一　马 3 退 4　　20. 马六进七　车 2 平 5

21. 相七进五

红优。

(二) 炮 1 平 3

13. ………… 炮 1 平 3　　14. 车九平八　炮 3 进 2

15. 兵七进一　…………

如改走车八进四，则炮 3 平 6，车八进一，象 3 进 5，车八平七，车 8 进 5，黑方不难走。

15. ………… 车 2 平 3　　16. 车四进二　炮 7 平 8

17. 车八平七　车 3 进 4　　18. 炮五平七　马 3 进 4

双方均势。

(三) 车 8 进 5

13. ………… 车 8 进 5　　14. 兵三进一　…………

抢先之着。如改走马七退五，则车 2 进 2，兵七进一，马 3 退 4，兵三进一，车 8 进 3，兵三进一，炮 7 进 3，马三退五，马 4 进 5，车九平七，卒 5 进 1，兵七平六，象 3 进 1，炮五进三，车 8 退 2，马五进四，马 7 进 6，马四进三，车 8 平 5，炮八平五，车 5 退 2，兵六平五，马 5 退 7，车四平三，象 1 进 3，黑方多子较优。

14. ………… 车 8 退 1

如改走车 8 平 7，则马三进四，伏炮五平三手段，黑方不利。

15. 马三进四　卒 7 进 1　　16. 马四进六　车 8 平 4

17. 兵七平六　车 2 平 3　　18. 兵六平五　炮 1 平 3

19. 车四平二　卒 7 平 6　　20. 相三进一

红优。

（四）象7进5

13. ………… 象7进5

飞左象巩固中防，应法稳健。

14. 车九平八 …………

另有两种走法：①马七退五，车2进2，兵七进一，马3退4，马五退六，车2进1，马六退八，车8进5，黑方反先；②炮六平七，象5进3，车九平八，车2进4，炮五平八，象3进5，车四退二，车8进8，仕六进五，马7进8，车四平八，炮7进1，兵九进一，车8平6，相七进五，马8进7，双方对峙。

14. ………… 车2进4　　15. 炮五平八 …………

以下黑方有象5进3、卒7进1两种着法。

（甲）象5进3

15. ………… 象5进3　　16. 炮八进五　炮1平3
17. 炮六平七　炮3进2　　18. 炮七进四　象3退5
19. 相七进五　马7进8　　20. 车四退二　马8进7
21. 炮八退五　车8进7　　22. 车四平七　马7进5
23. 相三进五　炮7进6　　24. 炮八进五　炮7退1

黑方得相占优。

（乙）卒7进1

15. ………… 卒7进1

冲7卒对攻之着。

16. 炮八进五　卒7进1

也可马7进8，则车四平三，以下黑有两种着法：①象5进3，兵三进一，马8进9，马三进一（如相七进五，则马9进7，炮六平三，车8进7，车三进一，马3退4，炮八退五，象3进5，兵三进一，车8退1，均势），车8进6，车三进一，马3退4，炮八进二，车8平9，相三进五，车9平5，炮六进四，卒9进1，炮六平九，红较易走；②马8进6，车三退二，马6进7，马七进五，象3进5，炮八平五，士5退4，炮六进五（如车三进四，则车8进2，兵七进一，车8平5，兵七进一，车5平6，仕六进五，炮1进5，黑方多子较优），炮7平3，炮五平七，车8进4，兵七进一，炮1进5，黑方多子较优。

17. 马七进五　象3进5

正着，如误走卒7进1，则马五进三，炮1平7，炮八平三，卒7平6，相三进五，卒6平5，相七进五，车8进2，炮三退三，红优。

18. 炮八平五　士5退4　　19. 车四进二　卒7进1

20. 相七进五　…………

如改走兵七进一，则马7进6，车四退三，炮7进8，帅五进一，炮7平9，黑优。

20. …………　车8进4　　21. 兵七进一　马7进6

22. 兵七进一　马6退5　　23. 车四平九　士6进6

24. 车九退二　马5进7　　25. 车九平五　马7进6

26. 车五平四　马6进8

黑方多子稍优。

第3局　红升左车（1）

1. 炮二平五　马2进3　　2. 马二进三　炮8平6

3. 车一平二　马8进7　　4. 炮八平六　车1平2

5. 马八进七　炮2平1

6. 兵七进一　卒7进1

7. 马七进六　士4进5

8. 车九进二（图4）

…………

右车不动，升左车试探应手，待机而动，是近几年来流行走法。

如图形势，黑方有卒9进1、象3进5、象7进5、车9平8四种着法，本局介绍前三种。

黑　方

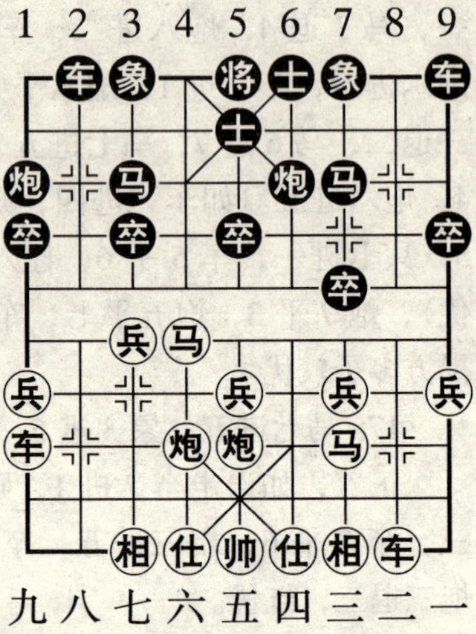

红　方

图4

(一) 卒9进1

8. …………　卒9进1

9. 车九平七　…………

如改走车二进六，则车9进3，车二平一，马7进9，车九平七，象3进5，兵五进一，炮1进4，马六进七，炮6进1，兵七进一，车2进3，马七退五，卒5进1，兵七进一，车2进1，兵七进一，炮6平5，双方对峙。

9. …………　象3进5　　10. 车七进一　车9进3

11. 车二进四　炮1退1　　12. 兵三进一　车2进4

13. 马三进四　炮1平3　　14. 马四进五　马3进5

15. 马六进五　马7进6　　16. 兵三进一　马6进7

17. 马五退六　车2平7　　18. 车七平八

红方先手。

（二）象3进5

8. ………… 象3进5　　9. 车二进六　车9平8
10. 车二平三　马7退9　　11. 马六进五　车8进3
兑车佳着，化解红方先手。
12. 马五退四　车2平4　　13. 车九平八　车4进5
14. 车三平二　马9进8　　15. 马四进五　车4退2
16. 马五退四　马8进6　　17. 炮五平四　马3进5
18. 炮四进三　马5进6　　19. 马三退一　车4进3
黑方先手。

（三）象7进5

8. ………… 象7进5　　9. 车二进六　车9进2
高车保马不如改走车9平8兑车较稳，可参阅上变。
10. 马六进五　马3进5　　11. 炮五进四　车9平8
12. 车二平三　炮6进4　　13. 炮六进五 …………
进炮串马取势，佳着。
13. ………… 炮6平1　　14. 炮六平三　车8平7
15. 车三进一　前炮平7　　16. 车三平五　象3进5
17. 车九进四　炮1平4　　18. 相三进五
红优。

第4局　红升左车（2）

1. 炮二平五　马2进3　　2. 马二进三　炮8平6
3. 车一平二　马8进7　　4. 炮八平六　车1平2

5. 马八进七　炮2平1　　6. 兵七进一　卒7进1

7. 马七进六　士4进5　　8. 车九进二　车9平8

兑车似笨实佳，目的是削弱红方右车的进攻威力。

9. 车二进九　马7退8　　10. 车九平七　…………

出车平七路，牵制黑方右翼。此外另有两种走法：①炮五退一，马8进7，相三进五，象7进5，兵三进一，卒7进1，炮五平三，车2进4，相五进三，马7进6，马六进四，车2平6，相三退五，卒1进1，均势；②马六进五，马3进5，炮五进四，象3进5，仕四进五，马8进7，炮六平四，车2进4，车九平六，炮6进1，炮五退二，马7进5，相三进五，卒1进1，均势。

10. …………　马8进7

进马加快出子。如改走炮1进4，则兵七进一，卒3进1，车七进三，象3进5，车七进一，马8进7，炮六平七，车2进5，马六进五，马3进5，炮五进四，炮1平4，炮五平三，红方易走。

又如改走象3进5或象7进5，变化见第6局。

11. 车七进一　…………

如改走兵七进一，则卒3进1，车七进三，象7进5，车七进一，车2进2，马六进五（如相七进九，则炮6进1，车七退三，马3进2，车七平八，马2退4，车八平七，车2进1，均势），马3进5，炮五进四，车2平3，炮六平八，炮1平2，车七进一，炮6平3，炮五平三，马7进5，均势。

11. …………　车2进4　　12. 马六进七　…………

如走兵五进一，变化请见下局。

12. …………　象7进5（图5）

如图形势，红方有马七进九、炮六平七两种走法，演变

如下：

（一）马七进九

13. 马七进九　象 3 进 1
14. 车七平六　马 7 进 6
15. 兵五进一　炮 6 平 7
16. 炮六平七　马 3 进 4
17. 炮五进四　马 6 进 7
18. 车六平四　…………

正着。如改走炮五退一打车，则马 7 退 5，红方不利。

黑　方

1 2 3 4 5 6 7 8 9

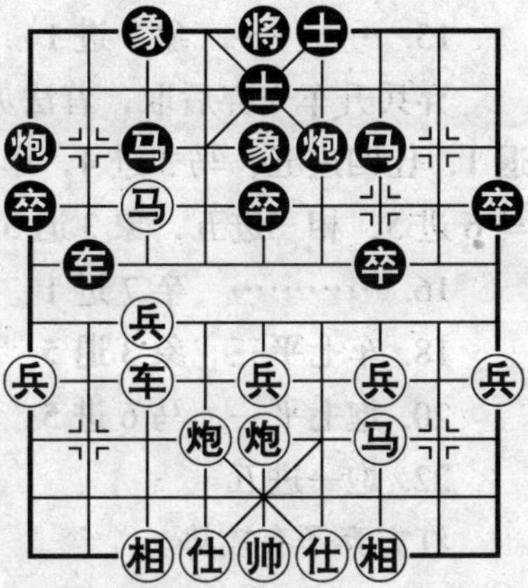

九 八 七 六 五 四 三 二 一

红　方

图 5

18. …………　卒 7 进 1
19. 炮七平四　…………

平炮寻求变化。可改走炮五退一，以下马 4 进 3，车四平七，马 7 退 5，车七平五，车 2 平 5，炮七平五，炮 7 进 5，炮五进二，象 1 退 3，车五退一，双方均势。

19. …………　马 4 退 3　　20. 炮四平五　车 2 平 7
21. 马三退五　象 1 退 3　　22. 炮五退一　马 7 进 8
23. 后炮平七　卒 7 进 1　　24. 车四进五　卒 7 进 1

黑优。

（二）炮六平七

13. 炮六平七　炮 6 进 1　　14. 兵七进一　象 5 进 3
15. 马七进九　…………

如改走炮七进三打象，则车 2 退 1，炮七进二，车 2 平 3，车七进三，炮6平3，炮五平九，炮1进4，炮九进四，炮1平7，相三进五，士5退4，黑多7卒较易走。

15. ………… 象3进1　　16. 兵三进一 …………

弃兵升车先弃后取，着法灵活。如改走兵五进一，则炮6退1，仕四进五，马3进4，车七平六，马4进6，兵三进一，马6进5，相三进五，象3退5，双方均势。

16. ………… 卒7进1　　17. 车七进一　马7进6

18. 车七平三　象3退5　　19. 炮七退一　车2进4

20. 炮七平一　马6进5　　21. 车三退一　马5进7

22. 炮一进五

红方弃子有攻势。

第5局　红升左车（3）

1. 炮二平五　马2进3　　2. 马二进三　炮8平6

3. 车一平二　马8进7　　4. 炮八平六　车1平2

5. 马八进七　炮2平1　　6. 兵七进一　卒7进1

7. 马七进六　士4进5　　8. 车九进二　车9平8

9. 车二进九　马7退8　　10. 车九平七　马8进7

11. 车七进一　车2进4　　12. 兵五进一 …………

进中兵畅通车路，攻守兼备。

12. ………… 象7进5（图6）

如图形势，红方有仕四进五、马六进七、马六进五、兵五进一四种走法，演变如下：

（一）仕四进五

13. 仕四进五　炮 6 进 1

14. 兵五进一　卒 5 进 1

15. 马六进七　炮 6 平 5

正着。如改走卒 5 进 1，则马七进九，车 2 退 2，兵七进一，马 3 进 5，兵七平六，马 5 进 6，兵三进一，卒 7 进 1，马三进四，卒 7 平 6，车七进三，马 7 进 8，兵六平五，炮 6 退 1，炮五平二，红方较优。

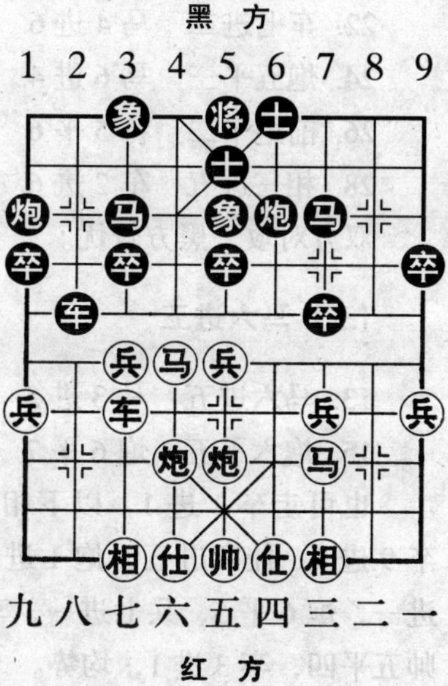

图 6

16. 炮六平七　炮 5 进 4

17. 相三进五　马 3 进 5

18. 车七平五　马 7 进 6　　19. 车五进三　车 2 平 5

20. 马七退五　马 6 进 7

双方均势。

（二）马六进七

13. 马六进七　炮 1 退 1　　14. 炮六平七　炮 1 平 3

15. 兵七进一　象 5 进 3　　16. 炮七进三　车 2 退 2

17. 兵五进一　炮 3 进 2　　18. 炮七平三　…………

如改走炮七进二，则车 2 平 3，炮五平七，炮 6 平 5，相七进五，卒 5 进 1，炮七进四，卒 5 进 1，黑优。

18. …………　象 3 进 5　　19. 炮三退一　车 2 进 1

20. 仕六进五　炮 3 平 4　　21. 兵五平六　马 3 进 4

22. 车七进二　马 4 进 6　　23. 炮五进五　士 5 退 4
24. 炮五平三　马 6 进 4　　25. 前炮进二　士 6 进 5
26. 前炮平二　将 5 平 6　　27. 车七退一　炮 6 平 5
28. 相三进五　车 2 进 6

双方对攻，黑方较优。

（三）马六进五

13. 马六进五　马 3 进 5　　14. 炮五进四　炮 6 进 1
15. 炮六平五　炮 6 平 7

也可走卒 1 进 1，以下相三进一，马 7 进 5，炮五进四，卒 9 进 1，仕四进五，炮 1 进 1，炮五退一，卒 9 进 1，兵一进一，炮 6 平 5，兵七进一，车 2 平 3，车七进二，炮 5 进 2，帅五平四，卒 3 进 1，均势。

16. 相三进一　卒 1 进 1

如改走车 2 平 4，则仕六进五，车 4 进 1，兵五进一，炮 7 平 8，车七平五，车 4 平 3，相七进九，车 3 进 2，前炮平六，红中兵过河较有攻势。

17. 车七平六　…………

如改走仕六进五，则炮 7 平 8，前炮退一（如兵七进一，则车 2 平 3，车七进二，卒 3 进 1，前炮平八，炮 8 平 5，双方对峙），车 2 平 4，兵三进一，卒 7 进 1，相一进三，炮 8 平 5，相三退一，炮 1 进 1（或炮 5 进 2），双方均势。

17. …………　卒 9 进 1　　18. 仕六进五　马 7 进 5
19. 炮五进四　炮 1 进 1　　20. 炮五退一　卒 9 进 1
21. 兵一进一　炮 7 平 5　　22. 帅五平六　车 2 进 5
23. 车六平七　炮 5 进 2　　24. 车七平六　炮 1 退 3

25. 马三进五　………

进马含蓄。如改走车六进二，则车2平3，帅六进一，车3退3（如车3退4，则马三进五，车3平2，兵三进一，红优），马三进五，炮5平4，马五进四，车3平4，仕五进六，车4平6，车六退一，车6退2，车六进一，车6进2，双方均势。

25. ………　车2退5

如误走车2平3，则帅六进一，车3退4，车六进二，车3平2，兵三进一，红优。

26. 炮五进一　车2平5　　27. 炮五平二

红方略先。

（四）兵五进一

13. 兵五进一　卒5进1

如改走车2平5，则马三进五，车5平2，炮六平七（伏兵七进一），车2平1，兵九进一，车1进1，兵三进一，卒7进1，马五进三，车1进1，车七平五，车1平5，马三退五，至此，黑方多卒，但红方子力活跃，红略占先。

14. 马六进七　炮6进3　　15. 马七进九　………

兑炮着法简明，是一步新变。此外另有两种着法；①炮六平七，炮6平5，仕四进五，马3进5，帅五平四，炮1平3，车七平四，炮3进3，相七进九，炮3平2，车四平七，炮2进4，相九退七，车2平4，炮五进三，炮2退5，均势；②兵七进一，车2平3，车七进二，象5进3，马七退五，炮6平5，马三进五，炮5进2，相三进五，炮1进4，兵三进一，马3进5，均势。

15. ………… 炮6平5　　16. 车七平五　象3进1
17. 炮五进二　卒5进1　　18. 车五进一　象1退3
19. 车五退一

至此，红方兵种齐全，且多七兵，略优。

第6局　红升左车（4）

1. 炮二平五　马2进3　　2. 马二进三　炮8平6
3. 车一平二　马8进7　　4. 炮八平六　车1平2
5. 马八进七　炮2平1　　6. 兵七进一　卒7进1
7. 马七进六　士4进5　　8. 车九进二　车9平8
9. 车二进九　马7退8　　10. 车九平七　象3进5

飞右象是黑方一种应变。如改走象7进5，则车七进一，马8进7，以下红方有三种走法：①仕四进五，车2进4，兵五进一，炮6进1，兵五进一，卒5进1，马六进七，炮6平5，变化同上局（一）走法异途同归。②兵五进一，炮6进1（如车2进4，则变化同上局），以下红若马三进五，则车2进4，仕六进五，炮1退1，兵一进一，炮1平3，马六进五，马3进5，兵五进一，马5退3，马五进八，炮6平5，马六进七，炮5进4，相七进五，车2平5，均势；红若炮六平七，则炮6平8，仕四进五，炮1退1，相七进九，炮1平3，车七平四，车2进5，炮七退二，卒3进1，兵五进一，卒5进1，车四平五，卒5进1，车五进一，卒3进1，马六退七，车2进1，马七进五，卒3平4，车五平六，炮3进8，相九退七，炮8平5，均势。③炮六平七（平七路炮有力，预防黑车2进

4，伏有兵七进一的妙手），炮6进1，兵五进一，炮6平7，兵五进一，卒5进1，马六进七，卒5进1，兵七进一，红优。

11. 车七进一　车2进4

12. 兵五进一　马8进7

(图7)

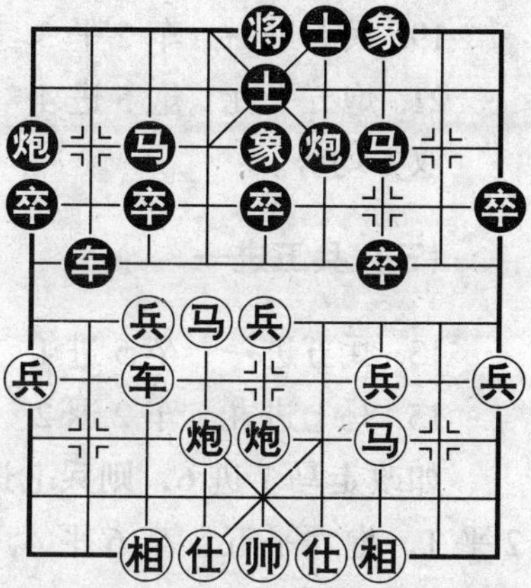

图7

如图形势，红方有仕六进五、仕四进五、兵五进一、马六进五四种着法，演变如下：

(一) 仕六进五

13. 仕六进五　炮1退1

14. 兵五进一　卒5进1

15. 马六进七　炮6进1　　16. 兵七进一　车2平3

17. 车七进二　象5进3　　18. 马七退五　炮6平5

双方均势。

(二) 仕四进五

13. 仕四进五　炮1退1　　14. 马六进五　马3进5

兑子简化局势，正着。如改走马7进6，则车七平六，马3进5，炮五进四，炮6平7，相七进五，马6进7，车六平四，卒1进1，炮五退一，车2平4，炮六平七，卒7进1，炮七进四，炮1进1，炮七平二，红优。

15. 炮五进四　炮 6 进 1　　16. 炮六平五　炮 6 平 7
17. 相三进一　卒 1 进 1　　18. 炮五退一　炮 7 平 5
19. 兵七进一　车 2 平 3　　20. 车七进二　卒 3 进 1
21. 炮五平九　炮 5 进 4　　22. 相七进五　炮 1 进 5

双方均势。

（三）兵五进一

13. 兵五进一　卒 5 进 1　　14. 马六进七　卒 5 进 1
15. 马七进九　车 2 退 2　　16. 兵七进一　车 2 平 1

如改走马 7 进 6，则兵七进一，马 3 退 4，炮五退一，车 2 平 1，炮六平五，卒 6 平 4，马三进五，马 6 进 5，车七平五，红方略优。

17. 兵七进一　马 3 退 1　　18. 炮六平九　马 7 进 6
19. 兵九进一　车 1 平 4　　20. 兵九进一　炮 6 平 7
21. 兵九进一　马 1 退 3　　22. 兵九平八　马 3 进 1

各有顾忌。

（四）马六进五

13. 马六进五　…………

踩卒谋兵取势，着法简明。

13. …………　马 3 进 5　　14. 炮五进四　炮 6 进 1
15. 炮六平五　炮 6 平 7　　16. 相三进一　炮 1 平 3
17. 仕六进五　炮 3 退 2　　18. 兵一进一　炮 7 平 8
19. 前炮平三

红方较优。

第二节　黑飞左象局型

第7局　红过河车

1. 炮二平五　马2进3
2. 马二进三　炮8平6
3. 车一平二　马8进7
4. 炮八平六　车1平2
5. 马八进七　炮2平1
6. 兵七进一　卒7进1
7. 马七进六　象7进5

飞左象应法别致，目的是巩固中防。

8. 车二进六（图8）

…………

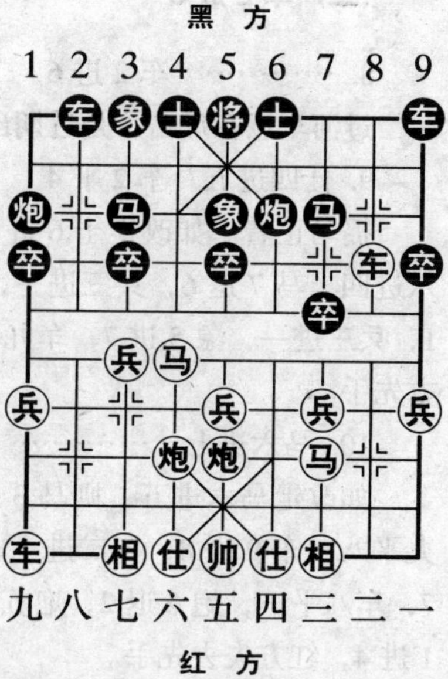

图8

如图形势，黑方有车2进4、车2进6、士6进5三种着法，演变如下：

（一）车2进4

8. …………　车2进4　　9. 车二平三　车9进2
10. 车九进二　士6进5

如改走炮1退1，则兵七进一，车2平3，炮五进四，红得中兵占优。

11. 车九平八 …………

兑车抢先之着。

11. ………… 车2进3　12. 炮五平八　炮1进4

13. 马六进四　马7退9　14. 炮六进六　炮1平4

15. 马三退五　炮4退4　16. 车三进二

至此，红车夺马伏马四进五踩象，红优。

（二）车2进6

8. ………… 车2进6

过河车意在反击，是近期出现的一种变例。

9. 仕四进五　车2平4

捉马正着。如改走士6进5，则车二平三，车2平4，马六进四，马7退6，兵三进一，马6进8，车三平二，炮1退1，兵三进一，象5进7，车九平八，车4退2，马三进二，红方先手。

10. 马六进七 …………

如改走马六进五，则马3进5，炮五进四，士6进6，车九平八，车9平8，车二进三，马7退8，车八进五，马8进7，车八平三，炮6退2，炮五退二，炮6平7，车三平八，炮1进4，红方失去先手。

10. ………… 士6进5

补士稳健之着。如改走炮1进4（如炮1退2，则炮五进四，马3进5，车二平五，红优），则炮五进四，马3进5，车二平五，士6进5，炮六平五，炮6进2，车五平三，车9平7，马七退五，车4平2，车三平九，炮1平5，车九进三（如马五进四，则士 5 进 6，前车平五，炮 6 进 3，车五平四，士 6 退 5，车四退四，炮 5 退 3，红方无便宜），车 2 平 1，车九退三，炮 5 退 1，车九进三，红方略先。

11. 车二平三　车 9 平 7　　12. 马七进九　象 3 进 1
13. 车九平八　车 4 平 3　　14. 炮五进四　马 3 进 5
15. 车三平五　象 1 退 3　　16. 车五平三　炮 6 进 6

进炮侵扰之着，好棋。如改走车 3 退 1，则相三进五，红多中兵略优。

17. 兵三进一　卒 7 进 1　　18. 车三退二　马 7 进 6
19. 车三进五　象 5 退 7　　20. 车八进五　马 6 进 5
21. 车八平三　象 7 进 5　　22. 车三退二　马 5 退 4
23. 车三平七　马 4 进 3　　24. 马三进二

红较易走。

（三）士 6 进 5

8. …………　士 6 进 5

以下红方有车九进一和车二平三两种走法。

（甲）车九进一

9. 车九进一　…………

改走车九进二比较有利，黑如车 9 平 7，则车二平三，变化详见第 12～18 局详介。

9. …………　车 2 进 6　　10. 马六进五　马 3 进 5
11. 炮五进四　炮 6 进 5

进炮好棋，抢先之着。

12. 仕四进五　…………

如改走兵五进一，则马 7 进 5，车二平五，车 2 平 7，黑先。

12. …………　车 2 平 5　　13. 炮五平九　车 5 平 4

14. 车九平八　炮6退2

亦可车9平6。黑方略优。

(2) 车二平三

9. 车二平三　车9平7

以下红方有马六进四和马六进七两种走法：

①10. 马六进四　马7退9

如改走马7退6，则马四进六，车2进1，车三平四，卒7进1，车九平八，红优。

11. 车三平一　车2进4

如改走马9进7，则马四进六！车2进1（如误走马7进9，则马六进七，将5平4，炮五平四，炮6平7，炮四退一，红胜），车一平三，红优。

12. 马四进五　…………

如马四进六，则车2平4，红无便宜。

12. …………　象3进5　　13. 车一进二　卒7进1

14. 兵三进一　车7进5

黑方易走。

②10. 马六进七　车2进4　　11. 马七进九　象3进1

12. 车九进一　车2平4　　13. 炮六平八　马7退6

14. 车三进三　象5退7　　15. 车九平二　车4进1

16. 车二平七　象7进5

双方对峙。

第8局　红升左车

1. 炮二平五　马2进3　　2. 马二进三　炮8平6

3. 车一平二　马 8 进 7　　4. 炮八平六　车 1 平 2

5. 马八进七　炮 2 平 1　　6. 兵七进一　卒 7 进 1

7. 马七进六　象 7 进 5　　8. 车九进二　车 9 平 8

兑车简化局势。如改走车 2 进 6，则车二进六，车 2 平 4，马六进五，马 3 进 5，炮五进四，士 6 进 5，仕四进五，车 9 平 8，车二平三，炮 6 退 2，炮五退二，车 8 进 6，车九平八，车 8 平 7，相三进五，炮 6 平 7，车三平七，卒 7 进 1，车八进三，卒 7 平 6，炮五进一，红优。

9. 车二进九　马 7 退 8（图 9）

如图形势，红方有兵五进一、车九平七、马六进五三种走法。

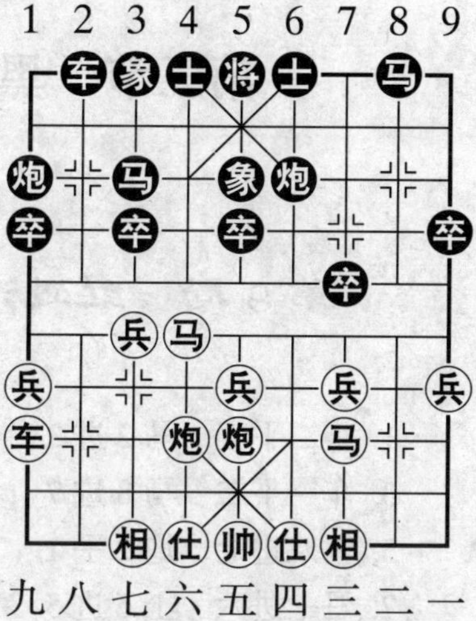

图 9

（一）兵五进一

10. 兵五进一　马 8 进 7

11. 马六进五　马 3 进 5

12. 炮五进四　士 6 进 5

13. 炮六退一　车 2 进 4

14. 车九平六　炮 6 退 2

15. 炮五退一

红方较优。

（二）车九平七

10. 车九平七　炮 1 进 4

11. 车七进一　炮 1 进 3

12. 兵五进一　车 2 进 9

13. 马三退五　车 2 退 1

14. 马五进三　炮 1 退 4　　15. 马六进五　炮 1 平 5

16. 车七平五　炮 5 进 2　　17. 马五退三　士 6 进 5

18. 马三进四　士 5 进 6　　19. 相三进五　马 8 进 7

20. 兵三进一

红方略优。

（三）马六进五

10. 马六进五　马 3 进 5　　11. 炮五进四　士 6 进 5

12. 炮六退一　马 8 进 7　　13. 车九平六　炮 6 退 2

14. 炮五退二

红方先手。

第三节　黑补左士局型

第 9 局　红过河车对黑巡河车

1. 炮二平五　马 2 进 3　　2. 马二进三　炮 8 平 6

3. 车一平二　马 8 进 7　　4. 炮八平六　车 1 平 2

5. 马八进七　炮 2 平 1　　6. 兵七进一　卒 7 进 1

7. 马七进六　士 6 进 5

补左士巩固右翼，是近几年来极为流行的变例。同补右士有异曲同工之妙，双方攻防战术变化比较复杂。

8. 车二进六　车 2 进 4　9. 车二平三　炮 6 退 1（图 10）

如图形势，红方有兵七进一、车九进二两种走法，演变

如下：

（一）兵七进一

10. 兵七进一　车2平3
11. 车九平八　车3进1
12. 马六退七　…………

如改走炮六平七，则炮6平7，车三平四，象7进5，车四进二，车9平7，车八进七，车3平4，车八平七，炮1进4，车七退一，炮1平7，炮七进二，炮7退1，黑优。

黑　方

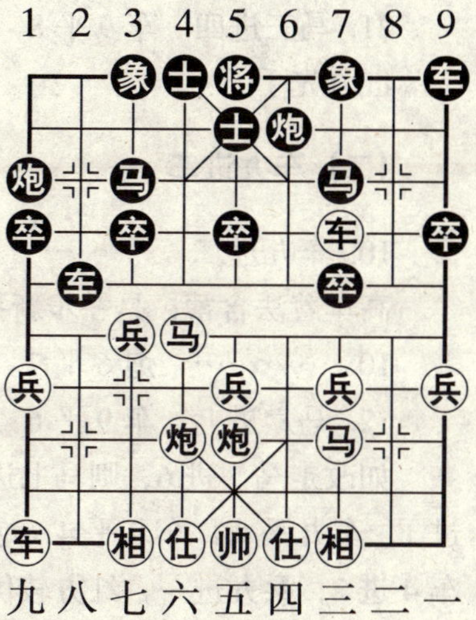

红　方

图10

12. …………　炮6平7
13. 车三平四　马7进8
14. 车八进七　车9进2
15. 仕四进五　车3进1
16. 车四平二　马8进7
17. 车二平三　…………

如改走车二进三，则士5退6，车二平三，车9平7，炮五平四，卒7进1，马七退九，炮1进4，炮四进一，炮1平5，马三进五，车3平5，车八退四，车5平2，马九进八，象3进5，车三平二，士4进5，黑多卒占优。

17. …………　马7进5

如改炮1退1，则炮五平四，马7退6，马三进四，马6进4，马四进六，红优。

18. 相三进五　炮7进1

如改走炮7平6，则车三进三，士5退6，马七退八，红优。

19. 车八平七　象7进5　　20. 车七进一　车3进1
21. 马三进四　车9平8　　22. 炮六进二

红方先手。

（二）车九进二

10. 车九进二　…………

高车着法含蓄，是一步新招。

10. …………　炮6平7　　11. 车三平二　象7进5
12. 马六进七　车9平6

如改走马7进6，则马七进九，象3进1，车二平三，炮7进1，车九平八，车2平4，炮五退一，车9平7，相七进五，车4进2，兵九进一，红方较优。

13. 炮六平七　马3退1　　14. 车九平八　车2进3
15. 炮五平八　炮1平3　　16. 相七进五　车6进4
17. 炮八平九

红优。

第10局　红过河车对黑出车邀兑（1）

1. 炮二平五　马2进3　　2. 马二进三　炮8平6
3. 车一平二　马8进7　　4. 炮八平六　车1平2
5. 马八进七　炮2平1　　6. 兵七进一　卒7进1
7. 马七进六　士6进5　　8. 车二进六　车9平8
9. 车二平三　…………

压马紧凑。如改走车二进三，则马7退8，马六进五（如车九进一，则马8进7，车九平四，象3进5，车四进五，马

7进8，车四平一，马8进7，马六进五，炮1进4，黑方较优），马3进5，炮五进四，象7进5，车九进一，车2进4，车九平四，卒3进1，车四进三，炮1平3，双方对峙。

9. ………… 炮6退1

如改走车8进2，则马六进五，马3进5，炮五进四，象7进5，炮五退二，车2进6，仕六进五，炮6退2，相七进五，炮6平7，车三平七，马7进6，各有千秋。

10. 马六进七 …………

如改走车九进二，变化请见下局。

10. ………… 车2进3

如改走炮6平7，则马七进九，炮2进2，马九进八，马3退2，车九平八，马2进1，车八进一，炮7进3，相三进一，象7进5，炮六平七，红方略优。

11. 兵七进一 炮6平7

12. 车三平四 炮1退1

（图11）

如图形势，红方有兵五进一、车九进二、马七退五三种走法，演变如下：

（一）兵五进一

13. 兵五进一 车2进3

也可改走象7进5，以下兵五进一，象5进3，兵五进一，马3进5，马七退五，象3进6，马三进五，车8平6，车四平二，炮1平3，双方对峙。

黑 方

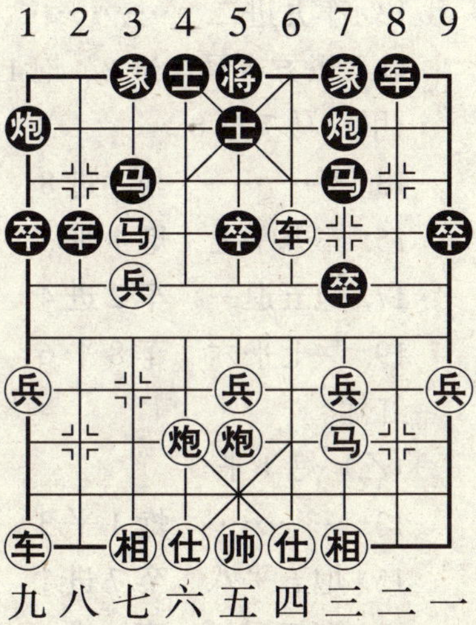

红 方

图11

14. 兵五进一　马 7 进 8

如改走车 2 平 3，则兵五进一，马 3 进 5，马七退五，车 3 退 2，马三进五，象 7 进 5，后马进七，红优。

15. 兵五进一　…………

以改走车四平三牵炮为宜。

15. …………　卒 7 进 1　16. 兵五平六　象 7 进 6
17. 车四平三　卒 7 进 1　18. 兵六进二　马 8 进 6
19. 车三退二　卒 7 进 1　20. 兵六平七　车 8 平 6
21. 仕六进五　车 6 进 4　22. 前兵平六　车 6 平 3
23. 兵六进一　马 6 进 5　24. 相七进五　车 3 退 1
25. 车三进四　车 3 平 4

双方均势。

（二）车九进二

13. 车九进二　…………

以下黑方有马 7 进 8、炮 1 平 3、象 7 进 5 三种着法。

（甲）马 7 进 8

13. …………　马 7 进 8　14. 车四平三　象 7 进 5
15. 车九平七　炮 1 平 3　16. 车七进二　马 8 进 7
17. 炮五退一　车 2 进 4　18. 炮六平七　车 8 进 8
19. 兵七平六　车 8 平 6　20. 兵六进一

红优。

（乙）炮 1 平 3

13. …………　炮 1 平 3　14. 车九平八　车 2 进 4
15. 炮五平八　卒 7 进 1　16. 炮八进五　马 7 进 8
17. 车四退一　卒 7 进 1　18. 马三退五　马 8 进 9
19. 炮八退二　车 8 进 8　20. 相三进五　卒 7 平 6

21. 炮六退一　车 8 退 1　　22. 炮六平七　卒 6 平 5

黑方较优。

（丙）象 7 进 5

13. …………　象 7 进 5　　14. 车九平八　车 2 进 4

15. 炮五平八　车 8 平 6

如改走卒 7 进 1，则炮八进五，马 7 进 8，车四平三，马 8 进 6，车三进一，马 6 进 7，相七进五，马 7 进 9，马七进五，象 3 进 5，车三平五，红有攻势。

16. 车四进三　将 5 平 6　　17. 兵七平八　炮 1 平 3

18. 兵八进一　马 3 退 1　　19. 兵八进一　炮 3 进 8

20. 仕六进五　马 1 进 2　　21. 炮八进三　马 7 进 6

22. 相三进五　炮 3 退 2

黑先。

（三）马七退五

13. 马七退五　…………

退马河口，为七兵进攻开道，着法有力。以下黑方有车 2 进 2、车 2 进 3，马 3 退 2 三种应法。

（甲）车 2 进 2

13. …………　车 2 进 2　　14. 炮六平七　卒 7 进 1

15. 兵三进一　卒 5 进 1　　16. 炮七进五　车 2 平 7

17. 炮五进三　象 7 进 5　　18. 车九进二　马 7 进 8

19. 车四退一　炮 7 进 6　　20. 炮五平二

红多兵略好。

（乙）车 2 进 3

13. …………　车 2 进 3　　14. 兵七进一　马 3 退 2

如改走卒 5 进 1，则兵七进一，象 7 进 5，车九进二，红优。

15. 马五退七　马2进1　　16. 兵七进一　象7进5

如改走车8进5，则兵三进一，车8退1，马三进四，卒7进1，马四进五，红先。

17. 车九进二　马1进3　　18. 车九平八　车2平3

19. 车八平七　车3进1　　20. 炮五平七　马3进4

21. 炮七进一

红优。

（丙）马3退2

13. …………　马3退2　　14. 兵七进一　车2进2

15. 马五退六　…………

退马捉车，争先之着。如改走马五退四，则马2进1（如车8进6，则车九进二，车8平7，兵七平六，卒7进1，双方对攻），车九进二（如兵七平六，则车2平4，兵五进一，车4退2，兵五进一，象7进5，车九平八，车8平6，红攻势难以展开），炮1平3（如马1进3，则车九平七，马3进4，车七进七，红优），兵七平六，车2平3，炮五进四，马7进5，相七进五，车3平6，兵六平五，车6退2，兵五平四，车8进3，马四进三，车8平6，前马退五，车6平2，伏车2进3夺中兵手段。

15. …………　车2进1

捉马正着。

16. 马六进七　车2平3　　17. 马七进五　车3退3

18. 车四进一　…………

如改走兵五进一，则车8进6，车九平八，马2进3，兵五进一　象7进5，马三进五，马3进5，兵五进一，车8平7，车八进三，卒7进1，黑优。

18. ………… 车3平5

可改走马7进8（如士5进6，则马五进六，士6退5，马六退七，红优），以下车九平八，马2进1（如车3平5吃马，则炮五进四，士5进6，车八进九，卒7进1，车八退一，炮7进5，马三退五，红优），车四退三，马8进7，马五退六，车3进1，均势。

19. 车四平三　车5平4　　20. 仕六进五　象7进5

21. 车九平八　马2进3

双方对峙。

第11局　红过河车对黑出车邀兑（2）

1. 炮二平五　马2进3
2. 马二进三　炮8平6
3. 车一平二　马8进7
4. 炮八平六　车1平2
5. 马八进七　炮2平1
6. 兵七进一　卒7进1
7. 马七进六　士6进5
8. 车二进六　车9平8
9. 车二平三　炮6退1
10. 车九进二　…………

升车走法含蓄，引而不发。

10. ………… 炮6平7

11. 车三平四（图12）

…………

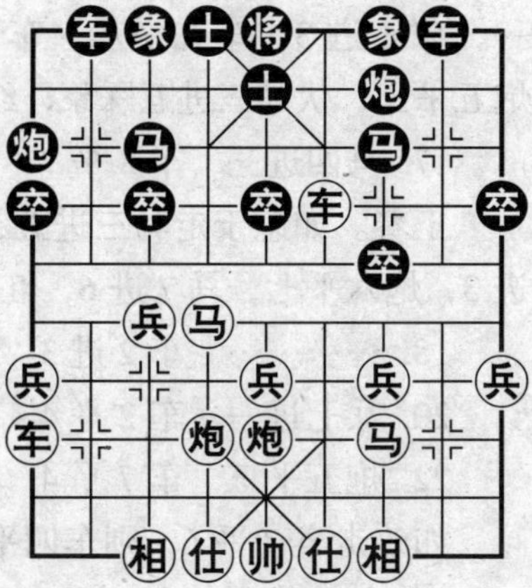

图12

如图形势，黑方有车 8 进 5、象 7 进 5 两种着法，演变如下：

（一）车 8 进 5

11. ………… 车 8 进 5　　12. 兵三进一　车 8 退 1

如改走车 8 平 7，则马三进四，红有多种攻势，黑方不利。

13. 马三进四　卒 3 进 1

另有两种着法：①卒 7 进 1，马四进六，车 2 进 2，车九平八，车 2 进 4，炮五平八，红优；②车 2 进 5，马六进七，车 2 平 3，车九平七，车 3 进 2，炮五平七，卒 7 进 1，马四退六，红优。

14. 马六进七　卒 7 进 1　　15. 马七进九　象 3 进 1

16. 车四进二　炮 7 平 9

如改走车 8 退 3 保炮，则马四进三，马 3 进 4，兵七进一，象 1 进 3，车九平八，车 2 平 3，车八进五，象 3 退 5，炮五平三，伏马三进五踩象，红优。

17. 马四进三　车 8 平 7　　18. 炮六进四　…………

正着。如急于走马三进五，则车 2 平 3，兵七进一，象 1 进 3，炮六平七，马 7 进 6，红方优势消失。

18. ………… 车 2 进 3　　19. 车九平六　马 3 进 4

20. 兵七进一　车 2 平 4　　21. 兵七平六　车 4 退 2

22. 炮五平三　车 7 平 4

如改走卒 7 平 6，则车四平三，车 7 退 1，炮三进五，象 7 进 5，车六平二，车 4 进 3，车三平四，士 5 退 6，炮三平二，红胜。

23. 车六进三　车4进3　　24. 车四平三　卒7进1

25. 车三进一　士5退6　　26. 车三退二　卒7进1

27. 车三平五　士4进5　　28. 车五退一　炮9进5

各有顾忌。

（二）象7进5

11. ………… 象7进5

飞象应法较稳妥。

12. 炮六平七　…………

如改走马六进七，则车8平6，车四进三，士5退6，炮六平七，车2进2，兵五进一，炮1退1，兵五进一，卒5进1，马七退五，马3进5，炮五进四，马7进5，炮七平五，炮1平5，双方均势。

12. ………… 车2进5　　13. 炮五退一　…………

如改走马六进七，则车2平3，炮五退一，车8进8，马七进九，象3进1，车四进二，炮7退1，车四平三，马7进6，炮七进五，车3退3，炮五进五，炮7平6，黑方不难走。

13. ………… 卒3进1

如误走车2平3，则马六退五，红优。

14. 马六进七　炮1退1　　15. 兵七进一　象5进3

16. 炮五平七　车2退1

如误走象3进1，则马七进九，马3进4，炮七进四，车2平3，前炮平八，红方白得象胜势。

17. 马七进五　象3进5　　18. 炮七进五　象5退3

19. 车九平七　象3退1　　20. 炮七进一　车8平6

21. 车四平二　马7进6

双方均势。

第12局　红过河车压马（1）

1. 炮二平五　马2进3　　2. 马二进三　炮8平6

3. 车一平二　马8进7　　4. 炮八平六　车1平2

5. 马八进七　炮2平1　　6. 兵七进一　卒7进1

7. 马七进六　士6进5　　8. 车二进六　象7进5

飞左象巩固阵地，以逸待劳，是近几年来流行的变例。双方攻防战术复杂多变，引人入胜。

9. 车九进二　车9平7

平车保马是一步适时停着。如改走车2进4，则车二平三，车9平7，车九平八，车2进3，炮五平八，马7退9，车三平一，马9进7，车一平三，马7退9，车三进三，马9退7，炮六平七，红方占先。

10. 车二平三（图13）

…………

如图形势，黑方有车2进4、车2进5两种着法，演变如下：

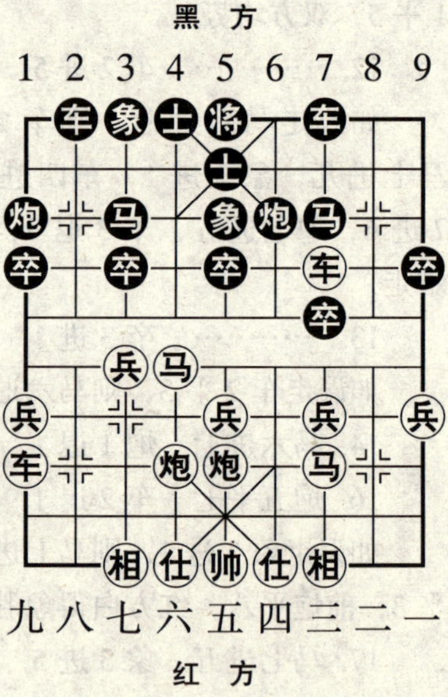

图13

(一) 车2进4

10. ………… 车2进4

以下红方有车九平七、马六进七两种走法。

(甲) 车九平七

11. 车九平七 马7退9　　12. 车三平一 马9进7

13. 车一平三 炮1进4

求变，如续走退马，双方不变作和。

14. 车七进一 炮1进3　　15. 马六进五 车2进5

16. 马三退五 车2退1　　17. 后马进三 马3进5

如续走进车则双方不变作和。

18. 炮五进四 炮6进5

进炮着法有力！如改走车2平6，则仕四进五，炮6进4，兵五进一，马7进5，车三进三，象5退7，炮八退一，炮6平9，马三进一，红优。

19. 仕四进五 马7进5　　20. 车三平五 …………

如改走车三进三，则象5退7，仕五进四，车2平7，黑优。

20. ………… 炮6进1

至此，黑占有攻势。

(乙) 马六进七

11. 马六进七 …………

踩卒着法实惠。

11. ………… 马7退9　　12. 车三平一 马9进7

13. 车一平三 马7退9　　14. 车三进三 马9退7

15. 车九平八 车2进3　　16. 炮五平八 炮1进4

17. 炮八进一　炮6平7　　18. 相三进五　炮7进4
19. 炮八平三　炮1平7　　20. 炮六平七

红方略先。

(二) 车2进5

10. …………　车2进5　　11. 马六进七　车2平3
12. 车九平七　车3进2　　13. 炮五平七　炮1进4
14. 炮七进一　…………

拦炮正着。如改走兵三进一，则炮1平3，相三进五，卒7进1，车三退二，马7进6，红无便宜。

14. …………　象5进3　　15. 炮六进六！　象3进1
16. 相三进五　炮1平2　　17. 车三退一　马7退9
18. 兵三进一　车7进4　　19. 兵三进一

至此，红兵过河占优。

第13局　红过河车压马（2）

1. 炮二平五　马2进3　　2. 马二进三　炮8平6
3. 车一平二　马8进7　　4. 炮八平六　车1平2
5. 马八进七　炮2平1　　6. 兵七进一　卒7进1
7. 马七进六　士6进5　　8. 车二进六　象7进5
9. 车九进二　车9平7　　10. 车二平三　马7退6

退贴将马兑车，减轻红车对左翼的压力，是马方一种流行应法。如改走马7退9兑车，变化请见第15局。

11. 车三进三　象5退7　　12. 车九平七（图14）
…………

如图形势，黑方有炮1进4、象7进5、马6进7三种着法，演变如下：

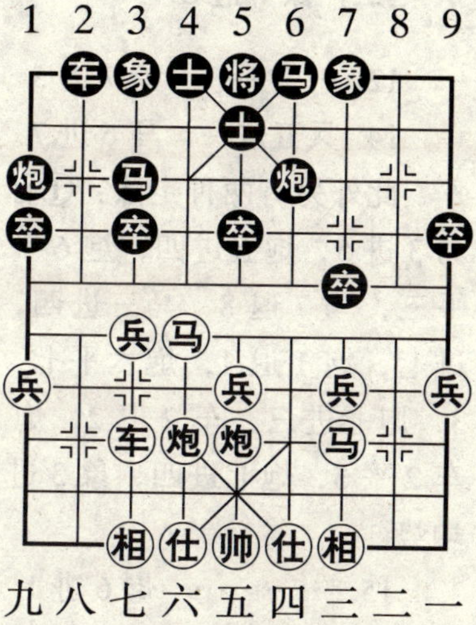

图14

(一) 炮1进4

12. ………… 炮1进4

炮轰边兵，对攻之着。

13. 兵七进一 卒3进1

14. 车七进三 象7进5

15. 车七进一 马6进7

如改走炮1进3，则炮六平七，车2进2，马六进五，车2进7，马三退五，马3退1，炮五平二，车2退6，炮二进四，炮6进1，马五退六，车2平3，炮二平七，红方易走。

16. 炮六平七 车2进5

17. 马六进五 马3进5

18. 炮五进四 象3进1

19. 炮五退一 炮1平7

20. 相三进五 车2退1

21. 车七平五 象1退3

退象正着。如改走马7进6，则炮五进二，将5平6，炮七进六，车2平3，炮七平八，马6进4，车五平一，士5进4，车一平四，士4退5，炮五平八，红优。

22. 兵五进一 炮6进5

23. 车五进一 炮6平3

24. 车五平七 车2平5

25. 兵五进一 炮3平7

各有千秋。

（二）象7进5

12. ………… 象7进5　　12. 车七进一　车2进4

14. 兵五进一　马6进7　　15. 仕四进五　…………

此外另有两种走法：①仕六进五，马7进6，马六进五，马3进5，炮五进四，炮6平7，相三进五，马6进7，炮五平三，马7退8，马三进四，卒7进1，黑较易走；②马六进七，炮1退1，炮六平七，炮1平3，兵七进一，象5进3，炮七进三，车2退2，炮五平七，炮8进2，前炮进二，车2平3，炮七进四，象3进1，相三进五，炮6平5，双方均势。

15. ………… 炮6进1

进炮守卒林线，稳妥之着。如改走马7进6，则马六进五，卒1进1，车七平六，马3进5（如炮1进1，则兵七进一，卒3进1，兵五进一，马3进5，炮五进四，红优），炮五进四，炮6平7，炮五退一，炮7平6，相三进五，炮1平3，兵三进一，卒7进1，相五进三，车2进1，相七进九，车2进2，车六平二，车2平1，炮六平四，马6退7，相三退五，车1进1，炮四退一，车1退1，马三进二，红优。

16. 炮五平四　…………

卸炮求取稳健，如改走兵五进一，则卒5进1，马六进七，卒5进1，马七进九，车2退2，兵七进一，马3进5，兵七平六，象3进1，各有千秋。

16. ………… 炮1退1　　17. 相三进五　炮6进2

18. 马八退七　炮6退2　　19. 兵三进一　卒7进1

20. 相五进三　卒3进1　　21. 相三退五　炮1平3

22. 兵七进一　车2平3　　23. 车七进二　炮3进3

24. 马七进六　马 7 进 8

双方均势。

（三）马 6 进 7

12. …………　马 6 进 7　　13. 兵七进一　…………

如改走车七进一，则车 2 进 4，马六进七［如兵五进一，则象 7 进 5，变化与（二）异途同归］，象 7 进 5，炮六平七，炮 6 进 1，兵七进一，象 5 进 3，炮七进三，车 2 退 1，炮七进二，车 2 平 3，车七进三，炮 6 平 3，黑方残象，红较易走。

13. …………　卒 3 进 1　　14. 车七进三　象 3 进 5
15. 车七进一　炮 1 进 4　　16. 马六进五　马 3 进 5
17. 炮五进四　车 2 进 6　　18. 兵五进一　炮 6 进 1
19. 炮五平九　炮 6 平 1　　20. 车七平九　马 7 进 6
21. 兵五进一　马 6 进 5　　22. 相三进五　马 5 进 7
23. 炮六平三　车 2 平 7

和局。

第 14 局　红过河车压马（3）

1. 炮二平五　马 2 进 3　　2. 马二进三　炮 8 平 6
3. 车一平二　马 8 进 7　　4. 炮八平六　车 1 平 2
5. 马八进七　炮 2 平 1　　6. 兵七进一　卒 7 进 1
7. 马七进六　士 6 进 5　　8. 车二进六　象 7 进 5
9. 车九进二　车 9 平 7　　10. 车二平三　马 7 退 6
11. 车三进三　象 5 退 7（图 15）

如图形势，红方除上局走车九平七外，尚有车九平八、马六进五、马六进七、炮六平七四种走法，演变如下：

黑 方

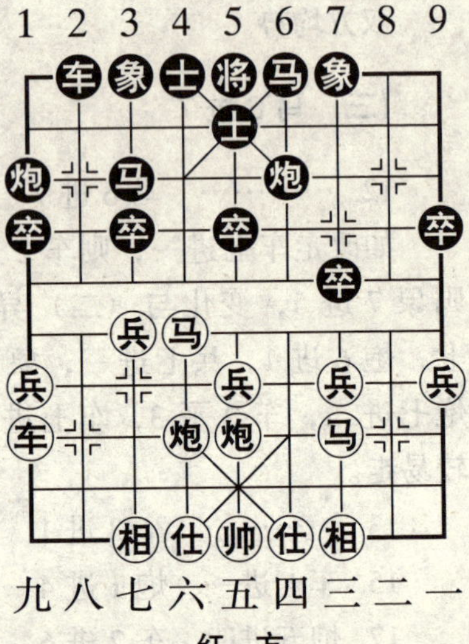

红 方

图 15

（一）车九平八

12. 车九平八　车 2 进 7
13. 炮五平八　炮 1 进 4
14. 炮八进一　…………

进炮阻隔，正着。如改走炮六平七，则炮 1 平 3，相七进五，象 7 进 5，兵三进一，卒 7 进 1，相五进三，马 6 进 7，相三退五，卒 1 进 1，炮八进四，卒 1 进 1，马三进四，马 7 进 6，马六进四，炮 6 进 3，兵一进一，卒 1 平 2，双方均势。

14. …………　马 6 进 7　　15. 炮六平七　象 7 进 5
16. 炮七进四　卒 1 进 1　　17. 炮八平七　象 3 进 1
18. 兵七进一　象 1 进 3　　19. 马六进五　马 7 进 6
20. 前炮平八　马 3 退 2　　21. 兵五进一

红方先手。

（二）马六进五

12. 马六进五　…………

踩中卒攻取中路，着法简明。

12. …………　马 3 进 5　　13. 炮五进四　象 7 进 5

如改走象3进5，则炮五退二，马6进7，炮六进四，马7进6，炮六平三，车2进6，炮五平二，卒1进1，炮二退一，车2进3，相三进五，卒1进1，炮二进二，马6进4，兵五进一，卒1平2，车九平六，炮6进3，炮二进四，士5退6，车六退一，卒2平3，车六平四，炮6退3，炮三进一，红优。

14. 兵五进一 …………

进中兵紧凑之着。如改走炮六退一，则车2进6，兵五进一，马6进7，兵五进一，炮6退2，炮五平九，车2平7，兵九进一，卒7进1，炮六平三，车7平3，炮三进三，车3平7，相三进一，卒9进1，双方对峙。

14. ………… 马6进7　15. 炮六平五 车2进6

16. 兵五进一 炮1进4

封锁马路，正着。如改走车2平7，则马三进五，炮6进5，炮五退一，马7进5，马五进六，炮6退2，炮五进五，卒7进1，车九平二，红优。

17. 炮五平九 炮6进3

各有顾忌。

（三）马六进七

12. 马六进七 炮1退1

退炮灵活之着，伏平3打马威胁红方七路线，如改走象7进5，则马七退六，马6进7，车九平七，车2进6（也可改走车2进4，以下兵七进一，车2平3，车七进二，象5进3，仕四进五，象3退5，炮五进四，马3进5，马六进五，马7进6，均势），炮五退一，车2平4，炮五平六，炮6进5，炮六进二，炮6平3，相三进五，炮1进4，炮六平七，炮3进

1，兵七进一，象5进3，兵三进一，卒7进1，相五进三，双方均势。

13. 兵七进一　…………

进兵欠佳，应改走马七退六较妥。

13. …………　炮1平3　14. 兵五进一　象7进5

15. 炮六进四　车2进6　16. 车九平七　马6进7

17. 兵五进一　卒5进1　18. 炮六退五　马3进5

中路献马，着法明智。避免红马七进五破象的攻着。算准有先弃后取的反击手段。

19. 炮五进四　炮6进1　20. 车七平四　炮6平3

21. 兵七进一　炮3进8　22. 帅五进一　马7进5

23. 兵七平六　马5退7

黑优。

（四）炮六平七

12. 炮六平七　…………

平七路炮威胁黑方右翼，着法有力。

12. …………　象7进5　13. 车九平八　车2进7

14. 炮五平八　炮1进4　15. 炮七进四　象3进1

16. 马六进四　卒9进1　17. 相三进五

红方先手。

第15局　红过河车压马（4）

1. 炮二平五　马2进3　2. 马二进三　炮8平6

3. 车一平二　马8进7　4. 炮八平六　车1平2

5. 马八进七　炮 2 平 1　　6. 兵七进一　卒 7 进 1

7. 马七进六　士 6 进 5　　8. 车二进六　象 7 进 5

9. 车九进二　车 9 平 7　　10. 车二平三　马 7 退 9

退边马兑车被红车顺手吃卒，不如退马贴将稳健。

11. 车三平一　…………

亦可改走车三进三，以下马 9 退 7，炮六平七，卒 1 进 1，马六进七，车 2 进 3，车九平八，车 2 进 4，炮五平八，炮 1 进 4，炮八进一，炮 6 平 7，相三进五，炮 7 进 4，炮八平二，炮 1 平 7，马七退九，马 3 进 4，兵七进一，马 4 进6，兵七进一，红方七路兵过河较优。

11. …………　马 9 进 7（图 16）

如图形势，红方有车一平三、车一退二两种走法，演变如下：

（一）车一平三

12. 车一平三　马 7 退 9

13. 车三进三　马 9 退 7

14. 车九平八　…………

改走炮六平七更为有力。

14. …………　车 2 进 7

15. 炮五平八　炮 1 进 4

16. 相三进五　马 7 进 9

17. 炮六平七　炮 1 退 1

18. 马六进七　马 9 进 7

19. 马七退八　马 3 进 4

20. 兵七进一　马 4 进 6

21. 兵三进一　卒 7 进 1

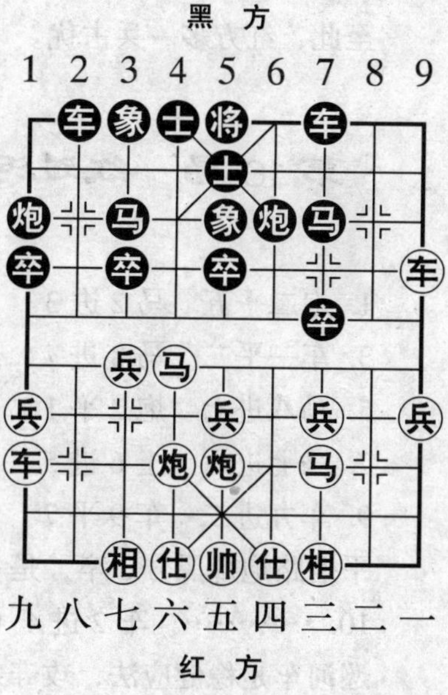

图 16

22. 相五进三　马 7 进 6

双方均势。

（二）车一退二

12. 车一退二　…………

退车寻求复杂变化。

12. …………　卒 1 进 1
13. 车九平八　车 2 进 7
14. 炮五平八　炮 1 进 4
15. 马六进七　马 7 进 6
16. 炮八进五　炮 1 平 7
17. 相三进五　卒 7 进 1
18. 车一平三　车 7 进 5
19. 相五进三　卒 1 进 1
20. 兵一进一　卒 1 进 1
21. 兵一进一　卒 1 平 2
22. 炮八退三　卒 2 平 3
23. 马七退六　马 6 进 4
24. 炮八平六

至此，红方多一兵占优。

第 16 局　红过河车摆七路炮（1）

1. 炮二平五　马 2 进 3
2. 马二进三　炮 8 平 6
3. 车一平二　马 8 进 7
4. 炮八平六　车 1 平 2
5. 马八进七　炮 2 平 1
6. 兵七进一　卒 7 进 1
7. 马七进六　士 6 进 5
8. 车二进六　象 7 进 5
9. 车九进二　车 9 平 7
10. 炮六平七　…………

平七路炮窥黑方 3 卒，是一种新颖的攻法。

10. …………　车 2 进 4（图 17）

巡河车是稳健应法，攻守兼备。

如图形势，红方有炮七进四、马六进七两种走法，演变

如下：

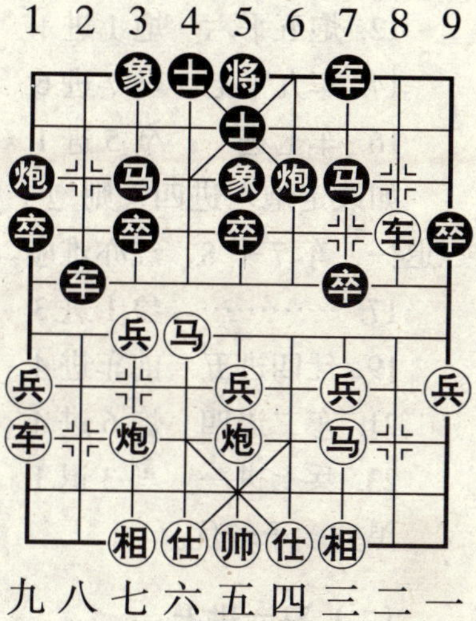

图 17

(一) 炮七进四

11. 炮七进四　卒1进1

挺边卒企图威胁红方边车。也可改走车2平4，以下车二退二，马7进8（如马7进6，则马六进四，车4平6，炮五平六，卒9进1，炮六进六，红有攻势），兵七进一，卒7进1，兵七平六，卒7平8，炮五平七，马3退1，兵六进一，卒5进1，车九平八，炮1进4，双方对攻，黑较易走。

以下红方有两种实战走法。

(甲) 车九平七

12. 车九平七　车2平4　　13. 车二退二　马7进6

14. 马六进四　车4平6　　15. 车二平六　炮1进4

16. 车七进一　炮1退1　　17. 兵七进一　卒7进1

18. 兵三进一　…………

进兵较软，促使黑炮左移对攻。应改走车六平三，以下车7进5，兵三进一，炮6平7，马三退一，车6进4，车七退二，红方不难走。

18. …………　炮1平7　　19. 相三进一　炮7进1

20. 车七进一　卒9进1　　21. 炮五平九　车7进4

黑方先手。

（乙）炮五平六

12. 炮五平六　炮 1 进 1　　13. 相三进五　象 3 进 1

14. 车九平七　马 7 进 6　　15. 马六进四　车 2 平 6

16. 车七进一　卒 5 进 1　　17. 炮七退一　…………

如改走炮六进四，则炮 1 平 4，车二平六，车 6 进 9，马三退一，车 7 平 8，红亦难应。

17. …………　象 1 进 3　　18. 兵七进一　车 7 平 6

19. 仕四进五　前车进 4　　20. 炮六平八　前车平 7

21. 车二退四　炮 6 进 4　　22. 车七进一　炮 1 进 3

23. 兵七进一　马 3 退 1　　24. 兵七进一　炮 1 平 2

黑方多子较优。

（二）马六进七

11. 马六进七　…………

以下黑方有两种实战应法。

（甲）马 7 进 6

11. …………　马 7 进 6　　12. 车九平八　车 2 进 3

如改走车 2 平 4，则兵五进一，卒 7 进 1，车二平四，卒 7 进 1，兵五进一，车 4 进 4（如卒 5 进 1，则车四退一，卒 7 进 1，马七退五，红优），车四退一，卒 7 进 1，兵五进一，红优。

13. 炮五平八　炮 1 进 4　　14. 车二平四　马 6 进 7

15. 炮七进一　卒 7 进 1　　16. 炮八进五　…………

进炮攻象，着法凶悍。

16. …………　炮 1 退 2　　17. 仕四进五　炮 1 平 5

18. 兵七进一　卒 7 平 8　　19. 马七退五　卒 5 进 1

20. 马三退四

红优。

（乙）炮1平2

11. ………… 炮1平2

平炮着法含蓄，防止红车九平八兑车的先手。

12. 车二平三 马7退9　13. 车三平一 马9进7

14. 车一平三 马7退9　15. 车三进三 马9退7

16. 炮五平六 …………

卸炮缓着，改走炮七退一比较灵活。

16. ………… 马7进9　17. 相七进五 马9进7

18. 炮七退二 马7进6　19. 炮六平七 车2进4

20. 仕六进五 炮2进5

进炮封住红方车路，紧凑之着。

21. 兵五进一 马6进7　22. 马七退八 马3退1

23. 兵七进一 炮6进6　24. 马三退一 炮2退2

25. 马六进五 马7进5　26. 炮七进七 象5退3

27. 车九平五 车2平3

黑优。

第17局 红过河车摆七路炮（2）

1. 炮二平五 马2进3　2. 马二进三 炮8平6

3. 车一平二 马8进7　4. 炮八平六 车1平2

5. 马八进七 炮2平1　6. 兵七进一 卒7进1

7. 马七进六 士6进5　8. 车二进六 象7进5

9. 车九进二 车9平7　10. 炮六平七 卒1进1

（图18）

挺边卒威胁红方左车，准备炮取边兵，应法别致。如图形势，红方有炮七进四、车九平八两种走法，演变如下：

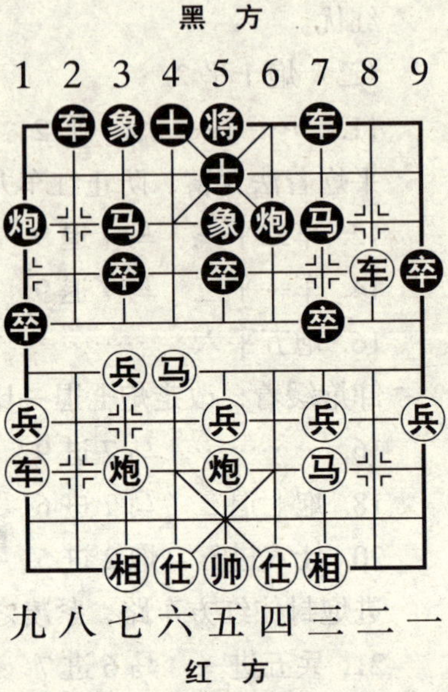

图 18

(一) 炮七进四

11. 炮七进四　卒 1 进 1
12. 车九平七　炮 1 进 4
13. 车七进一　…………

如改走兵七进一，则炮 1 平 7，相三进一，车 2 进 5，车七进二，马 3 进 1，对抢先手。

13. …………　车 2 进 4
14. 炮五平六　马 7 进 6
15. 兵七进一　车 2 进 3
16. 马六进四　车 2 平 4
17. 相七进五　…………

改走车七退一，仍红方先手。

17. …………　炮 1 进 3
18. 仕六进五　车 4 平 2
19. 车七退一　车 2 进 2
20. 仕五退六　马 3 进 1

黑有攻势。

(二) 车九平八

11. 车九平八　车 2 进 7
12. 炮五平八　炮 1 进 4
13. 炮八进一　卒 1 进 1
14. 炮八平七　卒 1 平 2
15. 兵七进一　象 5 进 3
16. 相三进五　…………

7，补相正着。如改走后炮进三，则卒3进1，炮七进四，卒3进1，马六进五，炮6平5，相三进五，马7进5，车二平五，车7平6，黑多卒占优。

16. ………… 象3进5 17. 前炮进三 车7平8

18. 车二进三 马7退8 19. 马六进五 炮1平3

改走炮1平7较稳。

20. 马五退三 炮3进3

如改走炮3退3，则马三进四，士5进6，炮七进四，红优。

21. 相五退七 象5进7 22. 兵三进一 象7退5

23. 马三进四

红方多兵略优。

第18局 红过河车左车邀兑

1. 炮二平五 马2进3 2. 马二进三 炮8平6

3. 车一平二 马8进7 4. 炮八平六 车1平2

5. 马八进七 炮2平1 6. 兵七进一 卒7进1

7. 马七进六 士6进5 8. 车二进六 象7进5

9. 车九进二 车9平7 10. 车九平八 …………

兑车简化局势，是一种稳健走法。

10. ………… 车2进7 11. 炮五平八 炮1进4

12. 炮八进一 …………

拦炮阻隔防黑炮射兵。如改走马六进七，则车7平8，车二平四，炮1平3，马七退六，马7进8，车四退二，马8进7，相七进五，车8进2，炮八平七，卒5进1，兵七进一，马

3进5，马六进五，车8平5，黑方多卒较好。

12. ………… 卒7进1

弃卒伏退马捉车，为开通7路车作好战斗准备。如改走炮1退1，则马六进七，马7进6，车二平四，马6进4，炮八平七，马4退3，炮七进三，卒7进1，兵三进一，车7进5，相三进五，车7进1，双方对峙。

13. 兵三进一 马7退9（图19）

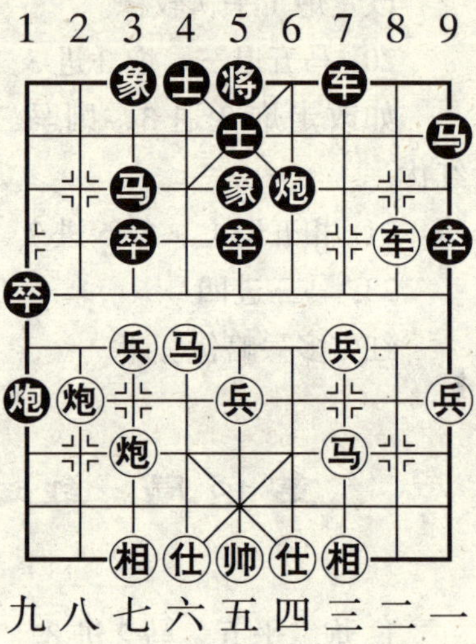

图19

如图形势，红方有车二进二、车二退二两种走法，演变如下：

（一）车二进二

14. 车二进二 车7进5
15. 马六退五 车7平3
16. 车二平一 …………

如改走相七进九，则车8进2，仕六进五，车3平1，车二平一，车1平2，炮八平七，炮1进3，黑弃子有攻势。

16. ………… 炮1进3　　17. 车一进一 士5退6
18. 炮八平七 车3进1　　19. 炮六进五 车3进3
20. 炮六平四 马3退1　　21. 车一退三 马1进2
22. 车一退二 马2进3　　23. 车一平六 马3进1
24. 帅五进一 马1进3　　25. 车六退二 车3退1

黑胜。

（二）车二退二

14. 车二退二　炮 1 退 1

退炮打马正着。如改走车 7 进 3，则相三进五，马 9 进 8，马六进四，马 8 退 7，车二进五，炮 6 退 2，马四进六，士 5 进 4，炮六进五，红优。

15. 马六进七　车 7 进 5　　16. 车二平三　炮 1 平 7

17. 相三进五　炮 7 退 1

双方均势。

第 19 局　红升左车

1. 炮二平五　马 2 进 3　　2. 马二进三　炮 8 平 6

3. 车一平二　马 8 进 7　　4. 炮八平六　车 1 平 2

5. 马八进七　炮 2 平 1　　6. 兵七进一　卒 7 进 1

7. 马七进六　士 6 进 5　　8. 车九进二　…………

针对黑方补左士，右车不动升左横车，着法含蓄。

8. …………　车 9 平 8

兑车减轻压力，是黑方选择的一种稳健变例。如改走：①车 2 进 4，车九平八，车 2 进 3，炮五平八，车 9 平 8，车二进九，马 7 退 8，炮六平七，象 7 进 5，炮七进四，红方略先；②象 7 进 5，车二进六，车 9 平 7，变化同前些局异途同归。

9. 车二进九　马 7 退 8（图 20）

如图形势，红方有炮六平七、车九平八、车九平七三种走法，演变如下：

黑　方

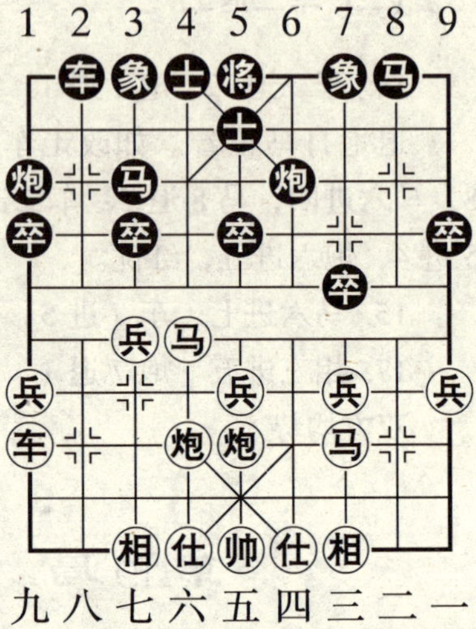

红　方

图 20

（一）炮六平七

10. 炮六平七　…………

以下黑方有车 2 进 4、象 7 进 5 两种着法。

（甲）车 2 进 4

10. …………　车 2 进 4

11. 炮七进四　象 7 进 5

12. 炮五平六　…………

亦可改走马三退五，以下马 8 进 7，马五进七，炮 6 进 5，车九退一，炮 6 平 3，马六退七，马 3 退 2，车九平二，红方稍先。

12. …………　马 8 进 7

13. 车九平七　车 2 进 1

14. 车七进一　炮 6 退 1　　15. 相三进五　炮 6 平 7

16. 兵五进一　炮 1 退 1　　17. 炮六平七　马 3 退 2

18. 仕四进五　卒 1 进 1　　19. 马三进五　炮 1 平 3

20. 兵三进一　马 2 进 1　　21. 兵三进一　马 1 进 2

22. 车七平六　炮 3 平 4　　23. 前炮平八　炮 4 进 5

24. 炮八退二　马 2 进 4　　25. 炮八平六　炮 7 进 3

26. 马五进三

至此，红多七兵较优。

（乙）象 7 进 5

10. …………　象 7 进 5　　11. 车九平八　车 2 进 7

12. 炮五平八　炮 1 进 4　　13. 炮八进一　马 8 进 7

14. 炮七进四　卒1进1　　15. 炮八平七　卒1进1
16. 相三进五　象3进1　　17. 兵七进一　象1进3
18. 马六进五　马7进6　　19. 前炮平八　马3退2
20. 仕四进五　卒1平2
各有千秋。

（二）车九平八

10. 车九平八　…………
兑车简化局势，求取稳健。
10. …………　车2进7　　11. 炮五平八　炮1进4
12. 炮八进一　象7进5　　13. 炮六平七　炮1退1
14. 马六进七　马8进7　　15. 炮八平七　马7进6
16. 马七退八　马3退1　　17. 兵七进一　马6进4
18. 兵七进一　马4进3　　19. 马八退七　炮6进1
双方均势。

（三）车九平七

10. 车九平七　象7进5　　11. 车七进一　马8进7
12. 兵五进一　车2进4
以下红方有仕四进五、马六进五、兵五进一三种走法。
（甲）仕四进五
13. 仕四进五　炮6进1　　14. 兵五进一　卒5进1
15. 马六进七　卒5进1　　16. 马七进九　车2退2
17. 兵七进一　马3进5　　18. 炮六平七　象3进1
19. 兵七进一　马5进4
各有千秋。

(乙) 马六进五

13. 马六进五　马3进5　　14. 炮五进四　炮6进1

15. 炮六平五　卒1进1　　16. 仕四进五　炮1平3

17. 相七进九　炮6平7　　18. 车七平四　…………

如改走相三进一，则车2进3吃相伏马7进5等手段，黑优。

18. …………　卒7进1　　19. 车四进三　炮7平5

20. 炮五进四　卒7进1　　21. 马三进五　卒7平6

22. 马五退四　马7进5　　23. 车四平五　车2平7

黑优。

(丙) 兵五进一

13. 兵五进一　…………

冲中兵攻黑方中路，着法积极，战术可取。

13. …………　卒5进1　　14. 马六进七　马7进6

如改走炮6进3，则马七进九（如仕四进五，则卒5进1，马七进九，车2退2，兵七进一，车2平1，兵七进一，马3进5，炮五进四，马7进5，相三进五，车1平2，各有千秋），炮6平5，车七平五，象3进1，炮五进二，卒5进1，车五进一，红方稍好。

15. 炮六平七　卒5进1　　16. 兵七进一　车2退1

17. 马七退五　马3退1　　18. 兵七平六

红方略优。

第四章
五六炮正马对反宫马进3、7卒

五六炮正马对反宫马进3、7卒布局形式，是马方一种变局，希望不落常套，不准备纳入五六炮正马对反宫马平炮亮车的布局轨道上来。马方进3、7卒的应法，主要是以调动起左右横车迅速抢占右肋捉炮争先，实现子力集中右翼的部署。目前这种布局在名手实战中不断出现，下面按双方的布局阵式，共分12局详细介绍。

第1局　黑进3卒（1）

1. 炮二平五　马2进3　　2. 马二进三　炮8平6
3. 车一平二　马8进7　　4. 炮八平六　车1平2
5. 马八进七　卒3进1

进3卒限制红方马头。

6. 车九平八（图1）　…………

如图形势，黑方有象3进5、象7进5、车9进1三种着法，演变如下：

（一）象3进5

6. …………　象3进5　　7. 车八进四　车9进1

8. 兵七进一　车 9 平 4
9. 仕四进五　车 4 进 5
10. 兵七进一　车 4 平 3
11. 车二进四　车 3 退 2
12. 车二平七　…………

兑车好棋，抢先之着。

12. …………　车 3 进 1
13. 车八平七　炮 2 退 1
14. 炮六进五　炮 6 平 4
15. 车七进三　士 6 进 5
16. 兵三进一

红方先手。

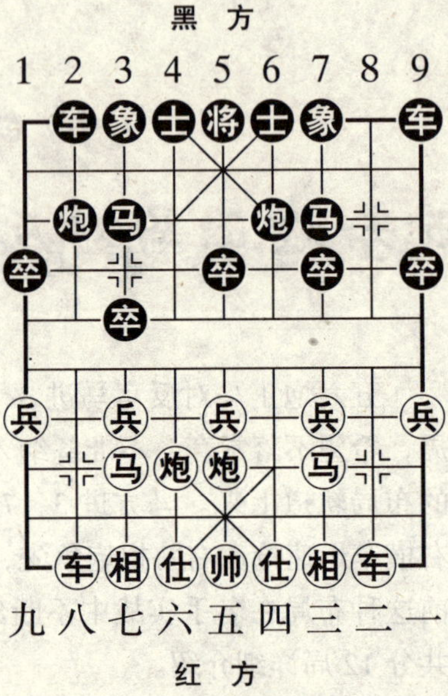

图 1

(二) 象 7 进 5

6. …………　象 7 进 5
7. 车八进四　…………

高车巡河，稳扎稳打。如改走车二进六，则卒 7 进 1，车八进六，士 6 进 5，车二平三，车 9 平 7，兵五进一，马 3 进 4，车八平六，马 4 进 6，车三平四，卒 7 进 1，兵三进一，马 7 进 8，车四退一，炮 2 进 2，兵五进一，马 6 进 5，相七进五，马 8 退 7，车四退一，炮 2 平 5，仕六进五，炮 6 退 2，兵三进一，车 2 进 6，对抢先手。

7. …………　士 6 进 5

在第九届“五羊杯”赛湖北柳大华执黑应河北李来群时曾走炮 2 平 1，以下车八进五，马 3 退 2，兵五进一，士 6 进 5，马三进五，马 2 进 3，兵七进一，车 9 平 6，炮六进四，卒 3 进 1，马五进七，马 3 进 2，炮六平三，炮 6 进 5，马七进五，车6进6，双方对峙，结果战和。

8. 车二进六 …………

过河车走法有力！如改走兵七进一，则卒3进1，车八平七，车9平7，车二进四，卒7进1，炮五平四，马3进2，相三进五，马7进6，炮四进五，炮2平6，车七平八，马2退3，车八进五，马3退2，均势。

8. ………… 炮6进2　　9. 车二平三 马3进2

10. 车八平四 炮6退4　　11. 车三平二 马2进3

12. 车四平八 车9平3　　13. 兵三进一 车2进1

14. 仕六进五 炮2进1　　15. 车二退三 炮6进1

16. 炮五平四 …………

卸炮好棋，调整阵形。

16. ………… 炮2平3　　17. 车八进四 炮6平2

18. 相七进五 马7进6　　19. 炮六退一 马6进4

20. 兵五进一 卒3进1　　21. 炮六进二 炮2进3

22. 马三进四

红方易走。

（三）车9进1

6. ………… 车9进1　　7. 车二进四 车9平4

8. 仕四进五 车4进5　　9. 炮五平四 …………

卸炮调整阵形，着法含蓄。如改走兵七进一，则象3进5，兵七进一，车4平3，车八进四，车3退2，车二平七，红先［变化同（一）异途同归］。

9. ………… 炮6平4　　10. 炮四进一 车4退2

11. 炮六平四 炮2进4

可改走象3进5，红如车八进六，则炮2平1，黑不难走。

12. 前炮进四　马3退1　13. 前炮退三　炮2退3
14. 相三进五　象3进5

如改走炮4平2打车，则车八平九，象3进5，前炮平八，红方易走。

15. 车八进四　士4进5　16. 前炮进四　马1进3
17. 兵七进一　卒3进1　18. 车八平七　马3进2
19. 车七进二

红方较优。

第2局　黑进3卒（2）

1. 炮二平五　马2进3
2. 马二进三　炮8平6
3. 车一平二　马8进7
4. 炮八平六　车1平2
5. 马八进七　卒3进1
6. 车九平八　炮2进4

进炮封车，力争主动。

7. 马七退九（图2）
…………

退马赶炮，似笨实佳。另有两种着法：①车二进六，象7进5，车二平三，车9平7，兵三进一，炮6进4，双方对攻；②车二进四，车9平8，车三平四，

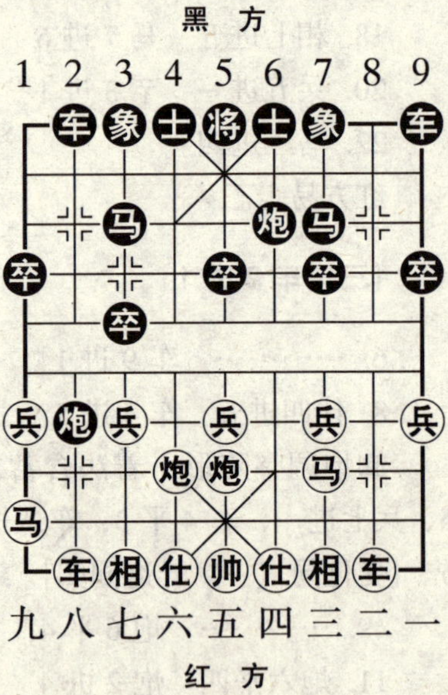

图2

士6进6，兵七进一，车8进4，兵三进一，象7进5，黑方易走。

如图形势，黑方有炮2退2、炮2退4两种着法，演变如下：

（一）炮2退2

7. ………… 炮2退2

如改走炮2退5，则炮六进五，炮6进2，车八进七，红优。

8. 车八进四 …………

如改走兵七进一，则卒3进1，车二进四，卒3进1，车二平七，象3进5，车七退一，车9平8，炮六平七，马2进2（如马3进4，则炮五进四，士6进5，车七进二，马4进6，车七平八，车2平3，前车平四，红得子占优），车八进四，士6进5，黑足可应付。

8. ………… 象3进5　　9. 马九进七　卒7进1
10. 兵七进一　卒3进1　　11. 车八平七　马7进6
12. 车二进六　士4进5　　13. 车二平四　马6进7
14. 马七进六

红方略先。

（二）炮2退4

7. ………… 炮2退4　　8. 兵三进一 …………

进三兵活通马路，佳着。如改走车八进六，则象7进5，马九进七，士6进5，兵三进一，炮6进1，车八退二，炮6进1，车八平四，车9平6，兵七进一，卒3进1，车四平七，马3进2，双方均势。

8. ………… 车9进1　　9. 车八进四　车9平4
10. 仕四进五　士4进5　　11. 车二进六　炮2进1
12. 车二进二　炮2退2　　13. 车二平三　…………
求变。如续走车二退二，则炮2进2，双方不变作和。
13. ………… 车4进4　　14. 车三平五　士6进5
15. 车八平六　炮2平8　　16. 炮五平四　车2进8
17. 炮四退一　车2退1　　18. 相七进五
红方得一士较易走。

第3局　黑进7卒（1）

1. 炮二平五　马2进3
2. 马二进三　炮8平6
3. 车一平二　马8进7
4. 炮八平六　卒7进1

先进7卒活通左马，是黑方一种应着。

5. 马八进七（图3）
…………

如图形势，黑方有士4进5、马7进6、车1平2三种着法，本局介绍前面两种，演变如下：

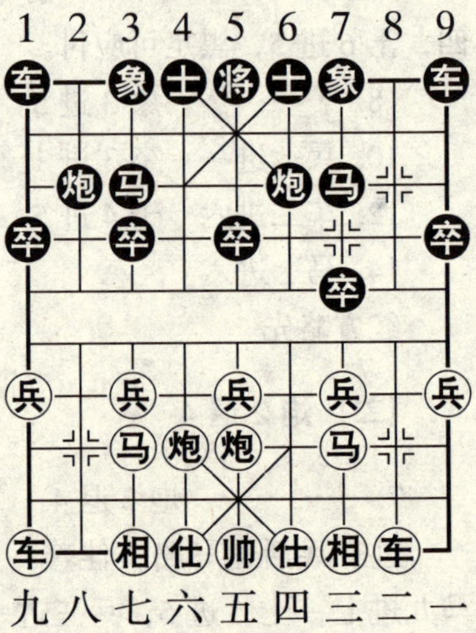

图3

（一）士4进5

5. ………… 士4进5

6. 车九平八　卒3进1　　7. 车八进四　…………

巡河车有力！如改走仕六进五，则车1平2，车八进四，象3进5，兵三进一，卒7进1，车八平三，马7进6，兵七进一，卒3进1，车三平七，车9进2，马三进四，炮2退1，车七平八，炮6进3，车八平四，马6退4，双方均势。

7. …………　马7进6　　8. 车二进六　车1平2

如改走马6进7，则兵七进一，卒3进1，车八平七，象3进5，马七进六，炮2退2，车七平八，炮2平3，相七进九，红方易走。

9. 兵七进一　卒3进1　　10. 车八平七　象3进5

11. 车二平四　车2平4　　12. 仕四进五　马6进7

如改走车4进4，则车四进一，士5进6，车七进三，炮2退1，车七进一，炮2进5，炮五进四，象5进3，车七进一，将5进1，马七进八，红优。

13. 马七进六　马3进4　　14. 车四退三　卒7进1

15. 炮五进四　车9平8　　16. 车四进二　马4退2

17. 炮六进七　马2进3　　18. 炮六平八

红优。

（二）马7进6

5. …………　马7进6　　6. 车九平八　炮2平1

7. 兵七进一　象3进5　　8. 车二进六　士4进5

9. 仕六进五　车1平4

正着。如改走炮6平7，则车二平四，马6进7，车四平三，马7进5，相七进五，炮7平6，马七进六，车9平8，车八进三，卒9进1，马六进七，红优。

10. 车二平四　马6进7　　11. 炮五平四　炮6平7
12. 车四平三　炮7平6　　13. 炮六进二　车9平8
14. 炮四平六　车4平3　　15. 前炮退一　马7退8
16. 相三进五　马8退9　　17. 车三平一　卒7进1

弃卒亮车，可走之着。

18. 车一退二　车8进4　　19. 车一平三　卒3进1

双方均势。

第4局　黑进7卒（2）

1. 炮二平五　马2进3　　2. 马二进三　炮8平6
3. 车一平二　马8进7　　4. 炮八平六　卒7进1
5. 马八进七　车1平2　　6. 车九平八　…………

出车不落常套。如改走兵七进一，则炮2平1，变化请参阅五六炮正马对反宫马平炮亮车类型。

6. …………　炮2进4　　7. 兵七进一　…………

如改走马七退九赶炮，以下黑方有两种着法：①炮2退2，车八进四，马7进6，车二进六，马6进7，仕六进五，象7进5，炮五进四，士6进5，相七进五，炮6进6，炮五平三，马7退6，马九退七，车9平7，双方对峙；②炮2退3，车八进四，象3进5，兵三进一，卒7进1，车八平三，车9进2，炮六平八，车2平3，马三进四，红先。

7. …………　炮6平4

平炮调整阵形，灵活之着。预防红马七进六的先手。

8. 车二进四　…………

巡河车稳健之着。如改走相三进一，以下黑有两种着法：

①车9进1，车二进四，车9平2，兵三进一，炮2平3，车八进八，炮3进3，仕六进五，车2进1，马七进六，炮4平6，兵三进一，炮3平1，黑有攻势；②士6进5，兵三进一，卒7进1，相一进三，象7进5，马三进四，炮2平9，车八进九，马3退2，马四进五，车9平6，仕四进五，马7进6，车二进三，炮9退1，炮五平四，马6退7，马五进三，炮4平7，车二进三，红方略优。

8. ………… 炮2平7　9. 车八进九　马3退2（图4）

如图形势，红方有仕四进五、相三进一、炮五进四三种走法，演变如下：

（一）仕四进五

10. 仕四进五　象7进5
11. 相三进一　士6进5
12. 兵九进一　车9平6
13. 炮六退一　马2进1
14. 炮六平七　炮4平3
15. 马七进八　车6进4
16. 马八进九　炮3退1

双方对峙。

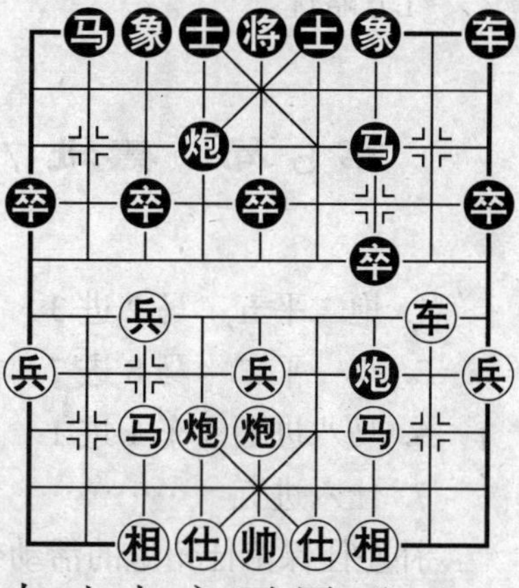

图4

（二）相三进一

10. 相三进一　象7进5
11. 兵九进一　士6进5
12. 马七进八　马2进1
13. 马八进九　车9平6
14. 仕四进五　车6进4

15. 炮六平七　炮4进1　　16. 炮七平九　炮4进5

17. 车二平六　…………

平车较稳，改走马九进七抢吃中卒较好。

17. …………　炮4平1

双方对峙。

（三）炮五进四

10. 炮五进四　…………

炮打中卒谋取实利，着法实惠。

10. …………　马7进5　　11. 炮六平五　士6进5

应改走卒7进1，以下车二进二，士4进5，炮五进四，象7进5，相三进五，车9平7，黑可抗衡。

12. 炮五进四　象7进5　　13. 相三进五　车9平6

14. 仕四进五　炮4平2　　15. 炮五退一

红方略优。

第5局　黑进7卒起右横车（1）

1. 炮二平五　马2进3　　2. 马二进三　炮8平6

3. 车一平二　马8进7　　4. 炮八平六　卒7进1

5. 马八进七　车1进1　　6. 车九平八　车1平4

7. 仕六进五　…………

补左仕保留仕角炮的活动余地，比补右仕来得灵活。

7. …………　车4进5（图5）

进车兵行线，紧凑。如改走士6进5，则车二进六，马7进6，车二平四，马6进7，炮五进四，马3进5，车八进七，象7进5，车八退一，马5退3，车八平七，红方多兵略优。

如图形势，红方有车二进四、车二进六、兵七进一三种走法，本局介绍前两种，演变如下：

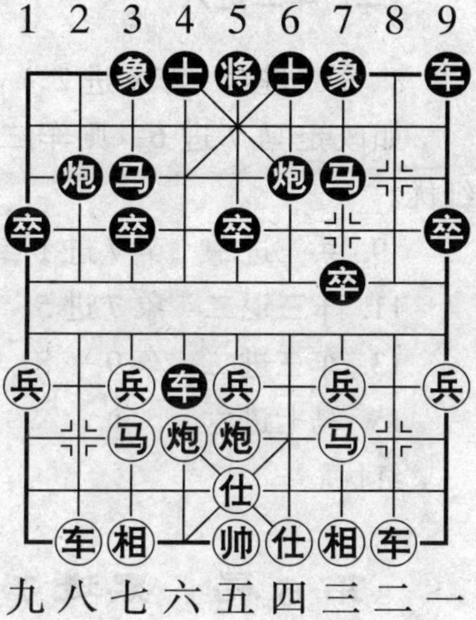

图5

（一）车二进四

8. 车二进四　…………

巡河车立足稳扎稳打。

8. …………　车9平8

如改走车4平3，则车八进二，车9平8，车二平四，士6进5，炮六退一，红优。

9. 车二平七　卒3进1

可改走炮2平1，以下兵三进一，卒3进1，车七进一，象7进5，车七退一，卒7进1，车七平三，马7进6，兵七进一，车4平3，黑不难走。

10. 车七进一　象3进5　　11. 车七退一　炮2退2

12. 兵三进一　车8进4　　13. 马三进四　…………

跃马踩车抢攻，争先之着。

13. …………　车4退3　　14. 马四进五　马3进5

15. 车八进九　炮6退1　　16. 炮六退二　车4进5

17. 兵五进一　卒7进1　　18. 马七进五

红优。

（二）车二进六

8. 车二进六　车 9 进 2

如改走马 7 进 6，则车二平四，马 6 进 7，炮五进四，红优。

9. 兵三进一　卒 7 进 1
10. 车二平三　炮 2 平 1
11. 车三退二　象 7 进 5
12. 马三进四　车 4 平 3
13. 车三进二　车 9 平 8
14. 马四进六　车 3 退 2
15. 马七进六

红优。

第 6 局　黑进 7 卒起右横车（2）

1. 炮二平五　马 2 进 3
2. 马二进三　炮 8 平 6
3. 车一平二　马 8 进 7
4. 炮八平六　卒 7 进 1
5. 马八进七　车 1 进 1
6. 车九平八　车 1 平 4
7. 仕六进五　车 4 进 5
8. 兵七进一　…………

挺兵活马是必要之着。

8. …………　士 6 进 5

（图 6）

补士巩固阵地。如改走车 9 平 8，变化见下局。

黑　方

红　方

图 6

如图形势，红方有车二进六、炮五平四两种走法，演变如下：

（一）车二进六

9. 车二进六 …………

过河车是急攻之着。

9. ………… 马7进6　10. 车二平四 …………

抢先之着。另有两种走法：①车八进五，马6进7，炮五平四，卒3进1，车八平七，象7进5，车七进一，互缠；②车二平三，车4平3，兵三进一，马6进4，兵三进一，卒3进1（如马4进3，则车八进二，捉死马后红优），兵三平四，卒3进1，兵四进一，卒3平2，车八进四，马3进2，车八进一，马4退2，兵四进一，马2进4，黑优。

10. ………… 马6进7　11. 炮五进四 …………

炮打中卒着法实惠。如改走炮五平四，则车4平3，相七进五，炮2平1，车八进二，卒3进1，兵七进一，车3退2，炮六退二，炮6进5，仕五进四，象7进5，炮六平七，车3平2，车八进三，马3进2，车四平五，马2进1，黑方易走。

11. ………… 马3进5　12. 车八进七　象7进5
13. 车八退五　马5退3　14. 马七进八　车4平3
15. 相七进五　卒3进1　16. 马八进七　卒3进1
17. 炮六进六　车3平4　18. 车八平六　车4进1
19. 仕五进六　象5进3　20. 马七退五

红优。

（二）炮五平四

9. 炮五平四　…………

卸炮是灵活走法，比较稳健。

9. …………　车4平3　　10. 相三进五　马7进6

11. 马七退六　马6进5

应改走炮2进4夺中兵，可形成对峙局面。

12. 炮四进四　卒3进1

改走卒5进1尚可应付。

13. 马三进五　车3平5　　14. 兵七进一　炮2进4

15. 炮六进二　卒9进1　　16. 炮六平七　马3退1

17. 马六进七　车5平3　　18. 马七退九　炮2平7

19. 车八进八

伸车捉死马，红方多子占优。

第7局　黑进7卒起右横车（3）

1. 炮二平五　马2进3　　2. 马二进三　炮8平6

3. 车一平二　马8进7　　4. 炮八平六　卒7进1

5. 马八进七　车1进1　　6. 车九平八　车1平4

7. 仕六进五　车4进5　　8. 兵七进一　车9平8

兑车简化局势，是目前流行的一种稳健应法。

9. 车二进九　马7退8（图7）

如图形势，红方有相三进一、炮五平四两种走法，演变如下：

（一）相三进一

10. 相三进一　…………

飞边相似笨实佳，准备兑三兵活马。

10. …………　马 8 进 7

11. 兵三进一　卒 7 进 1

12. 相一进三　马 7 进 8

13. 炮五进四　…………

如改走炮五平四，则车 4 退 2，相七进五，炮 6 平 7，炮四退一，炮 2 退 2，炮四平一，象 3 进 5，炮一进五，炮 2 平 3，炮一退二，卒 3 进 1，马七进六，车 4 平 5，兵七进一，车5 平 3，双方对峙。

黑　方

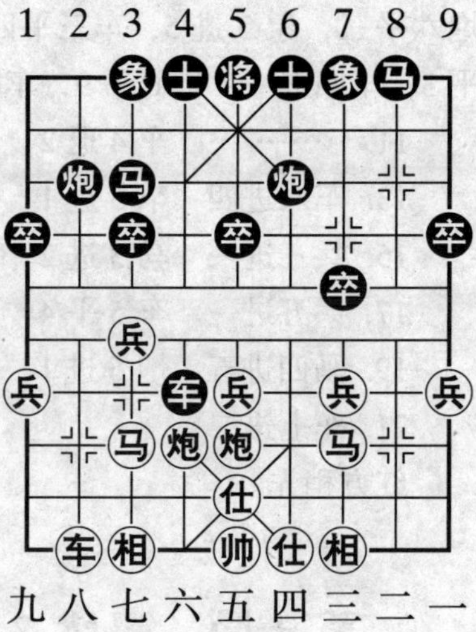

红　方

图 7

13. …………　马 3 进 5　　14. 车八进七　炮 6 平 5

15. 车八退二　马 8 进 6　　16. 马三进四　马 5 进 6

17. 炮六平四　车 4 平 3　　18. 相七进五　马 6 进 4

19. 车八平六　卒 3 进 1　　20. 兵七进一　马 4 退 3

双方对峙。

（二）炮五平四

10. 炮五平四　…………

卸炮调整阵形，灵活之着。

10. …………　马 8 进 7　　11. 炮四进一　…………

打车争先之着。如改走相七进五，则马 7 进 6，炮四进五，炮2平6，车八进五，马6进5，车八平三，马5进7，炮六平三，象3进5，车三平四，士6进5，兵三进一，车4平3，车四进一，炮6平9，车四平一，炮9进4，双方均势。

11. ………… 车4退2　12. 相七进五 卒3进1
13. 车八进四 卒3进1　14. 车八平七 象7进5
15. 兵三进一 马3进2　16. 马三进四 车4平5
17. 兵五进一 车5平4　18. 炮四进四 炮2平6
19. 马四进五 炮6进1　20. 马五退六 车4平6
21. 车七进二

红方稍先。

第8局　黑进7卒起左横车（1）

1. 炮二平五 马2进3
2. 马二进三 炮8平6
3. 车一平二 马8进7
4. 炮八平六 卒7进1
5. 马八进七 车9进1
6. 车九平八 车9平4

（图8）

如改走车1平2，变化请见下局。

如图形势，红方有仕四进五、仕六进五两种走法，演变如下：

黑　方

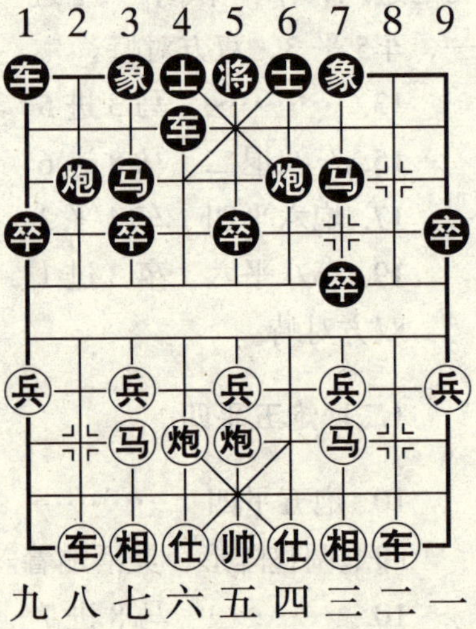

红　方

图8

(一) 仕四进五

7. 仕四进五　马7进6

跃马嫌急，改走车1平2较好。

8. 车二进六　车4进3
9. 车二平三　车1平2
10. 车三进三　炮6平7
11. 车八进四　象3进5
12. 车三平二　士4进5
13. 兵三进一　炮7进3
14. 马三进二　炮2平1
15. 车八平四　车2进4
16. 炮五平一

红优。

(二) 仕六进五

7. 仕六进五　车1平2
8. 车八进六　士4进5
9. 兵七进一　车4进5
10. 车二进六　马7进6
11. 炮五进四　…………

打中兵谋取实利。如改走车二平三，则象3进5，兵三进一，车4平3，相七进九，马6进4，马七退六，卒7进1，兵三进一，马4进6，车三平四，马6退7，黑方易走。

11. …………　象3进5

如改走马3进5，则车二平五，车4平3，马七退六，以下伏有车五退一及炮六平八的有力手段，红优。

12. 炮五退一　马6进7
13. 车二平七　车4平3
14. 马七退六　…………

亦可改走车八退四保马。

14. …………　车3进3
15. 兵七进一

至此，黑不能走炮2平1兑车，因红伏有车七进一杀马的妙手。以下红有炮六平八的有力手段，红优。

第9局　黑进7卒起左横车（2）

1. 炮二平五　马2进3
2. 马二进三　炮8平6
3. 车一平二　马8进7
4. 炮八平六　卒7进1
5. 马八进七　车9进1
6. 车九平八　车1平2

(图9)

出车保炮是黑方流行的一种应法。

如图形势，红方有车二进四、车八进四、车二进六三种走法，本局介绍前两种。

黑　方

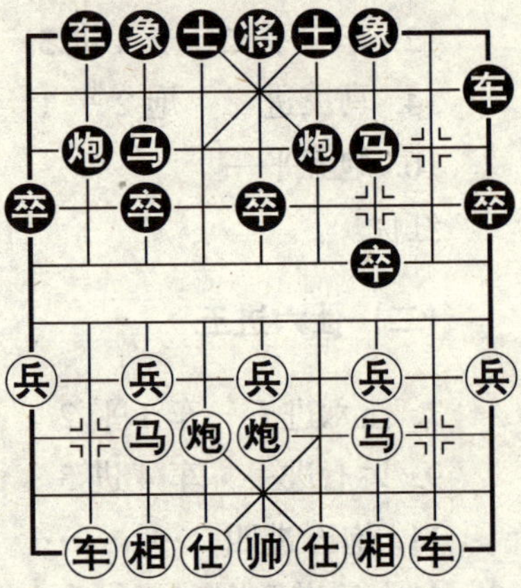

红　方

图9

(一) 车二进四

7. 车二进四　…………

右车巡河，稳步进取。

7. …………　车9平4

也可改走马7进6，以下车八进六，象3进5，兵七进一，车9平4，炮六进二，车2进1，炮六平四，马6进4，炮四退二，马4进3，炮四平七，炮2平1，车八进二，车4平2，兵三进一，车2平7，双方均势。

8. 仕四进五　象7进5　　9. 炮五平四　炮2进4

10. 相三进五　士 4 进 5　　11. 兵七进一　马 7 进 6
12. 炮四进五　士 5 进 6　　13. 车二平四　车 4 进 3
14. 兵五进一　士 6 退 5　　15. 车四退一　炮 2 进 2

双方对峙。

（二）车八进四

7. 车八进四　车 9 平 4　　8. 仕四进五　马 7 进 6

跃马适时。如改走车 4 进 3，则兵三进一，士 4 进 6，马三进四，车 4 平 3，兵三进一，车 3 平 7，马四进五，马 3 进 5，炮五进四，象 3 进 5，炮六平四，炮 6 进 4，炮五退二，炮 6 平 3，相七进五，炮 2 进 2，车二进六，红方略优。

9. 兵三进一　车 4 平 7　　10. 车二进五　炮 2 进 2
11. 马三进四　炮 6 进 3　　12. 车八平四　卒 7 进 1
13. 车四进一　炮 4 平 8　　14. 车四平二　车 2 进 6

黑优。

第 10 局　黑进 7 卒起左横车（3）

1. 炮二平五　马 2 进 3　　2. 马二进三　炮 8 平 6
3. 车一平二　马 8 进 7　　4. 炮八平六　卒 7 进 1
5. 马八进七　车 9 进 1　　6. 车九平八　车 1 平 2
7. 车二进六　…………

过河车封锁黑方左翼，着法紧凑。

7. …………　车 9 平 4　　8. 仕四进五　车 4 进 5
9. 车二平三　…………

压马是一步紧手。亦可改走兵三进一。

9. ………… 炮 6 退 1（图 10）

如图形势，红方有车八进六、车八进七、兵七进一三种走法，演变如下：

黑 方

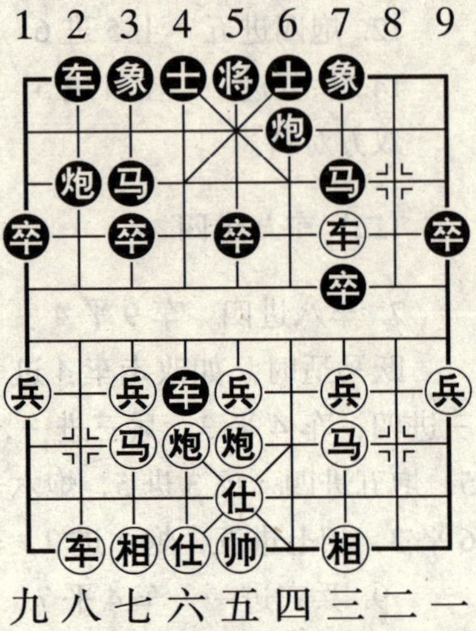

红 方

图 10

（一）车八进六

10. 车八进六　车 4 平 3
11. 兵五进一　炮 6 平 7
12. 车三平四　炮 7 平 5
13. 车四平三　炮 5 进 4
14. 马七退九　士 4 进 5
15. 车八退二　炮 5 退 1
16. 车八退一　车 3 退 2
17. 马三进五　炮 5 进 3
18. 相三进五　卒 5 进 1　　19. 炮六平七　卒 5 进 1
20. 马五进七　车 3 平 4　　21. 车三平七

红优。

（二）车八进七

10. 车八进七　…………

一车换双，简化局势，可走之着。

10. …………　车 2 进 2　　11. 车三进一　炮 6 平 5
12. 车三进二　炮 5 进 1

如改走车 2 进 2，则兵三进一，卒 7 进 1，车三退五，车 4 平 3，马三进二，炮 5 进 5，车三退一，士 4 进 5，炮六进四，车 3 进 1，车三平五，车 2 平 8，马二退三，红方略优。

13. 兵七进一　车 2 进 2　　14. 兵三进一　车 4 平 3

15. 相七进九　…………

飞相保兵是正着。如改走兵三进一，则车 3 退 1，黑各子活跃较优。

15. …………　卒 3 进 1　　16. 兵七进一　车 2 平 3

17. 马七退九　…………

如改走兵三进一，则士 4 进 5，伏马 3 进 4 争先手段，红方难走。

17. …………　前车平 1　　18. 马九退七　车 1 退 1

黑较易走。

（三）兵七进一

10. 兵七进一　炮 6 平 7

可考虑走卒 3 进 1，以下兵七进一，炮 6 平 7，车三平四，炮 7 进 3，黑不难走。

11. 车三平四　士 4 进 5　　12. 车八进六　象 3 进 5

13. 炮五平四　…………

卸炮正着。如改走车八平七，则炮 2 进 4，黑方易走。

13. …………　马 7 进 8

如改走车 4 平 3，则相三进五，车 3 进 1，炮六进五，马3 进 1，炮四进一，车 3 进 2，炮六平三，红优。

14. 车四平二　马 8 进 7　　15. 车二平三　炮 2 退 1

16. 车八进一　车 2 平 3　　17. 炮四进四　卒 3 进 1

18. 车三退一

红优。

第11局 黑不进卒直接起左横车（1）

1. 炮二平五　马2进3　　2. 马二进三　炮8平6

3. 车一平二　马8进7　　4. 炮八平六　车9进1

黑急起左横车，准备过宫捉炮抢先，实现子力集结右翼，寻求反击。如改走炮2进6，则车二进六（如车九进一，则车1平2，车二进一，炮2退1，马八进九，炮2平5，相三进五，车9平8，炮六进五，炮6进2，兵三进一，车2进4，双方对峙），象7进5，车九进二，车1平2，车九平八，车2进7，炮五平八，红优。

又如改走车1进1，则马八进七，车1平4，仕六进五，卒7进1，车九平八，车4进5，变化与5～7局异途同归。

5. 马八进七　车9平4

6. 仕四进五（图11）

…………

黑方

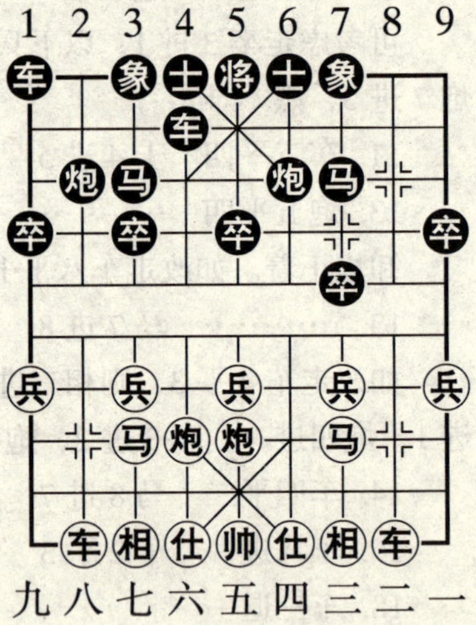

红方

图11

如图形势，黑方有车4进4、车4进5、车1平2三种走法，本局介绍前两种。

（一）车4进4

6. …………　车4进4

7. 车九平八　车1平2

8. 车二进六　士4进5

如改走卒7进1，则车二平三，炮6退1，车八进七，车2进2，车三进一，红一车换双占优。

9. 车二平三　炮6退1　10. 车三退二　…………

兑车争先之着。如改走车八进六，则炮6平7，车三平四，马7进8，车四退三，象3进5，车八平七，炮7进1，车七退二，车4退1，各有千秋。

10. …………　车4退3

如改走车4进1，则车三平七，炮6进1，兵三进一，红优。

11. 兵七进一　炮6平7　12. 车三平四

红优。

(二) 车4进5

6. …………　车4进5

进车兵线，意在牵制。以下红方有兵三进一、兵七进一、车九平八三种走法。

(甲) 兵三进一

7. 兵三进一　车4平3　8. 车二进六　卒3进1
9. 车九平八　车1平2　10. 车二平三　炮6退1
11. 车八进七　车2进2　12. 车三进一　炮6平5
13. 车三进二　炮5进1　14. 马三进四　车2进3
15. 马四进五　马3进5　16. 炮五进四　炮5进4
17. 炮六平五　车3进1　18. 车三退四　将6进1

各有顾忌。

(乙) 兵七进一

7. 兵七进一　车4平3　8. 兵三进一　车3退1

如改走士4进5，则炮五平四，象3进5，车九进二，车

3退1，相三进五，车3退1，车二进六，红优。

9. 车九平八　车1平2　10. 车二进八

至此，红车伏平三或平七的手段，红优。

(丙) 车九平八

7. 车九平八　车4平3　8. 车二进八　…………

亦可改走兵三进一，以下卒3进1，马三进四，车1平2（如士4进5，则兵三进一，卒7进1，炮五平三，红优），马四进五，马3进5，炮五进四，炮6进7，帅五平四，马7进5，炮六平五，车3进1，车八进六，车2进1，炮五进四，红优。

8. …………　车1平2　9. 车二平七　象3进5

10. 车七平三　炮6进2　11. 车八进六　…………

正着。如改走车三退一，则炮6平3，车八进二，车3平2，马七进六，炮2进5，马六退八，炮3平7，炮五平八，车2进6，车三退二，车2进1，相三进五，车2退1，均势。

11. …………　炮6平3　12. 马七退九　炮2平1

如改走车3进2，则车三退一，车3平1，车三退一，红优。

13. 车八进三　马3退2　14. 车三平八　车3进2

15. 炮六平八　马2进4　16. 车八平六　车3平1

17. 炮八进七　士4进5　18. 炮五平八

红较易走。

第12局　黑不进卒直接起左横车（2）

1. 炮二平五　马2进3　2. 马二进三　炮8平6

3. 车一平二　马 8 进 7　　4. 炮八平六　车 9 进 1

5. 马八进七　车 9 平 4　　6. 仕四进五　车 1 平 2

7. 车九平八　…………

出车牵制黑右翼车炮，着法含蓄。如改走车二进六，则卒 3 进 1，车九平八，炮 2 进 1，车二退二，车 4 进 5，炮五平四，士 4 进 5，相三进五，车 4 平 3，炮六进四，炮 2 平 3，车八进九，马 3 退 2，车二平八，马 2 进 1，相七进九，卒 7 进 1，双方对峙。

7. …………　车 4 进 5（图 12）

如图形势，红方有车二进六、兵三进一、兵七进一三种走法，演变如下：

（一）车二进六

8. 车二进六　车 4 平 3

9. 车二平一　炮 6 退 1

10. 兵三进一　炮 6 平 7

11. 车三平四　士 4 进 5

12. 马三进四　…………

进马准备踩双，抢先之着。

12. …………　卒 3 进 1

13. 车八进六　炮 2 平 1

14. 车八平七　马 3 退 4

15. 马四进五

红优。

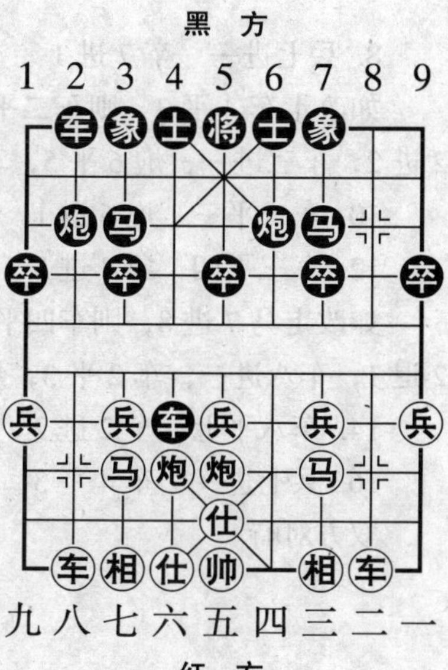

图 12

（二）兵三进一

8. 兵三进一　士4进5　　9. 车二进六　车4平3
10. 车二平二　炮6退1　　11. 马三进四　车3退2
12. 马七进六　炮6平7　　13. 车三平四　象3进5
14. 马四进五　…………

马踩中卒夺取中路攻势，可走之着。

14. …………　马3进5　　15. 马六进五　马7进5
16. 炮五进四

红优。

（三）兵七进一

8. 兵七进一　卒7进1　　9. 车二进六　士4进5

如改走车4平3，则车二平三，炮6退1，车八进七，车2进2，车三进一，炮6平5，车三进二，红优。

10. 车二平三　炮6退1　　11. 车八进六　炮6平7
12. 车三平四　象3进5　　13. 炮五平四　炮2平1

如改走马7进8，则车四平二，马8进7，车二平三，炮2退1，车八进一，车2平3，炮四进四，红优。

14. 车八平七　车2进2　　15. 炮四进一　车4退2
16. 兵七进一　车4平3　　17. 车七退一　象5进3

双方对峙。

第五章
五六炮边马对反宫马进7卒

五六炮边马对反宫马进7卒布局，是20世纪80年代以来发展流行起来的。红方在第4回合不走常见的进三、七兵等变例，而是跳边马，平六路炮，亮左直车，迅速开动左翼子力，实现两翼子力平衡发展。

五六炮边马对反宫马进7卒这种布局的特点是：炮方安下了六路仕角炮，可以随时准备进攻和退守，着重运用双直车配合中炮在辅助进攻时的作用。马方的应变则在巩固阵地中，力争主动，以求抗衡争势。目前这种布局攻守变化尚在发展中。下面分12局介绍双方常见的攻防着法和变化。

第一节　黑补右士、进河口马、飞右象局型

第1局　黑补右士

1. 炮二平五　马2进3　　2. 马二进三　炮8平6

3. 车一平二　马 8 进 7

4. 马八进九　卒 7 进 1

5. 炮八平六　士 4 进 5

黑补右士，目的是巩固中防，准备飞象出肋车，以逸待劳。

6. 车九平八　炮 2 平 1

正着。如改走马 7 进 6，则车二进四，炮 2 平 1，车八进五，马 6 进 7，车八平三，马 7 进 5，相三进五，象 7 进 5，车三进一，卒 1 进 1，兵七进一，红方先手。

7. 车二进六　象 3 进 5

(图 1)

黑　方

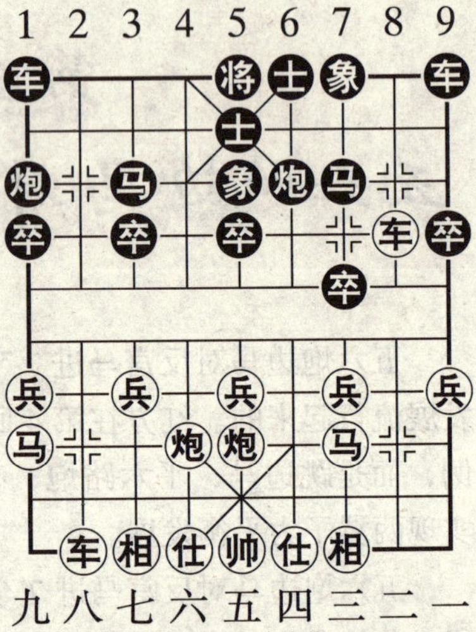

红　方

图 1

如图形势，红方有车二平三、炮五进四两种走法，演变如下：

(一) 车二平三

8. 车二平三　车 9 进 2　　9. 车八进四　…………

升车巡河稳扎稳打。

9. …………　卒 3 进 1　　10. 炮五进四　…………

如改走兵三进一，则炮 6 退 1，兵三进一，炮 6 平 7，车三平四，炮 7 进 3，马三进四，炮 1 进 4，车八退一，炮 1 退 1，黑先。

10. …………　马 3 进 5　　11. 车三平五　马 7 进 6

12. 车五平九　车9平8　　13. 马九退七　车1平4

14. 仕六进五　马6进7　　15. 车九平一　车8进4

16. 车一平四　炮6平7　　17. 车四平三　马7退6

18. 相三进五　马6进5

黑方较优。

（二）炮五进四

8. 炮五进四　马3进5　　9. 车二平五　马7进6

进河口马意在反扑。如改走车1平4，则仕六进五，马7进6，车五平七（如车八进四，则马6进7，车五平七，车9平8，车七平四，卒1进1，黑方不难走），车9平8，车八进五，马6进7，兵九进一，车8进8，马九进八，马7退8，马三进四，卒7进1，马四进六，车4平1，车七平九，红优。

10. 仕六进五　车9平8　　11. 相七进五　马6进7

12. 车五平四　车1平4　　13. 马九退七　车8进8

进车下二路伏奔马卧槽抢攻，着法凶劲。

14. 车八进三　马7进9

也可考虑走卒3进1，以下兵七进一，卒3进1，相五进七，车4进7！仕五进六，车8平3，相七退五，车3平7，马三退五，炮6平8，黑一车换双易走。

15. 兵七进一　马9进7　　16. 帅五平六　…………

如误走车四退五，则车4进3伏车4平6捉车，黑优。

16. …………　卒7进1

弃卒准备退车捉马，着法精妙！

17. 相五进三　车8退1　　18. 车四退四　炮6平7

19. 相三退五　象5进7　　20. 马七进六　炮1平4

21. 炮六进五　车4进2　　22. 马三进四　车8平6

23. 仕五进四　车4进1

黑优。

第2局　黑进河口马（1）

1. 炮二平五　马2进3　　2. 马二进三　炮8平6

3. 车一平二　马8进7　　4. 马八进九　卒7进1

5. 炮八平六　马7进6

黑进马河口意在反击。

6. 车九平八（图2）…………

如图形势，黑方有士4进5、车1平2两种着法，演变如下：

黑　方

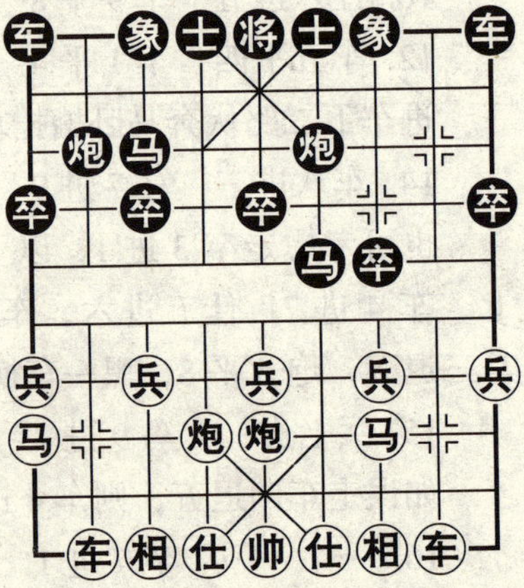

红　方

图2

（一）士4进5

6. …………　士4进5

7. 车二进六　…………

过河车威胁卒林，走法有力！如改走车二进五，则马6进7，车二平三，马7进5，相七进五，象3进5，车三进一，炮2平1，局势平稳。

7. …………　炮2平1

8. 炮五进四　…………

打中卒谋取实力。亦可改走车八进五，以下马6进7，炮五退一伏平三打马，红优。

8. ………… 马3进5　　9. 车二平五　象3进5

10. 仕六进五　车1平4　　11. 兵五进一　马6进7

12. 车八进六 …………

正着。如改走兵五进一，则炮6进3，车五平七，炮6平5，帅五平六，车9平8，黑优。

12. ………… 车9平8　　13. 马三进五　车4进6

14. 兵五进一　车4平5　　15. 车八进三　士5退4

16. 车五平六　炮1平4　　17. 炮六进五　炮6平4

18. 车六进一　士6进5　　19. 车六退二

红中兵过河略优。

（二）车1平2

6. ………… 车1平2　　7. 车二进六 …………

另有两种走法是：①车八进四，车9进1，兵三进一，车9平7，马三进四，卒3进1，炮五平三，象3进5，车二进五，车7平4，对抢先手；②车八进六，变化请见下局。

7. ………… 士4进5　　8. 炮五进四　马3进5

9. 车二平五　象3进5　　10. 仕六进五　车9平8

11. 车八进四　马6进7　　12. 炮六平八　车8进8

13. 车五平七　车8平7　　14. 相七进五　车2进1

升车寻求复杂变化。如改走车2平4，则炮八进五，双方兑子简化局势，易和。

15. 车七平四　炮6平7　　16. 兵九进一　卒9进1

17. 兵七进一　炮7平8　　18. 车四平二　炮8平6

双方互缠。

第3局 黑进河口马（2）

1. 炮二平五 马2进3　　2. 马二进三 炮8平6
3. 车一平二 马8进7　　4. 马八进九 卒7进1
5. 炮八平六 马7进6　　6. 车九平八 车1平2
7. 车八进六 象3进5

飞象巩固中防，是一种稳健应着。如改走车9进1起横车，变化详见下局。

8. 车二进六 …………

过河车着法积极。如改走炮六进一，则车9进1，车二进六，车9平4，马九退七，车4进3，炮五进四，士4进5，车二平四，马3进5，车四平五，车4平3，车五平七，车3退1，车八平七，炮2进5，车七平四，车2进4，仕四进五，象5退3，马七退九，炮2进2，黑优。

8. ………… 士4进5（图3）

黑 方

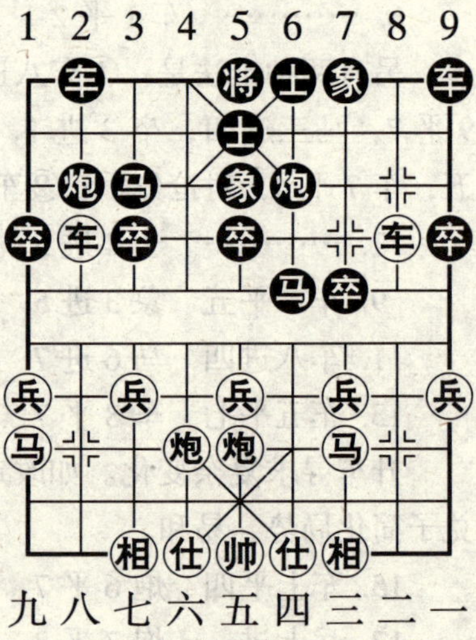

红 方

图3

补士稳正。如改走炮2退1，则炮五进四，马3进5，车二平五，炮2平5，车五平七，车2进3，车七平八，马6进5，马三进五，炮5进5，车八平四，车9进2，炮六进四，象5退3，炮六进五，炮6平3，各有顾忌。

如图形势，红方有仕六进五、车二平四两种走法，演变如下：

（一）仕六进五

9. 仕六进五　卒9进1　　10. 车二平四　马6进7
11. 炮五进四　马3进5　　12. 车四平五　车2平4
13. 车五平七　卒9进1　　14. 兵一进一　车9进5
15. 马九退七　卒1进1　　16. 马七进五　马7退6
17. 车八退一　车4进3　　18. 车七进二　炮6平7
19. 车七平八　…………

如改走车七平四，则炮2进7，炮六退二，炮2平4，仕五退六，炮7进5，黑优。

19. …………　马6进4　　20. 后车进二　马4进5
21. 相三进五　炮7平2　　22. 车八退一　车4进1

双方均势。

（二）车二平四

9. 车二平四　…………

平车捉马，走法有力，为以后炮五平四埋下伏笔。

9. …………　马6进7　　10. 炮五平四　车9进2
11. 炮四进五　车9平6　　12. 车四进一　士5进6
13. 兵七进一　炮2平1　　14. 车八平七　马3退4
15. 车七平五　车2进7　　16. 仕六进五　卒1进1
17. 车五平九　炮1平3　　18. 相三进五　卒7进1

如改走士6退5，则车九平六，炮3退2，兵七进一，马4进3，兵七进一，马3进1，炮六进一，卒7进1，兵七平八，马 1 退 2，马三退二，红优。

19. 车九平三　马 7 进 5　　20. 相七进五　车 2 平 1

21. 车三退二　车 1 进 2　　22. 仕五退六　炮 3 平 2

双方各有千秋。

第 4 局　黑进河口马（3）

1. 炮二平五　马 2 进 3　　2. 马二进三　炮 8 平 6

3. 车一平二　马 8 进 7　　4. 马八进九　卒 7 进 1

5. 炮八平六　马 7 进 6　　6. 车九平八　车 1 平 2

7. 车八进六　车 9 进 1

起横车调动主力，意在对攻。

8. 车二进六　马 6 进 7　　9. 炮五进四　…………

如改走仕四进五，则象 3 进 5，炮五进四，马 3 进 5，车二平五，车 2 进 1，炮六进三，炮 2 平 3，车八平七，士 6 进 5，马九退七，车 9 平 7，炮六平五，车 2 进 3，兵七进一，卒 7 进 1，兵七进一，车 2 平 3，车七退一，象 5 进 3，相七进五，象 3 进 5，黑方略优。

9. …………　马 3 进 5　　10. 车二平五　象 3 进 5

11. 车五平七　车 9 平 4　　12. 仕六进五　卒 1 进 1

13. 马九退七　车 2 进 1（图 4）

如图形势，红方有马七进五、炮六平九两种走法，演变如下：

（一）马七进五

14. 马七进五　卒 7 进 1　　15. 车七平三　车 4 平 7

16. 车三平一　车2平3

17. 车八退三　车7进3

18. 炮六平九　马7进5

19. 相三进五　卒7进1

20. 马三退一　炮6平8

21. 车一平二　炮8平9

22. 车二平一　炮2平4

23. 兵七进一　炮4退1

退炮好棋，准备打车威胁红方车马。

24. 马一退三　炮4平9

25. 车一平九　卒7进1

26. 车九退一　车7进2

黑优。

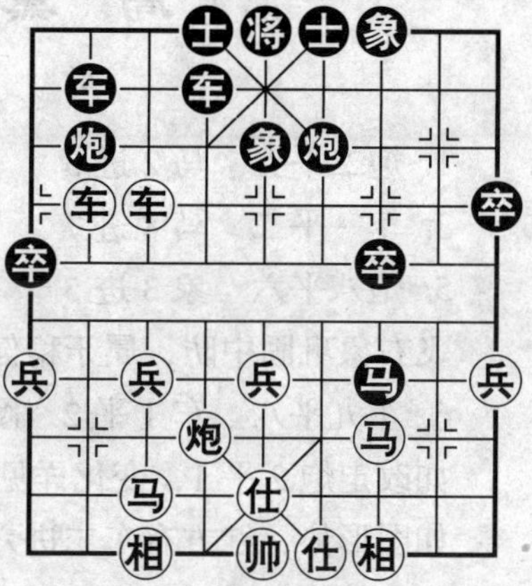

图4

(二) 炮六平九

14. 炮六平九　…………

平边炮窥卒，准备谋兵取势，着法实惠。

14. …………　炮6平7　　15. 相七进五　炮2平1

16. 炮九进三　车2进2　　17. 车七平八　士6进5

18. 兵九进一　车4进3　　19. 马七进九　车4平6

20. 马九进八　车6进4　　21. 炮九平五　马7进5

如改走车6平7，则车八平三，车7退1，车三退一，车7进1，车三退一，黑车马被牵，红多兵占优。

22. 炮五退三　炮7进5　　23. 马八进六　车6平7

24. 相三进一　车7平8　　25. 仕五退六

红方较优。

第5局　黑飞右象（1）

1. 炮二平五　马2进3　　2. 马二进三　炮8平6

3. 车一平二　马8进7　　4. 马八进九　卒7进1

5. 炮八平六　象3进5

飞右象巩固中防，属于稳健应法。

6. 车九平八　车1平2（图5）

如改走炮2平1，变化详见下局。

如图形势，红方有车二进六、车八进四、车八进六三种走法，演变如下：

（一）车二进六

7. 车二进六　炮2进1

黑方高炮掩护中卒，好棋。

8. 车二平三　…………

此外另有两种走法：①兵五进一，士4进5，兵五进一，卒3进1，炮六进四，卒6进1，炮六平九，炮2进2，兵九进一，炮2平5，炮五进三，车2进9，马九退八，马7进6，黑方先手；②兵三进一，卒7进1，车二平三，车9进2，

黑　方

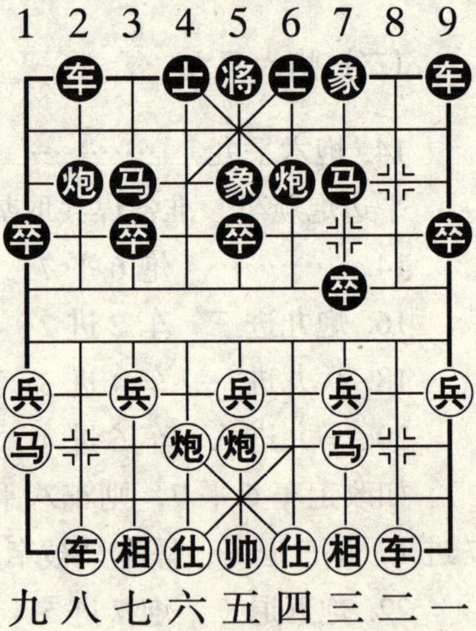

红　方

图5

车三退二，马7进6，车八进四，士4进5，兵九进一，车9平8，仕六进五，车8进2，双方对峙。

8. ………… 车9进2　　9. 兵三进一　卒7进1

10. 车三退二　马7进6　　11. 车八进四　卒1进1

12. 炮六平七　车9平7　　13. 车三进三　马6退7

14. 马三进四　马7进6　　15. 马四进六　炮2平1

16. 兵九进一　炮1进2　　17. 车八进五　马3退2

18. 马九进八　…………

如改走炮五进四，则士4进5，炮五退一，炮1平4，红无便宜。

18. ………… 马6进4　　19. 炮七进四　马2进4

20. 炮七平六　马4进5　　21. 相三进五　卒9进1

双方均势。

（二）车八进四

7. 车八进四　马7进6　　8. 兵三进一　卒7进1

9. 车八平三　卒3进1　　10. 兵七进一　卒3进1

11. 车三平七　车9进1

起横车好棋，灵活之着。

12. 炮六平七　车9平7　　13. 车二进二　马3进4

14. 炮五进四　士4进5　　15. 兵五进一　车7进6

弃车算准先弃后取。

16. 车二平三　马4进5　　17. 车七进一　马5进7

18. 车七平六　车2平3　　19. 炮七退一　车3进5

20. 兵五进一　马7退8

黑方先手。

（三）车八进六

7. 车八进六　士4进5

如改走马7进6，则车二进六，变化与第3局异途同归。

8. 车二进六　卒3进1　　9. 炮五进四　马3进5
10. 车二平五　车2平4　　11. 仕六进五　马7进6
12. 车二平四　马6进7　　13. 车四退三　炮6平7
14. 兵五进一

红方稍先。

第6局　黑飞右象（2）

1. 炮二平五　马2进3
2. 马二进三　炮8平6
3. 车一平二　马8进7
4. 马八进九　卒7进1
5. 炮八平六　象3进5
6. 车九平八　炮2平1

（图6）

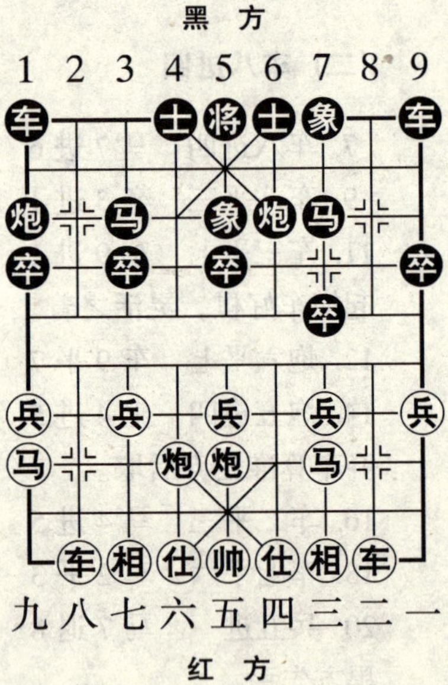

图6

如图形势，红方有车八进四、车二进六两种走法，演变如下：

（一）车八进四

7. 车八进四　士4进5

8. 兵三进一　卒 7 进 1　　9. 车八平三　车 1 平 4

10. 仕四进五　车 9 进 2

保马正着。如改走马 7 进 6，则车二进五，车 4 进 5（如车 4 进 4，则兵九进一），相三进一，红优。

11. 兵九进一　卒 3 进 1　　12. 车二进六　炮 6 退 1

13. 车三平四　炮 6 平 7　　14. 马三进二　炮 1 退 1

15. 炮五平二　卒 9 进 1　　16. 相三进五　车 4 进 4

17. 车四平八　马 7 进 6　　18. 马二进四　车 4 平 6

19. 车八进三　炮 7 进 1　　20. 马九进八

红方稍先。

（二）车二进六

7. 车二进六　车 9 平 8

兑车嫌早，不如改走士 4 进 5 巩固中防，红如车二平三或炮五平四，其变化与第 1 局异途同归。

8. 炮五进四　士 4 进 5

改走马 3 进 5 较稳。

9. 车二进三　马 7 退 8　　10. 炮五平六　…………

封车，有力之着。

10. …………　马 8 进 7　　11. 兵五进一　卒 3 进 1

12. 马九退七　马 7 进 6　　13. 兵五进一　马 6 进 7

14. 马七进五　马 7 退 5　　15. 仕四进五　炮 1 进 4

16. 后炮退一　车 1 平 2　　17. 车八进九　马 3 退 2

18. 炮六平五　马 5 进 7　　19. 马五进六　马 2 进 3

20. 炮五平七

红方略优。

第二节　黑出车保炮局型

第7局　黑补左士

1. 炮二平五　马2进3　　2. 马二进三　炮8平6

3. 车一平二　马8进7　　4. 马八进九　卒7进1

5. 炮八平六　车1平2

先出车保炮，着法灵活善变。

6. 车九平八　士6进5

(图7)

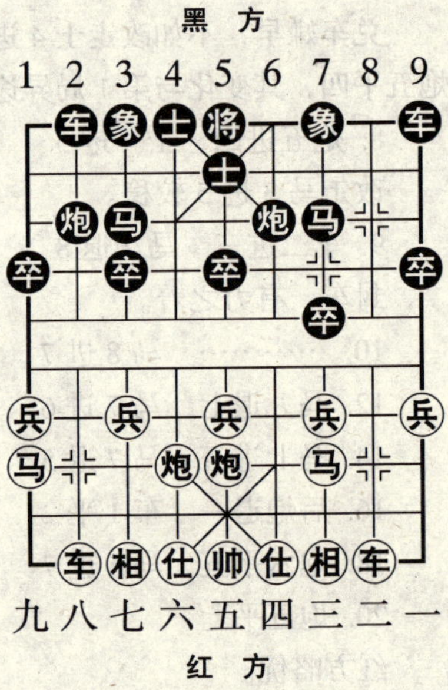

图7

如图形势，红方有车八进四、车二进六两种走法，演变如下：

(一) 车八进四

7. 车八进四　炮2进2

如改走炮2平1，则车八进五，马3退2，炮五进四，炮6平5，炮五退一，马2进3，仕四进五，马3进5，兵五进一，马5进3，炮五平六，马3进4，相三进五，马

4退6，马九退七，红优。

8. 兵九进一　象7进5　9. 车二进六　炮2退1
10. 车二平三　车9进2　11. 兵三进一　炮6退2
12. 兵三进一　炮6平7　13. 车三平二　炮7进4
14. 马三进四　卒3进1　15. 车二进二　车9退2
16. 仕六进五　车9平7　17. 炮五平四　炮2平4
18. 车八进五　马3退2　19. 相七进五　马2进3
20. 炮四平三　车7平8　21. 车二进一　马7退8

局势平稳。

（二）车二进六

7. 车二进六　象7进5　8. 车二平三　车9进2
9. 车八进六　卒3进1　10. 兵五进一　马3进4
11. 兵三进一　…………

弃兵佳着，预防黑马4进6。

11. …………　炮6进1　12. 车八退六　炮2进1
13. 兵五进一　马4退3　14. 炮五进四　炮6进3
15. 炮五平九　炮2进1　16. 炮九退一

红优。

第8局　黑飞左象（1）

1. 炮二平五　马2进3　2. 马二进三　炮8平6
3. 车一平二　马8进7　4. 马八进九　卒7进1
5. 炮八平六　车1平2　6. 车九平八　象7进5

黑飞左象有利于调动左翼子力，是一种稳健应法。

7. 车八进六（图 8）

…………

左车过河封锁黑方右翼，是红方一种攻法。如改走车二进六，变化详见下局。

如图形势，黑方有士 6 进 5、炮 2 退 1、马 7 进 6 三种着法，演变如下：

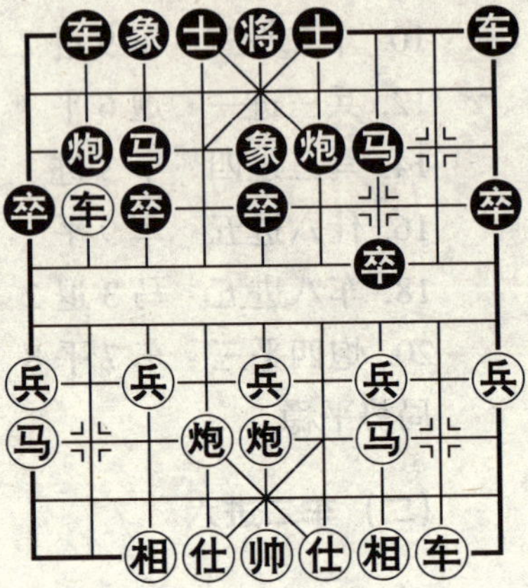

图 8

（一）士 6 进 5

7. ………… 士 6 进 5

8. 车二进六 马 7 进 6

黑进马河口，正着。如改走车 9 平 7，则炮五进四，马 3 进 5，车二平五，马 7 进 6，相七进五，马 6 进 7，马九退七，车 2 平 1，马七进六，炮 2 平 1，车五平七，红方略优。

9. 车二平四 …………

如改走兵九进一，则车 9 平 6，车二平一，炮 6 进 1，车一平三，卒 3 进 1，车八退二，马 6 进 7，仕六进五，炮 6 进 2，黑方反先。

9. ………… 马 6 进 7 10. 炮五进四 …………

炮打中卒是红方一种攻法。此外亦可改走炮五平四，以下炮 6 平 7，车四平三，炮 2 平 1，车八平七，车 9 平 7，炮六进一，马 7 退 6，马三进二，卒 7 进 1，马二进一，车 2 进 2，马一进三，车 7 进 2，车三进一，马 6 退 7，相三进五，马 7 进 6，相五进三，马 6 进 5，相三退五，卒 1 进 1，炮四平二，马 5 退 4，炮六平三，车 2 进 1，车七平八，马 4 退 2，双方均势。

10. ………… 马 3 进 5　　11. 车四平五　车 9 平 7

平车牵制红方右翼，着法含蓄。如改走车 2 进 1，则仕六进五（如马九退七，则车 2 平 4，仕六进五，车 4 进 3，兵五进一，炮 2 平 4，兵五进一，车 4 进 1，炮六进五，炮 6 平 4，马七进五，马 7 进 5，相七进五 车 9 平 6，各有千秋），车 2 平 4，车五平七，车 9 平 8，马九退七，车 4 进 3，兵七进一，炮 2 平 4，炮六平九，炮 6 平 7，车七平三，车 4 进 4，马七进八，车 8 进 8，马八退六，车 8 平 7，车八平四，车 7 进 1，车三退一，红优。

12. 马九退七　车 2 进 1　　13. 马七进六　卒 7 进 1
14. 仕六进五　卒 7 平 8　　15. 相七进五　车 7 进 4
16. 车五平四　炮 6 平 7

黑方较优。

（二）炮 2 退 1

7. ………… 炮 2 退 1

退炮求变，不落常套。

8. 兵七进一　马 7 进 6　　9. 炮五退一　车 9 平 7
10. 相三进五　炮 2 平 7　　11. 车八进三　马 3 退 2
12. 车二进六　炮 7 进 2　　13. 车二退二　马 6 进 7
14. 炮五平一　马 2 进 3　　15. 炮一进五　士 6 进 5
16. 兵九进一　车 7 平 9　　17. 炮一退二　车 9 进 3

双方对峙，黑方较好。

（三）马7进6

7. ………… 马7进6　　8. 炮五退一 …………

退炮企图保持灵活性，但步法嫌缓。如改走车二进六，则士6进5，变化与（一）异途同归。

8. ………… 士6进5　　9. 兵九进一　卒3进1

10. 车二进四　车9平7

佳着。为以后冲弃7卒留下伏笔。

11. 相三进五　炮2平1　　12. 车八进三　马3退2

13. 兵七进一　卒7进1

弃卒妙手！同第10回合平车着法相联系。

14. 车二平三　车7进5　　15. 兵三进一　卒3进1

16. 相五进七　马2进3　　17. 炮六平七　马6进4

18. 炮七进五　炮6平3　　19. 相七退五　炮1进3

黑方先手。

第9局　黑飞左象（2）

1. 炮二平二　马2进3　　2. 马二进三　炮8平6

3. 车一平二　马8进7　　4. 马八进九　卒7进1

5. 炮八平六　车1平2　　6. 车九平八　象7进5

7. 车二进六 …………

右过河车配合中炮取势，是红方一种有力的攻法。

7. ………… 炮2进1

升炮好着，既掩护中路，又防红左车过河。此外另有两种应法：①士6进5，车二平三，车9进2，车八进六，卒1进

1，兵七进一，炮2平1，车八进三，马3退2，炮五进四，马2进3，炮五退一，炮6退1，车三平四，炮6平7，相三进五，红优；②炮2进4，炮五进四，马3进5，车二平五，士6进5，车五平三，车9平7，马九退七，炮2进1，马七进六，炮6进4，马三退五，炮6平4，马五进六，车2进6，车三平七，马7进6，马六进五，红优。

8. 车八进四　…………

巡河车意图是稳扎稳打。此外另有两种走法：①车二平三，车9平7，车八进四，士6进5，兵九进一，炮6进2，车八平六，炮6平3，马三退五，炮2进3，兵七进一，炮2平7，车三平四，炮3平6，黑方不难走；②兵三进一，卒7进1，车二平三，车9平7，车三退二，马7进6，车三进五，象5退7，车八进四，炮2进1，兵九进一，象3进5，炮六平七，红方先手。

8. …………　士6进5　　9. 车二平三　…………

压马紧着。

9. …………　车9进2

升车保马是一种流行应着。此外可考虑走车9平7，红如兵三进一，则炮6进2，兵三进一，炮6平2，车八平三，卒3进1，炮六进四，炮2平7，炮六平七，炮2进1，黑可抗衡。

10. 兵三进一　炮6退2

退炮灵活之着。如改走卒3进1（如卒7进1，则车八平三，马7退6，炮六平八，红优），则炮六进四，炮6退2，兵三进一，炮2进1，马三进二，炮6平7，车三平二，红优。

11. 兵三进一　炮6平7

平炮打车掠兵，正着。如改走卒3进1，则炮六进四，炮

6平7，车三平二，炮7进4，炮六平七，红优。

12. 车三平二　炮7进4

13. 马二进四　卒3进1

14. 车二进二（图9）

…………

进车控制局势。亦可改走车二退三，以下车9退2，仕四进五，卒1进1（如误走卒3进1，则车八平七，炮7平3，炮六进四，黑方丢子），炮五平四，炮2平4，车八平九，车2进3，相三进五，炮4退1，车二进三，红方略先。

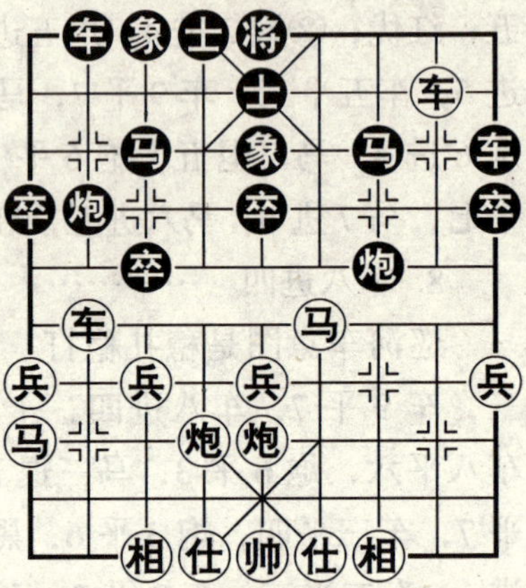

图9

如图形势，黑方有卒1进1、马3进2、炮7平6、车9退2四种着法，演变如下：

（一）卒1进1

14. …………　卒1进1　15. 车八平六　马7进6

16. 车六进四　炮2平4　17. 兵九进一　…………

弃兵精妙！防止黑车2进5骑河捉马，且有卸中炮打马暗伏得子的手段。

17. …………　卒1进1　18. 炮五平四　车9平6

19. 车六退二　马6退4　20. 炮四进五　士5进6

21. 马四进三　卒1进1　22. 车二进一　将5进1

23. 车二退一　将5退1　24. 马三进一

红有攻势占优。

（二）马3进2

14. ………… 马3进2　　15. 车八平六　卒3进1

16. 车六进一 …………

如改走车六平七，则马2进1，车七平八，炮7平2，车八平九，炮2平3，黑弃子攻相有攻势。

16. ………… 马2进4

双方各有顾忌。

（三）炮7平6

14. ………… 炮7平6　　15. 兵九进一　卒1进1

16. 马四进二　马7进8　　17. 车二退三　卒1进1

18. 车八平九　炮6退4

双方均势。

（四）车9退2

14. ………… 车9退2

退车忍让，是一步妥善的应着。

15. 兵九进一　车9平7　　16. 炮五平四　炮7进1

17. 炮六进二　炮7平4

兑炮求变。如走炮7退1，则炮六退二，炮7进1，炮六进二，双方不变作和。

18. 车八平六　炮2进3　　19. 兵七进一　车2进4

20. 马四进六　马3进4　　21. 车六进一　炮2平9

双方对峙。

第10局 黑进炮封车（1）

1. 炮二平五　马2进3
2. 马二进三　炮8平6
3. 车一平二　马8进7
4. 马八进九　卒7进1
5. 炮八平六　车1平2
6. 车九平八　炮2进4

（图10）

黑进炮封车，力争主动。

如图形势，红方有炮六进五、仕四进五、车二进四、车二进六四种走法，本局介绍前三种。

黑　方

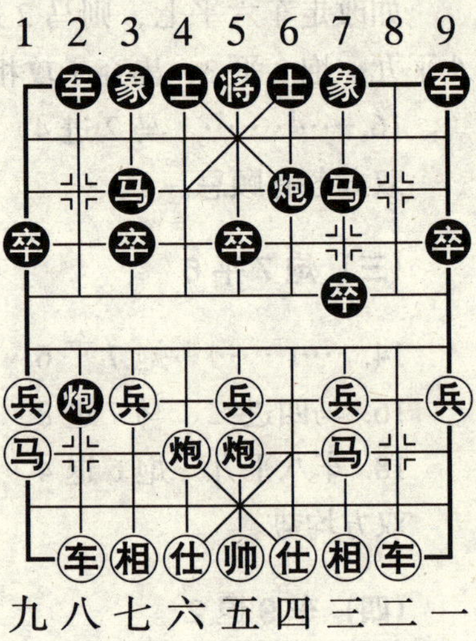

红　方

图10

（一）炮六进五

7. 炮六进五　炮6进5
8. 车二进七　车9进2
9. 车二平一　象7进9　　10. 炮六平一　马7进5
11. 兵五进一　马6进7　　12. 马九退七　炮2进1
13. 马七进六　炮6退1

各有千秋。

（二）仕四进五

7. 仕四进五　士6进5　　8. 车二进六　象7进5

9. 马九退七　炮2退3　　10. 炮五平四　卒3进1
11. 车二退二　车9平8
改走炮2平3兑车较好。
12. 车二进五　马7退8　　13. 车八进四　炮2平3
14. 车八平二　马8进7　　15. 马七进九　炮6退2
16. 相三进五　炮6平7　　17. 炮四进六
红优。

（三）车二进四

7. 车二进四　车9平8
兑车正着。
8. 车二平四　士6进5　　9. 兵九进一　炮2退2
10. 车八进四　象7进5　　11. 车四进二　卒3进1
12. 车四平三　车8平7　　13. 炮五进四　卒3进1
14. 兵七进一　炮2平5　　15. 仕四进五　车2进5
16. 马九进八　炮6进3　　17. 马八进七　马3进5
18. 马七退五　炮6平4
红方多兵稍先。

第11局 黑进炮封车（2）

1. 炮二平五　马2进3　　2. 马二进三　炮8平6
3. 车一平二　马8进7　　4. 马八进九　卒7进1
5. 炮八平六　车1平2　　6. 车九平八　炮2进4
7. 车二进六　…………
针对黑方右炮过河抢占卒林线，正着。

7. ………… 士6进5

如改走士4进5，变化请见下局。

8. 马九退七（图11） …………

退马逐炮，正着。

如图形势，黑方有炮2退3、炮2进2两种着法，演变如下：

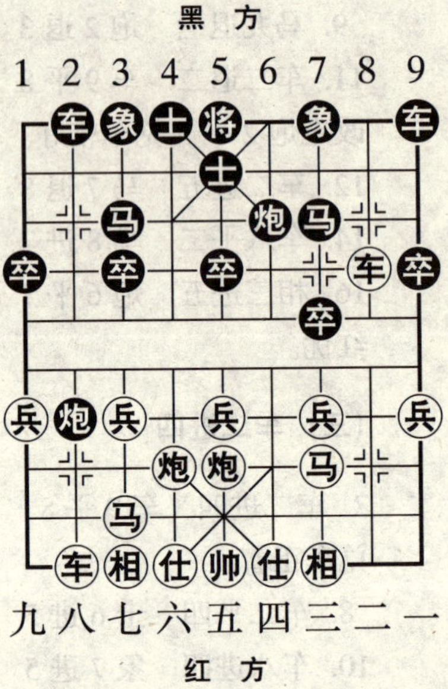

图11

（一）炮2退3

8. ………… 炮2退3

9. 车八进四 …………

如改走车二平三，则车9进2，兵五进一，象3进5，兵五进一，卒3进1，炮六进四，卒5进1，炮六退五，炮2进2，黑方不难走。

9. ………… 象7进5

10. 车二平三 车9平7

11. 兵三进一 炮6进4

12. 马三进四 卒3进1

13. 炮六进四 炮2平3

14. 车八进五 马3退2

15. 兵三进一 马2进1

如改走卒3进1，则兵七进一，炮3进5，马四进二，红弃马多兵占优。

16. 马四进二 马1退3

17. 车三进一 车7进2

18. 马二进三 马3进4

19. 马七进九 象5进7

双方均势。

（二）炮2进2

8. ………… 炮2进2

进炮限制红方左车活动。

9. 车二平三 车9进2 10. 兵五进一 炮6平5

11. 炮六平七 …………

平七路炮走法灵活，威胁黑方右翼。

11. ………… 象3进1 12. 兵七进一 炮5进3

13. 马三进五 卒5进1 14. 兵七进一 象1进3

15. 炮七进四 象7进5 16. 炮七平八 炮2平1

17. 炮五进二 卒5进1 18. 马五退七 马7进5

19. 前马退九

红方多子稍优。

第12局 黑进炮封车（3）

1. 炮二平五 马2进3 2. 马二进三 炮8平6

3. 车一平二 马8进7 4. 马八进九 卒7进1

5. 炮八平六 车1平2 6. 车九平八 炮2进4

7. 车二进六 士4进5

补右士是一步改进着法，富于弹性。

8. 马九退七 …………

如改走车二平三，则车9进2，马九退七，炮2退3，兵五进一，象3进5，兵五进一，卒3进1，炮六进四，炮6进4，马七进六，炮2进4，车三平四，炮6平3，兵五进一，炮2进4，仕六进五，炮2平5，车八进九，马3退2，马六进七，马2进4，均势。

8. ………… 炮2退3（图12）

退炮防守，是一步新变，以往黑走炮2进2。

如图形势，红方有兵五进一、兵三进一、车八进四三种走法，演变如下：

黑 方

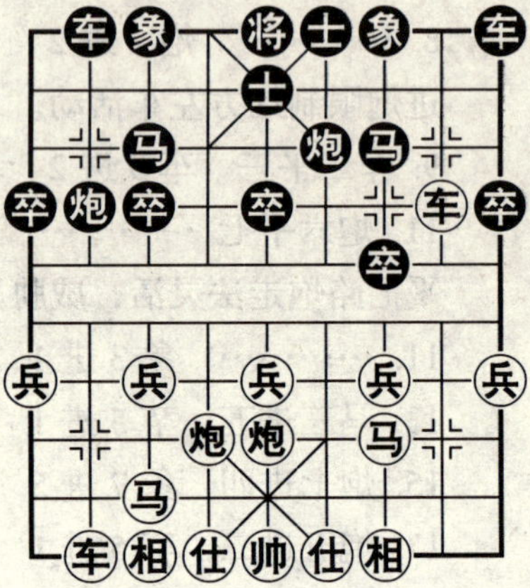

红 方

图12

（一）兵五进一

9. 兵五进一　车9进2

升车好棋，伺机兑车，着法灵活。

10. 兵五进一　卒3进1

11. 车二退二　车9平8

12. 车二平四　…………

如兑车中兵难逃，红无便宜。

12. …………　炮6平5

还中炮对抗中路，佳着。

13. 兵五平四　车8进4　14. 炮五进五　象3进5

15. 马七进五　炮2进4　16. 兵四平三　炮2平6

17. 车八平九　马3退2　18. 相七进五　车8平7

19. 车四平八　马2进3

双方均势。

（二）兵三进一

9. 兵三进一　卒7进1　10. 车二平三　卒7进1

进卒对抢先手，可走之着。

11. 车三进一　卒7进1　　12. 炮六平三　象7进5
13. 兵七进一　车9平8　　14. 炮三进四　炮2进5
15. 炮三平七　卒9进1　　16. 车三退四　车8进5

骑河车捉兵，抢先之着。

17. 兵五进一　车8平5　　18. 兵七进一　车5退1
19. 马七进六　车5进1　　20. 仕六进五　炮6进6

双方互缠。

（三）车八进四

9. 车八进四　象3进5　　10. 车二平三　车9进2
11. 兵五进一　炮6进3

进炮河头打车，着法含蓄。

12. 车八退一　…………

如改走兵五进一，则炮6平5，仕四进五（如车八平五，则卒5进1，红方丢车），卒3进1，炮六进四，卒5进1，炮六进一，马7进5，车三平五，炮5退2，炮六平一，炮5进4，相三进五，象7进9，马七进六，炮2进1，黑兵种齐全多兵稍优。

12. …………　卒3进1　　13. 炮六进四　炮2进2
14. 兵三进一　卒7进1　　15. 马三进五　炮6进1
16. 兵五进一　卒3进1

至此，红方车马被牵，黑优。

第六章 五六炮过河车对反宫马

五六炮过河车对反宫马布局，目前在实战中并不多见。下面按双方布局阵式，分2局介绍。

第1局 五六炮进七兵过河车对反宫马高车保马

1. 炮二平五　马2进3
2. 马二进三　炮8平6
3. 车一平二　马8进7
4. 兵七进一　卒7进1
5. 车二进六　车9进2
6. 炮八平六（图1）

…………

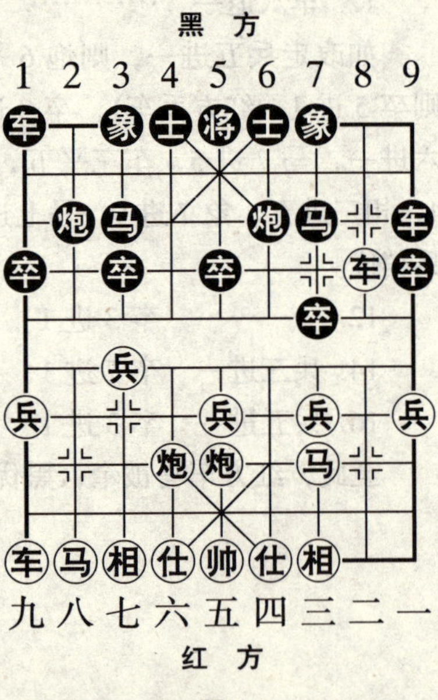

图1

平六路炮攻法别出心裁，其战略目的是加快左翼出子速度。如图形势，黑方有车1进1、马7进6、炮2进6三种着法，演变如下：

（一）车1进1

6. ………… 车1进1

起横车意在占右肋，牵制红炮。

7. 马八进七 车1平4 8. 仕六进五 …………

如改走炮六进二，则马7进6，炮五平六，车4平7，车九平八，卒7进1，前炮平五，士6进5，车二平四，马6进7，炮五平六，车7进3，黑方易走。

8. ………… 炮2进4 9. 车九平八 炮2平7

10. 相三进一 车9平8

兑车正着。如改走象7进5，则兵五进一，车4进5，马七进八，车4平3，兵五进一，车9平8，车二平四，士6进5，兵五进一，红优。

11. 车二平四 士6进5 12. 车八进五 卒7进1

也可考虑走车8进2保卒，红如兵七进一，则卒7进1，黑方不难走。

13. 兵七进一 卒3进1

如改走车8进2，则车八退一，车8平3，车八平三，马7进8，车三进四，炮6退2，车四进二，红优。

14. 车八平七 象7进5 15. 车七退一 车4进5

进车弃卒正着。

16. 车七平三 马7进8 17. 车四平一 炮6进6

至此，互抢先手，各有顾忌。

（二）马7进6

6. ………… 马7进6 7. 马八进七 象3进5

8. 车九平八 炮2平1 9. 炮五进四 马3进6

10. 车二平五　士4进5　　11. 兵五进一　车1平4

12. 仕六进五　马6进7　　13. 相七进五　炮6进6

14. 车八进七　车9平6　　15. 兵五进一　炮1退1

红冲中兵，稳健之着。如改走车八平九吃炮，则马7进5踏相，黑弃子有攻势。黑方逃跑正着。如改走马7进5，则兵五平六，红方打车捉马，必得一子占优。

16. 车八退四　炮6平7

仍不能走马7进5，否则兵五平六打车，红方得子。

17. 马三进五

至此，伏马五进六打车，红优。

(三) 炮2进6

6. …………　炮2进6

进炮压马扰乱红方部署，是一种新变着。

7. 车九进二　…………

如改走炮六进五，则士4进5，车二平五，炮6平5，车五平七，士5进4，炮五进五，象3进5，车七进一，士4退5，各有千秋。

7. …………　炮2退2

退炮正着。如改走车1平2，则车九平八，车2进7，炮五平八，炮2平7，炮八进一，卒7进1，兵三进一，炮7退3，相七进五，炮7退1，马三进四，红优。

8. 马八进七　炮2平3

如改走炮2平7，则马七进六，象3进5（如炮7进3，则仕六进五，象3进5，马六进五，红优），马六进五，红优。

9. 兵五进一　士4进6　　10. 兵五进一　炮6平5

11. 马三进五　车1平2　　12. 马五进六　炮3进3

13. 仕六进五　炮 3 退 4　　14. 兵五进一　马 7 进 5
15. 马六进五　象 3 进 5　　16. 炮六进五　象 5 退 3
17. 炮六退三　…………

如改走车二平五，则车 9 平 4，车五平六，车 4 平 5，车六平七，炮 3 平 5，黑可抗衡。

17. …………　卒 3 进 1

求变之着。如改走象 3 进 5，则炮六进三，双方不变作和。

18. 炮六平五　车 2 进 3　　19. 车九退二　车 9 平 6
20. 车九平八　车 2 平 4　　21. 车八平六　车 4 平 2
22. 车六平八　车 2 平 4

双方对峙。如长兑车，双方不变作和。

第 2 局　五六炮进车压马对反宫马进 7 卒

1. 炮二平五　马 2 进 3　　2. 马二进三　卒 7 进 1
3. 车一平二　炮 8 平 6　　4. 车二进八　士 4 进 5
5. 炮八平六　…………

平仕角炮是攻反宫马的新着。左右子力平衡发展，并伏有冲中兵上盘头马的攻击手段。

5. …………　象 3 进 5

飞象准备出肋车。如改走炮 2 退 1，则炮六进六，士 5 进 4，炮六进一，将 5 平 4，车二平八，红优。

6. 马八进七　炮 2 退 1

如改走车 1 平 4，则仕六进五，炮 2 退 1，车二退四，马 8 进 7，车九平八，炮 2 平 1，兵七进一，马 7 进 6，炮六进二，红方略优。

7. 车二退二（图2）

…………

退车控制黑方卒林线，走法有力。

如图形势，黑方有车1平4、卒3进1、马8进7三种着法，演变如下：

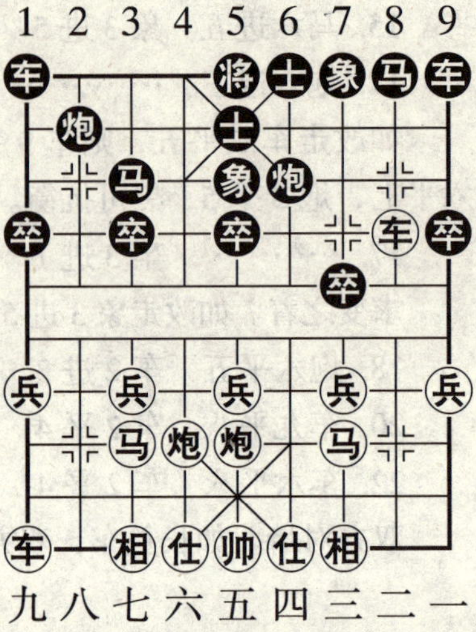

图2

（一）车1平4

7. ………… 车1平4

8. 仕六进五 …………

上左仕，灵活之着，为六路炮留有活动余地。

8. ………… 马8进9

跳马屯边，应法新颖。如改走马8进7，则车九平八，炮2平3，车八进八，以下黑有两种应法：①炮6退1，车八退一，炮6进1，车二平三，车9进2，炮五平四，伏车三平四兑炮，红方主动；②炮3退1，车二平三，车9进2，炮六进六，卒3进1，兵五进一，马3进4，兵五进一，卒5进1，马三进五，马4进5，马七进五，炮3进2，兵三进一，红优。

9.	车九平八	炮2平1	10.	兵五进一	车9平8
11.	车二平一	车4进6	12.	炮六退二	马9退7
13.	马七进五	车8进3	14.	车一退二	卒3进1
15.	车八进六	炮1进5	16.	车一进四	车4平3
17.	车一平三	炮1平5	18.	马三进五	车3平5

双方均势。

（二）卒3进1

7. ………… 卒3进1　8. 车九平八　炮2平3
9. 车八进八　车1平3　10. 兵五进一　马8进7
11. 兵五进一　卒5进1　12. 马三进五　车9平8
13. 车二平三　炮6进3

左炮骑河弃马，无奈之着。如改走车8进2，则马五进四，黑方难走。

14. 炮五进三　…………

弃子不贪吃，正着。如走车三进一，则车8进3，以后黑有马3进5陷车的棋。

14. ………… 马3进5　15. 车三平四　炮6平5
16. 炮六平五　炮5进2　17. 相七进五

红方略优。

（三）马8进7

7. ………… 马8进7　8. 车九平八　炮2平4
9. 炮五进四　炮6进5

进炮士角，必走之着。

10. 炮五退一

好棋。红方炮打中卒后弃子抢先，可谓老谋深算。

10. ………… 炮6平3　11. 马三退五　炮3进1
12. 车八进一　炮3平4　13. 炮六平七　炮4退6
14. 车二平七　马3退2　15. 车七进三　炮4退1
16. 车八进八　车1平2　17. 车七平八　车9平8
18. 炮七平六

红方优势。

第七章 五七炮对反宫马

第1局 弃双兵变例（1）

1. 炮二平五　马2进3　　2. 马二进三　炮8平6

3. 车一平二　马8进7　　4. 兵三进一　卒3进1

5. 马八进九　象7进5

实践证明，飞左象富于变化，刚柔并济。

6. 炮八平七　…………

七路炮对黑方3线有潜在的威胁。

6. …………　车1平2　　7. 车九平八　炮2进4

黑方进炮封车，抢先之着。如改走士6进5，则车八进四，红方先手。

8. 兵七进一　…………

解除黑炮的封锁是当务之急，弃兵是好手段。另有两种变化：①车二进六，士6进5，兵九进一，车9平8，车二进三，马7退8，红方被动；②车二进四，士6进5（如车9平8，车二进五，马7退8，车八进一，红方易走），兵三进一，卒7进1，兵七进一，车9平8，车二平六，炮2平3，车八进九，炮3进3，仕六进五，马3退2，兵七进一，马2进3，炮七进五，炮3退7，兵七进一，炮3平1，黑方满意。

8. ………… 卒3进1　　9. 兵三进一　卒7进1

红方连续弃掉双兵是一套战术组合，是个著名的变例，也是五七炮进三兵这一类型的精华。

10. 车二进四　炮2平3

红方巡河车捉卒是组合战术的重要一环，黑方平炮兑车，暗中掩护3路，双方展开了激烈的对攻。

11. 车八进九　…………

兑车，弃相果敢刚毅。如想使气氛缓和下来也可走车八平九回避，见下局。

11. ………… 炮3进3　　12. 仕六进五　马3退2

13. 炮五进四　…………

红方炮取中卒是惯例。如改走炮七平六，则卒3进1，马九进七，马2进3，双方大体均势。

13. ………… 士6进5　　14. 炮五退一　…………

退炮保持中路攻势，是必走的一步棋。如改走炮七平五，则马2进3，车二平七，马3进5，炮五进四，车9平8，车七退四，车8进7，黑方足可抗衡。

14. ………… 马2进3　　15. 炮七平六　…………

平炮仕角，准备平车捉卒争先。另有两种变化：①相三进五，卒3进1，马九进七，炮3退3，车二平七，马3进2，车七退一，将5平6，车七平八，马2进4，车八平六，马4进6，兵五进一，马6进7，帅五平六，车9平8，双方均势；②车二平四，车9平6，相三进五，卒3进1，马九进七，炮3退3，车四平七，马3进5，车七退一，炮6进6，黑方满意。

15. ………… 炮3退2（图1）

正着。如改走卒3进1，则马九进七，以下黑方不论走马7进6、炮3退2还是车9平8，演变下去，均属红方易走。

如图形势，红方有炮六退一、相三进五两种走法，演变如下：

（一）炮六退一

16. 炮六退一 …………

退炮着法含蓄，意在攻击黑方右翼。另有两种变化：①炮六退二，卒7进1，车二平三，车9平7，车三平七，

黑 方

1 2 3 4 5 6 7 8 9

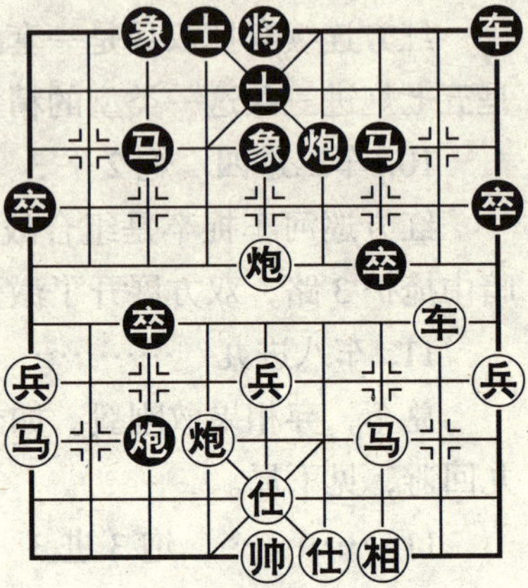

九 八 七 六 五 四 三 二 一

红 方

图1

炮3平2，车七平八，炮2平3，车八平四，马3进5，车四进二，马7进8，车四平五，车7进7，相三进五，马8进6，车五平四，马6进4，炮五进一，炮3退5，炮六平七，炮3平2，双方对抢先手；②炮六进六，卒3进1，马九进七，卒1进1，车二平四，车9平6，车四进二，卒7进1，黑优。

至此，黑方有卒3进1、炮6进5、车9平8、马7进6四种应法。

（甲）卒3进1

16. ………… 卒3进1 17. 马九进七 车9平8

如改走炮6进1，则马七进九，马7进5，车二平七，卒1进1，车七退二，卒1进1，炮六平七，马3进2，马三进四，马2进4，车七进二，马4退6，马四进六，红优。

18. 车二平四　炮6进2

此外还有两种变化可供选择：①炮6退2，马七进九，卒1进1，车四平七，马3进5，车七退二，卒1进1，炮六进七，卒7进1，车七进七，卒7进1，车七退五，车8进4，兵五进一，卒7进1，炮六平九，象5退3，车七进五，炮6平8，车七退六，将5平6，炮九退三，红优；②将5平6，兵五进一，车8进3，马三进五，炮3平2，炮六进六，将6进1，炮六退五，炮2退4，双方对抢先手。

19. 炮六进六　…………

积极进取。如改走炮六平七，则车8进3，兵五进一，马3进5，马三进五，炮3平8，马五进七，马5进3，后马进九，象3进1，炮七平八，马3退4，黑方反先。

19. …………　马7进5　　20. 炮六进一　…………

如改走炮六退一，则炮6退4，车四进二，车8进6，马七进五，卒7进1，炮六进一，车8退2，车四平五，炮6平7，车五平七，车8平5，车七进一，象5进3，车七平八，士5进4，黑优。

20. …………　炮6退4　　21. 车四进二　…………

如改走炮五进二，则士5进6，车四进三，车8进1，红方失子。

21. …………　车8进6　　22. 马七进五　炮3退4
23. 车四退四　卒7进1　　24. 炮五进二　士5进6
25. 车四平七　车8退5　　26. 车七进四　车8平4

双方各有顾忌。

（乙）炮6进5

16. …………　炮6进5

进炮打马，针锋相对。

17. 车二平七 …………

如改走仕五进四，则炮3平7，仕四退五，车9平6，车二平七，车6进4，兵五进一，马3进5，炮六进七，将5平6，车七进五，马5进3，马九进七，车6退1，马七进六，马3退2，车七退七，马2退4，车七平三，马4进3，车三进三，车6进6，仕五退四，象5进7，双方均势。

17. ………… 炮3平7　18. 车七进三 炮7平1

19. 仕五进四 车9平8

黑方满意。

(丙) 车9平8

16. ………… 车9平8

放弃过河卒，强行出车，抑制了红方攻势的发展。

17. 车二平七 炮3平2　18. 车七进二 车8进7

19. 马三进四 车8退2　20. 马四进三 炮2退6

如改走炮2平7，则炮六平七，马3退1，炮五退一，红优。

21. 车七平四 炮6退1　22. 炮六进六 马7退8

23. 马三进四 炮2平6　24. 车四平七 马3退1

25. 马九进七 车8平4　26. 炮六平八 车4退3

27. 炮八退二 车4平3

兑车后黑方不难走。

(丁) 马7进6

16. ………… 马7进6　17. 车二平七 炮6平7

18. 兵五进一 …………

老练。如改走车七退二，则马6进5，黑可得回失子。

18. ………… 炮3平2　19. 车七平八 炮7进5

20. 车八退二 炮7平1　21. 车八平九 马3进5

22. 车九平七

红方较优。

（二）相三进五

16. 相三进五　卒3进1

诱惑边马吃卒，不让红车占据3路，用心良苦。如改走车9平8，则车二平七，炮3平2，炮六平七，车8进3，车七平八，黑方要失子。此外还有一种变化如下：马7进6，车二平七，炮3平2，炮六平七（如车七平八，则炮2平3，马九进七，车9平7，车八退二，炮3进1，车八进四，马6进7，车八平四，炮6平8，车四平二，炮8平6，马七进九，卒1进1，马九进七，炮3退1，各有顾忌），马6进7，仕五进四，马3退1，车七平八，炮2平5，炮五退三，马7进5，帅五进一，车9平7，马三进四，红方较优。

17. 马九进七　车9平8　　18. 车二平四　炮6进2

进炮正着。如改走炮6退2，则马七进九，卒1进1，车四平七，马3进5，车七退二，卒1进1，炮六进六，卒7进1，车七进七，卒7进1，车七退五，车8进4，兵五进一，卒7进1，炮六平九，象5退3，车七进五，炮6平8，车七退六，将5平6，炮九退三，红优。

19. 马三进二　…………

至此，黑方有炮6退4和车8进3两种应法。

（甲）炮6退4

19. …………　炮6退4

退炮稳健。如直接走炮6退2，则马七进九，伏有车四平七的先手。

20. 炮六进六　…………

进炮象眼，成竹在胸。

如改走炮六退一，则车8进3，炮六平七，马7进5，黑方较好。

20. ………… 车8进3

正着。

21. 车四进三 车8平5 22. 车四平三 车5进1

23. 马二进三 车5进2 24. 马三进一 …………

如改走马三进五踩象，则士5进6，马五进四，将5平6，炮六平七，象3进5，发展下去易成和棋。

24. ………… 车5平6 25. 马七进五 炮6进1

26. 马一进三 马3进2 27. 车三平五 马2进4

28. 车五平七 炮3退1 29. 马五进三 车6退2

30. 炮六平四 车6退3 31. 车七退四 车6平7

32. 车七平六

和棋。

（乙）车8进3

19. ………… 车8进3

暗伏先弃后取的手段。

20. 炮六进五 马7进5

如改走卒7进1，则车四平三，车8平5，兵五进一，士5进4，车三进三，炮6退4，马七进六，伏车三退一及马六进七两种进攻手段，红优。

21. 炮六退一 马5退7 22. 炮六平三 炮6退4

23. 马七进九 卒1进1 24. 马九进七 马7进5

25. 车四进二 炮6进2

正着。如改走车8进2，则炮三平五，红优。

26. 马七进五 马3进5 27. 车四平五 卒7进1

黑弃卒及时，能反夺先手。如改走车8进2，则炮三进一，红方稍好。

28. 马二进一　车8平9　　29. 炮三平二　卒7平6

黑优。

第2局　弃双兵变例（2）

1. 炮二平五　马2进3　　2. 马二进三　炮8平6
3. 车一平二　马8进7　　4. 兵三进一　卒3进1
5. 马八进九　象7进5　　6. 炮八平七　车1平2
7. 车九平八　炮2进4　　8. 兵七进一　卒3进1
9. 兵三进一　卒7进1
10. 车二进四　炮2平3
11. 车八平九　炮6进4

角炮过河，势所必然，演成双炮过河的防守态势。

12. 车二平七　马3进4（图2）

如图形势，红方有车七平六、兵五进一两种走法。

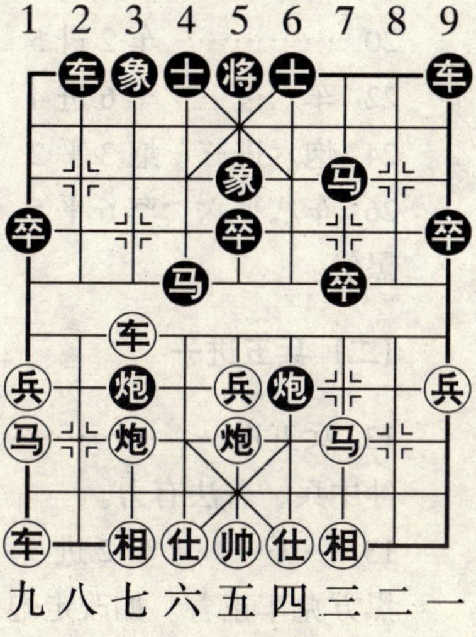

图2

（一）车七平六

13. 车七平六　…………

平车捉马是实战例子，但效果似不佳。

13. …………　马4进2

14. 炮七平六　…………

如改走炮七进七，则车2平3，车六平八，炮6平7，马九进七，炮7进3，仕四进五，车3进6，马三进四，车9平8，马四进六，车3退5，马六进五，车3平5，车八进三，炮7平9，黑方大占优势。

14. ………… 马2进1　15. 车九进二　士6进5

16. 兵五进一　炮3退2

以退为进。如改走炮6平7，则相三进一，炮3平6，车九平七，红优。

17. 车六退一　车9平6　18. 炮五平四　…………

平炮打车导致局势被动，不如改走车九平七为好。

18. ………… 炮6平7　19. 相三进五　马7进8

20. 仕六进五　…………

改走车九退一较为有力。

20. ………… 车2进5　21. 车九平七　车2平5

22. 车六进三　车6进4　23. 车七进一　卒7进1

24. 炮六进三　炮3平2　25. 车七平八　炮2平3

26. 车八平六　车6平5

黑优。

（二）兵五进一

13. 兵五进一　…………

冲中兵，着法有力。

13. ………… 车2进5

黑方兑车正着。如改走炮6平7，则相三进一（如马九进七，炮7进3，仕四进五，马4进3，车七退一，车9平8，黑方弃子有攻势），车2进5，车七平八，马4进2，马九进七，马2进3，炮五平六，红方易走。

14. 车七平八　马4进2　　15. 马九进七　马2进4

进马打马，弃子取势。如改走马2进3，则车九进二，炮6进1，炮五进四，马7进5，车九平七，双方均势。

至此，红方有马七退九和车九进一两种走法。

（甲）马七退九

16. 马七退九　…………

如改走炮七平六，则炮6平3，车九平八，炮3退5，车八进六，车9平8，车八平七，炮3平7，仕四进五，车8进6，炮五进一，士6进5，相七进五，车8平7，黑优。

16. …………　炮6进1

好棋！黑方弃子抢攻精彩。

17. 炮七平四　马4进6　　18. 帅五进一　车9平8

19. 帅五平六　车8进6　　20. 车九平八　卒7进1

21. 仕六进五　车8平4　　22. 仕五进六　卒7进1

23. 马三退二　马6进7　　24. 仕四进五　卒7平6

黑方优势。

（乙）车九进一

16. 车九进一　…………

起横车，红方采用反弃子战术争先，很值得效仿。

16. …………　炮6平3　　17. 车九平六　炮3进3

18. 仕六进五　马4退3　　19. 兵五进一　士6进5

20. 兵五平六　马3进2　　21. 炮七平八　马7进6

22. 车六进二　炮3平2　　23. 兵六进一　…………

如炮五进一，则马6进5，马三进五，车9平8，马五退六，炮2退1，车六平七，车8进5，炮八平五，马2退1，马六进八，车8平2，仕五进六，马1进2，仕四进五，卒7进1，平稳。

23. ………… 卒5进1　24. 马三进五　马6进5

25. 车六平五　车9平6　26. 炮五进三

红方略优。

第3局　弃双兵变例（3）

1. 炮二平五　马2进3　2. 马二进三　炮8平6

3. 车一平二　马8进7　4. 兵三进一　卒3进1

5. 马八进九　象7进5　6. 炮八平七　车1平2

7. 车九平八　炮2进4　8. 兵七进一　卒3进1

9. 兵三进一　卒7进1　10. 车二进四　卒3平2

平卒保炮，富于弹性，并可避开红方七路炮的威胁。

11. 兵九进一　炮6进4

正着。如改走炮6进2，则马九进八，炮6平2，车二平七，马3进4，车七平六，马4退6，马三进四，士6进5，马四进六，卒5进1，马六进七，车2进2，马七退八，炮2退2，马八退九，红优。

12. 车二平八 …………

平车吃卒是正确的选择，利于左翼各子的活动。如改走马九进八，则炮6平7，相三进一，车9进1，黑方易走。

12. ………… 车2进5

13. 马九进八　炮6平7（图3）

如改走马3进2，则兵五进一，马2进4，马八进七，马

4退3，车八进三，炮6退5，车八平七，马3进4（如马3进2，炮七进七，象5退3，车七进一，红优），车七平六，马4退2，兵五进一，卒5进1，车六进二，马2进1，炮七退一，红方先手。

如图形势，红方有马八进七、炮七进四、相三进一三种走法。

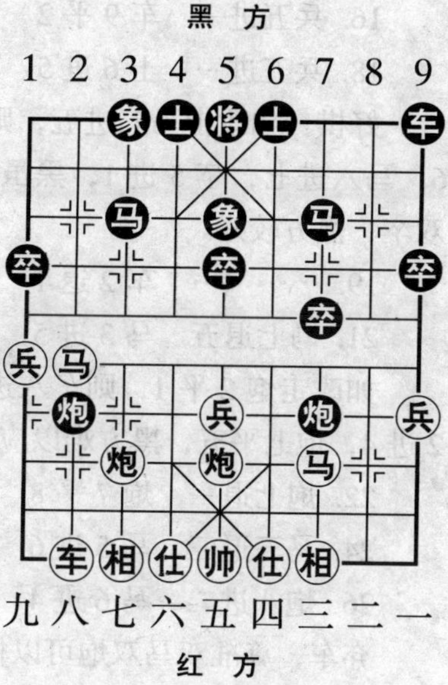

图3

（一）马八进七

14. 马八进七　…………

红方不顾底相受到威胁，毅然跃马进攻。

14. …………　象5进3

飞象关马，着法稳健。

如改走炮7进3，则仕四进五，炮2平3，马七进五，红方占优。

15. 相三进一　车9进1

起横车准备支援右翼。如改走马7进6，则马七退五，（如兵五进一，马6进4，炮七进二，炮2平3，兵五进一，士6进5，兵五进一，车9平6，仕六进五，马3进5，马七退五，象3进5，炮五进四，车6进4，黑可夺回一子占优），炮2平3，炮七进三，马6退5，车八进七，马3退5（如马3进4，车八平六，卒5进1，炮七平五，红优），车八平六，红优。

16. 兵五进一　车 9 平 2　　17. 仕六进五　象 3 进 5

18. 兵五进一　士 6 进 5　　19. 车八进二　…………

好棋！如改走马三进五，则卒 5 进 1，马五进六，马 7 进 6，马六进七，卒 5 进 1，黑虽少一子，但各子占位好，又多双卒，黑方较好。

19. …………　车 2 退 1　　20. 马三进五　卒 5 进 1

21. 马七退五　马 3 进 5

如改走炮 2 平 1，则车八进七，马 3 退 2，炮七进二，马 2 进 4，炮七平五，黑方难以应付。

22. 炮七退一　炮 7 平 8　　23. 后马进七　卒 7 进 1

24. 马五退三　马 5 进 6　　25. 炮七平八　马 7 进 8

26. 炮八进二　马 6 进 4　　27. 炮八平三　…………

弃车，算准双马双炮可以构成妙杀。

27. …………　马 4 进 2　　28. 马七进五　车 2 进 5

29. 马五进四　将 5 平 6　　30. 马四进二　将 6 平 5

31. 马三进二　车 2 平 6　　32. 炮二平八

红胜。

（二）炮七进四

14. 炮七进四　…………

至此，黑方有马 7 进 6 和车 9 进 1 两种应法。

（甲）马 7 进 6

14. …………　马 7 进 6

黑方左马盘河，创新之着。如改走炮 7 进 3，则仕四进五，车 9 平 8（如炮 2 平 3，马八进六，炮 3 退 2，车八进七，红优），车八进三，炮 7 平 9，仕五进四，卒 7 进 1，兵五进一，红优。

15. 马八进六　马6进4　　16. 仕四进五　车9平8

17. 相三进一　炮2平3　　18. 炮五平九　卒5进1

如改走炮3退2，则车八进四，马4进6，仕五进四，红优。

19. 车八进四　…………

如改走车八进七，则炮3退2，炮七进三，象5退3，车八平七，马4进2，炮九平八，车8进3，黑方反先。

19. …………　车8进3　　20. 车八平六　车8平3

21. 马六退八　车3进1　　22. 兵五进一　炮3平2

23. 车六退一　炮2进3　　24. 炮九退二　车3进1

25. 马八退九　炮2退8　　26. 车六平三　车3进4

27. 车三平八　车3平1　　28. 马九退七　车1退1

29. 车八进五　车1平3　　30. 兵五进一　车3退4

31. 车八平七　马3进2

双方均势。

（乙）车9进1

14. …………　车9进1　　15. 马八进六　马3退1

16. 仕四进五　…………

补仕稳健。如改走炮七退三，则炮7进3，仕四进五，炮2平1，马三进四，车9平8，马四进五，马7进5，炮五进四，士6进5，车八进八，炮7平9，帅五平四，炮1进2，黑优。

16. …………　车9平2

如改走车9平3，则炮七退三，炮7平3，车八进三，炮3进1，马三进四，红方先手。

17. 兵五进一　炮7进3　　18. 马六进四　炮7平9

19. 马三进五　马7进6

如改走炮2退3，则车八进五，车2平8，仕五进四，红优。

20. 炮五平二　士6进5　21. 马四进三　…………

如改走车八进二，则士5进6，炮二进四，车2平8，车八平二，士4进5，马五进七，卒7进1，炮二进一，卒7平8，车二平一，炮2平6，车一退二，炮6退3，炮二平五，象3进5，炮七平四，马6进7，黑方易走。

21. …………　将5平6　22. 车八进二　士5进6

如改走马6进5，则车八平四，士5进6，车四进五，车2平6，炮二平四，红方得车胜定。

23. 车八平六　车2平7　24. 车六进七　将6进1

25. 车六退一　士6退5　26. 车六退三　将6退1

27. 车六平四　将6平5　28. 马五进七　车7平8

29. 炮二进四

红优。

（三）相三进一

14. 相三进一　马3进2

如改走马7进6，则马八进七，象5进3，马七退五，红优。

15. 兵五进一　…………

如改走车八进一，则马2进4，炮七平六，车9进1，车八平七，车9平2，马八进六，炮2进3，马六退四，马4进2，车七进一，车2进4，马四进五，马7进6，马五退七，马2进4，车七平六，士6进5，马七退五，车2平3，黑优。

15. …………　炮2平6　16. 马八进六　…………

如改走兵五进一，则马2进4，兵五平六，车9进1，炮七进五，马7进6，马八进九，马4进5，相七进五，马6进4，相一退三，炮6退3，车八进八，士6进5，马九退八，车9平8，黑优。

16. ………… 马2进4　　17. 马六进八 …………

也可走炮七进二，以下车9进1，炮五平九（如车八进一，则车9平3，车八平四，炮6平1，车四平九，马4进3，马六进八，车3进4，马八退七，马3进1，马七退九，马1退2，马九退八，马2进3，帅五进一，马3退4，马八进六，炮7平8，卒7进1，黑优），车9平3，马六进八，车3进1，车八进二，炮6退3，马八退六，车3进3，马六进四，马7进6，兵五进一，车3退1，兵五平六，车3平6，炮九进四，红方得子占优。

17. ………… 车9进1　　18. 炮七平六 …………

如改走马八进六，则车9平4，炮七平六，炮6平4，马六退八，炮4进3，车七进二，马4进5，相七进五，炮4平1，红无便宜。

18. ………… 马4退3　　19. 车八进一　车9平2

20. 车八平四　炮6退2　　21. 炮六进四　马3退4

22. 马八退六

红方易走。

第4局　弃双兵变例（4）

1. 炮二平五　马2进3　　2. 马二进三　炮8平6

3. 车一平二　马8进7　　4. 兵三进一　卒3进1

5. 马八进九　象7进5　　6. 炮八平七　车1平2

7. 车九平八　炮2进4

8. 兵七进一　卒3进1

9. 兵三进一　卒7进1

10. 车二进四　卒3平2

11. 兵九进一　炮6进4

12. 马九进八　…………

边马投入战斗是少见的走法。如改走炮七进四，则车2进3，马九进八，车9进1，车二平七，炮6平7，马三退五，马3退2，马五进七，车9平3，兵五进一，炮2平6，兵五进一，士4进5，兵五进一，马2进1，红方左翼被封，黑优。

黑　方

1 2 3 4 5 6 7 8 9

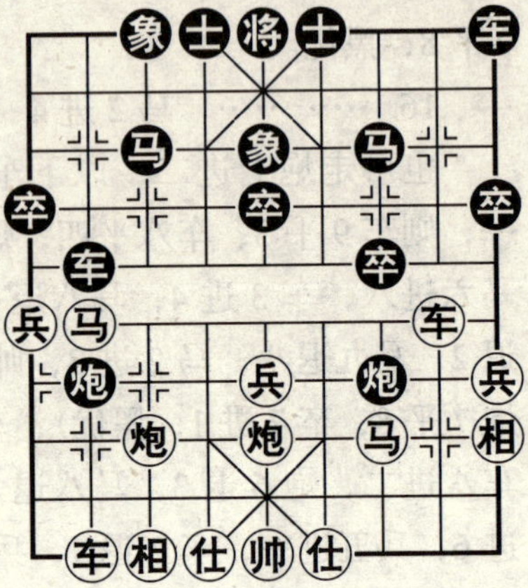

九 八 七 六 五 四 三 二 一

红　方

图4

12. …………　炮6平7　13. 相三进一　车2进4（图4）

如图形势，红方有车二平七、车二平六和车八进二三种走法。

（一）车二平七

14. 车二平七　…………

如改走马八进七，则炮2平3兑车，红方先手难以扩大。

14. …………　马3进4　15. 兵五进一　炮2平5

16. 仕六进五　士6进5　17. 马八退九　车2进5

18. 马九退八　炮5平6　19. 车七平六　马4进6

20. 兵五进一　车9平6　21. 兵五进一　马7进5

22. 车六平五　炮6进2

弃子抢先，着法有力。

23. 炮五进四　车6进3　　24. 车五退一　卒7进1

黑可夺回一子占优。

（二）车二平六

14. 车二平六　…………

集中力量于一侧，准备发起攻击。

14. …………　车9进1

如改走士6进5，则兵五进一，炮2平6，车六进四，象3进1，兵五进一，车9进2，车六退四，炮6退6，车八进三，卒7进1，车八平七，马3退1，相一进三，马7进8，兵五进一，红优。

15. 兵五进一　炮2平6　　16. 兵五进一　车9平2

17. 车六平七　…………

如改走车六平四，则炮6平4，车四退一，炮4退1，车四平三，炮4平5，马三进五，前车进1，车八进四，车2进4，炮五进二，车2平5，炮七平五，车5平1，兵五平四，车1进1，兵四平三，马3进4，马五进四，车1平7，马四退三，马4进6，双方均势。

17. …………　马3退5　　18. 车七平四　炮6平3

19. 兵五平六　炮7平4　　20. 仕六进五

红优。

（三）车八进二

14. 车八进二　车9平8　　15. 车二平四　士6进5

16. 兵五进一　车2进1　　17. 车四退一　炮7平8

18. 车四平八　车2平5　　19. 前车平四　卒7进1

20. 炮五退一　车5平4　　21. 炮七平六　车8进4

黑方多卒占优。

第5局　弃双兵对平车邀兑

1. 炮二平五　马2进3　　2. 马二进三　炮8平6
3. 车一平二　马8进7　　4. 兵三进一　卒3进1
5. 马八进九　象7进5　　6. 炮八平七　车1平2
7. 车九平八　炮2进4　　8. 兵七进一　卒3进1
9. 兵三进一　车9平8

当弃双兵变例向纵深发展时，有的棋手回避这一变化，索性平车邀兑，便产生了新战法。

10. 兵三进一　车8进9
11. 马三退二　马7退8（图5）

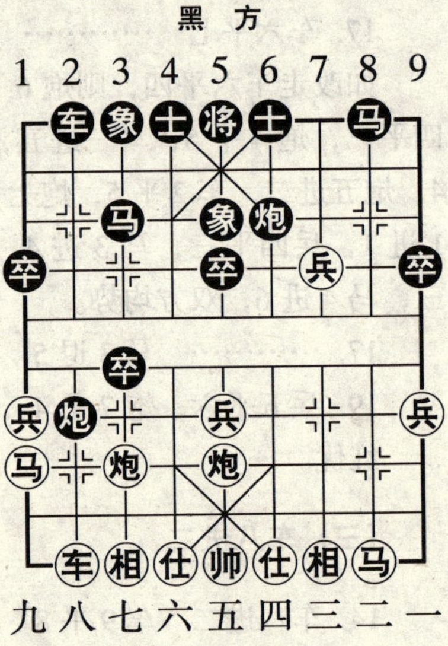

图5

如图形势，红方有车八进一、兵三平四和炮七进五三种走法。

（一）车八进一

12. 车八进一　…………

抬车十分灵活，攻守兼备。

12. …………　马3进4
13. 马二进三　…………

进马保兵正确。如改走炮五进四，则士4进5，炮七平一，炮6平9，马二进三，马8进6，兵三平四，马4退6，炮五平一，前马进4，相三进五，卒3进1，兵五进一，炮2进1，兵五进一，马4退3，相五退三，卒3进1，车八平三，车2进3，前炮退二，车2平7，黑优。

至此，黑方有卒3进1和士4进5两种应法。

(甲) 卒3进1

13. ………… 卒3进1　　14. 车八平六　车2进4

如改走卒3进1吃炮，则车六进四吃马，卒3平2，车六平二，红方优势。

15. 炮五进四　士4进5　　16. 炮七平五　炮6进5

17. 仕四进五　炮6平1　　18. 相七进九　马4进5

19. 马三进二　车2进1　　20. 马二进一　车2平7

21. 马一进二　炮2进3

如改走马8进6，则车六进七，炮2进3（如马6进7，前炮平四，炮2进3，相九退七，车7进4，仕五退四，马5进7，马二退四，马7退6，炮四进二，红胜），相九退七，车7进4，仕五退四，马6进7，双方各有顾忌。

22. 相九退七　车7进4　　23. 仕五退四　马5进7

24. 车六平四　将5平4

双方各有顾忌。

(乙) 士4进5

13. ………… 士4进5

进士巩固中防，正着。

14. 车八平六 …………

如改走车八平二，则马8进6，车二进四，象3进1，炮七平六，车2进4，兵三进一，炮6进4，车二平四，卒3进1，炮五平七，马6进7，车四平二，炮6平7，相三进五，马7进6，黑方子力灵活占优。

14. ………… 车2进4　15. 炮五进四　马8进6
16. 炮五平一　炮6平9　17. 兵三平二　炮2进1
18. 炮七退一　卒3进1　19. 车六进一　炮2平7
20. 车六平三　马4进5　21. 马九进七　车2进2
22. 车三进六　车2平3　23. 炮七平三　马5进6
24. 车三平四　马6退4　25. 炮三平六　车3平9
26. 炮一平九　车9平1　27. 炮九平三　车1平7
28. 车四退六　马4退5　29. 车四进二　马5退3

双方均势。

（二）兵三平四

12. 兵三平四　炮6平8　13. 车八进一　马3进4
14. 兵四进一　士4进5　15. 炮五进四　车2进3

进车捉炮不仅使底车变成高车，又使车生根，是一步好棋。

16. 炮五退二　马4进5　17. 炮七平三　马5退7

退马是步好棋，灵活中透着机警。

18. 车八平四　车2平5　19. 炮五退二　车5平8
20. 车四进二　炮2退1

如改走炮2平5，则仕六进五，车8平4，马九退八，卒3进1，黑胜。

21. 车四退一　炮8进7

红如车四平七，则马7进6，帅五进一，车8进5杀，至此，黑方多子占优。

（三）炮七进五

12. 炮七进五　炮 6 平 3
13. 炮五进四　士 6 进 5
14. 炮五平一　马 8 进 6
15. 兵三平二　车 2 进 4
16. 马二进三　卒 1 进 1
17. 相七进五　卒 3 进 1
18. 仕六进五　炮 2 进 1
19. 马三进四　卒 3 平 2
20. 车八平六　炮 3 进 5
21. 马九退八　炮 2 进 1
22. 马八进六　车 2 平 6

黑方易走。

第 6 局　直横车对飞左象

1. 炮二平五　马 2 进 3
2. 马二进三　炮 8 平 6
3. 车一平二　马 8 进 7
4. 兵三进一　卒 3 进 1
5. 马八进九　象 7 进 5
6. 车九进一　…………

左横车计划平四捉炮再升河口，极为稳健。

6. …………　卒 1 进 1

挺边卒制马又通车路，应走之着。如改走炮 2 平 1，则兵九进一（如炮八进四，车 1 平 2，炮八平三，车 2 进 5，红无便宜），车 1 平 2，炮八平七，炮 1 进 3，车九平四，士 6 进5，车四进三，卒 1 进 1，车二进六，车 9 进 2，双方对峙。

7. 炮八平七　…………

起横车，再平七路炮，企图寻求新的变化。

7. …………　士 6 进 5

另有两种变化：①车 1 进 3，车九平八，炮 2 平 1，车八进三，车 1 平 4，仕四进五，士 6 进 5，车二进六，车 9 平 7，马三进四，炮 1 进 4，车二平三，马 7 退 9，兵三进一，车 7 平 8，兵三平四，红方易走；②车 1 平 2，车九平四，士 6 进 5，车四进三，红方先手。

8. 车九平八　炮 2 平 1 (图 6)

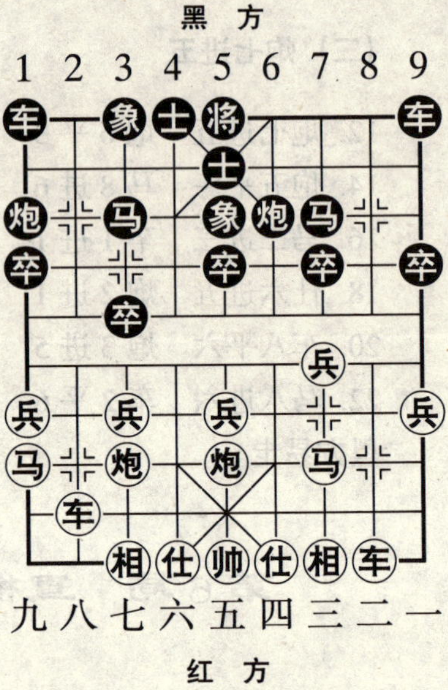

图 6

如改走车 1 平 2，则兵七进一，卒 3 进 1，炮七进五，炮 6 平 3，车八进五，炮 3 进 7，仕六进五，炮 3 退 2，马三进四，车 9 平 6，马四进五，车 6 进 3，车二进六，马 7 退 6，兵三进一，车 6 进 3，兵三进一，车6 平 5，车二退二，卒 3 进 1，马五退六，卒 3 平 4，马六进四，红优。如图形势，红有兵五进一、车八进三和车八进五三种走法。

(一) 兵五进一

9. 兵五进一　…………

中路进攻，好棋。如改走车二进六，则炮 1 进 1，红方无趣。

9. …………　车 9 平 6

黑方出肋车，阵型严谨，静观其变。

10. 车二进三　…………

红方进车兵线，准备车二平四，牵制黑炮活动。

10. ………… 炮6进5

兑炮削弱红方攻势，是步好棋。

11. 炮七平四 车6进7 12. 马三进二 车1平2

13. 车八平三 …………

如改走车八进八，则马3退2，马二进一，马7进9，车二进三，马2进3，车二平一，车6退2，黑方稍好。

13. ………… 车2进5 14. 马二进三 车2平5

15. 仕四进五 车6退7 16. 兵三进一 马3进4

17. 车二平六 马4进6 18. 车六平四 马6退7

19. 车四进六 后马退6 20. 兵三进一 车5进1

21. 兵三平四 卒5进1 22. 车三进四 …………

缓着，为黑方渡3卒创造了机会。

22. ………… 卒3进1 23. 炮五进三 卒3进1

24. 炮五平八 炮1平3 25. 相七进五 卒3进1

黑优。

（二）车八进三

9. 车八进三 炮1进4 10. 车二进六 车9平8

11. 车二进三 …………

如改走车二平三，则炮6进4，车三进一，炮6平7，车三平一，炮7进3，仕四进五，炮7平9，黑方弃子后有攻势。

11. ………… 马7退8 12. 车八平六 车1平2

13. 炮七平六 马8进6 14. 仕四进五 车2进4

15. 车六平四 马6进8 16. 炮六进四 车2退1

17. 炮六平三 卒5进1 18. 炮五进三 将5平6

19. 炮三进二 车2平7 20. 炮三平二 马8进6

21. 炮五平四 马3进4 22. 车四退二 炮6进2

23. 车四进三　车 7 进 2

黑优。

（三）车八进五

9. 车八进五　…………

红方进车卒林，正着。

9. …………　车 9 平 6

另有两种变化：①车 9 平 7，炮五进四，马 3 进 5，车八平五，车 1 平 2，车五平九，马 7 退 6，车二进五，车 2 进 5，相三进五，卒 7 进 1，兵三进一，象 5 进 7，兵七进一，象 7 退 5，马三进四，红方先手；②炮 6 进 1，车八进一（如车八退二，车 1 平 2，车八平四，炮 6 退 1，仕四进五，车 2 进 4，车二进六，炮 1 进 1，兵九进一，卒 7 进 1，兵九进一，车 2 平 1，车二退二，卒 7 进 1，车四平三，车 9 平 7，马九进八，炮 1 平 2，双方对峙），炮 6 退 1，兵五进一，车 9 平 7，仕四进五，卒 1 进 1，兵九进一，炮 1 进 5，相七进九，车 1 进 5，兵七进一，车 1 进 1，兵七进一，车 1 平 3，车八退五，车 3 退 2，炮七退二，象 3 进 1，马三进五，车 3 平 2，车八进三，马 3 进 2，车二进六，红优。

10. 仕四进五　炮 6 进 1　11. 车八退二　炮 1 进 4
12. 兵七进一　卒 1 进 1　13. 车八退一　卒 1 平 2
14. 车八进一　车 1 进 4　15. 炮五平四　车 6 平 8
16. 车二进九　马 7 退 8　17. 炮四平六　马 3 进 4
18. 相三进五　卒 9 进 1　19. 兵七进一　车 1 平 3
20. 车八平六　车 3 进 3　21. 车六进一　车 3 退 3
22. 车六平七　象 5 进 3　23. 马九进七　象 3 进 5
24. 马七进六　炮 6 进 1　25. 兵五进一　马 8 进 9

双方均势。

第7局 缓开车对左直车

1. 炮二平五 马2进3　2. 马二进三 炮8平6

3. 兵三进一

不出车先挺三路兵称缓开车，是一种后中先的下法。

3. ………… 马8进7　4. 马八进九 …………

跳边马使两翼均衡发展。

4. ………… 车9平8　5. 炮八平七（图7）…………

如图形势，黑方有象3进5和车1平2两种走法。

（一）象3进5

5. ………… 象3进5

补象加强防务。要想对攻则可走车8进4，以下车九平八，车1平2，车二平三，车8平4，车二进六，炮6平4，仕四进五，炮2进4，对攻性较强。

6. 车九平八 炮2平1

至此，红方有车一平二、兵七进一和兵九进一三种走法。

（甲）车一平二

7. 车一平二 …………

黑 方

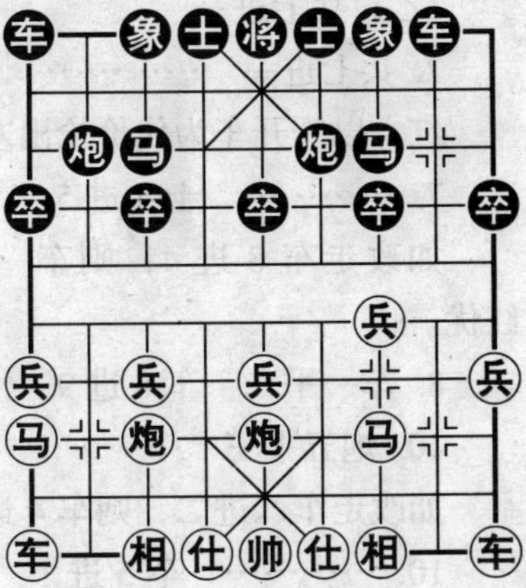

红 方

图7

兑迎门车是新战术，似笨实佳。

7. ………… 车 8 进 9　8. 马三退二　卒 7 进 1

9. 兵三进一　象 5 进 7　10. 马二进三　士 4 进 5

11. 马三进四　车 1 平 4　12. 炮五平三　…………

如改走马四进五，则马 3 进 5，炮五进四，炮 6 平 5，炮七平五，马 7 进 5，炮五进四，双方大体均势。

12. ………… 象 7 退 5　13. 马四进三　马 7 退 9

14. 车八进七　炮 1 进 4　15. 车八退四　炮 1 退 2

16. 相七进五　炮 1 平 7　17. 兵七进一　炮 6 平 7

18. 炮三平二　马 9 进 8　19. 仕四进五　车 4 平 2

20. 车八平九　车 2 进 4　21. 兵五进一　马 8 退 7

22. 车九平二　炮 7 进 4　23. 马三进五　马 7 进 5

24. 车二平三　后炮进 1　25. 车三退二

红优。

（乙）兵七进一

7. 兵七进一　…………

红方以缓开车为代价抢出左翼各子，形成两头蛇的阵式。

7. ………… 士 4 进 5

如改走车 8 进 4，则车一平二，车 8 平 4，车二进六，红优。

8. 车一平二　车 8 进 9　9. 马三退二　车 1 平 4

10. 炮五平三　…………

如改走车八进二，则车 4 进 4，黑方先手。

10. ………… 卒 5 进 1

如改走车 4 进 6，则炮三进四，车 4 平 5，仕六进五，炮 1 进 4，马二进三，车 5 平 4，相七进五，卒 5 进 1，双方各有千秋。

11. 相三进五　车4进6　　12. 马二进四　马3进5
13. 炮三进一　车4退1　　14. 炮七进四　卒5进1
15. 兵五进一　马5进6　　16. 马四进五　象5退3
黑优。

（丙）兵九进一

7. 兵九进一　炮1进3　　8. 车八进六　…………
左车过河不及走车一进一较为有力。

8. …………　士4进5　　9. 车八平七　车8进4
10. 车一平二　车8平4　　11. 仕四进五　…………
改走炮五平四，伏马三进四的先手，较为有利。

11. …………　卒7进1　　12. 马三进四　车4进1
可改走车4平6顶马，红如兵三进一，则车6进1（如车6平7，马四进五，红方先手），兵三进一，马7退9，车二进八，车6平7，黑可吃回过河兵，并不难走。

13. 马四进五　马3进5　　14. 炮五进四　炮1进1
15. 兵七进一　车4进1　　16. 兵五进一　炮6进4
17. 炮七平五　马7进5　　18. 炮五进四　卒7进1
双方各有顾忌。

（二）车1平2

5. …………　车1平2　　6. 车九平八　…………
如改走车一平二，则车8进9，马三退二，象3进5，车九平八，卒3进1，车八进六，炮2平1，炮五进四，士4进5，车八进三，马3退2，马二进三，炮1进4，炮五平四，炮1退2，兵五进一，卒7进1，兵三进一，炮1平7，炮四平三，炮6退1，兵五进一，炮6平7，马三进四，后炮进2，马四进三，红方稍优。

6. ………… 炮2进4

如改走象3进5，则车一平二，车8进9，马三退二，炮2进4，兵七进一，炮6进2，马二进三，炮2平3，炮七平六，炮3平4，车八进九，马3退2，马三进四，炮4平9，炮六进五，象5退3，炮六退一，红优。

7. 兵七进一 车8进4

巡河车，着法积极。

8. 车一平二 车8平4 9. 车二进六 …………

另有两种变化：①炮七进四，象3进5，炮七平三，士4进5，炮五平四，炮2退4，车八进六，炮6进1，车八退六，马3进2，炮四平八，车2平4，仕四进五，炮2平3，炮八平六，车4平6，相七进五，车4进6，各有顾忌；②仕六进五，象3进5，炮五平四，炮6进4，车二进七，炮6平7，相七进五，马7退5，炮七进一，卒7进1，相三进一，车4平6，兵三进一，车6平7，相一进三，炮7平3，马九进七，炮2平5，车八进九，马3退2，车二退四，炮5退2，马七进五，车7平6，炮四进二，马5进3，马五退六，车6退3，炮四平五，炮5平7，黑优。

9. ………… 炮6平4 10. 仕六进五 象3进5

11. 车二平三 炮2退3 12. 车三平四 士4进5

13. 车八进三 …………

高车兵线，新变化。如改走兵五进一，则马3退1，车八进三，卒3进1，兵五进一，车4平5，车四进二，炮4退1，车四退四，炮4平2，车八平六，车2平4，车四平六，车4进5，车六进一，后炮进1，车六进四，马1退3，车六退二，前炮进2，兵三进一，车5平7，车六平八，卒3进1，黑优。

13. ………… 卒3进1　　14. 车四退二　炮2平3
15. 车八进六　马3退2　　16. 兵九进一　炮3进2
17. 马九进八　车4退1　　18. 炮七进三　炮3平1
19. 马八退九　卒1进1　　20. 炮七退四　马2进3
21. 车四平七　马3退1　　22. 车七进一　车4进2
23. 车七平九　马1退3　　24. 相三进一

红优。

第8局　缓开车对飞左象

1. 炮二平五　马2进3　　2. 马二进三　炮8平6
3. 兵三进一　马8进7
4. 马八进九　卒3进1
5. 炮八平七　…………

此时平炮不出一路车可避免黑炮2进4封车的变化，是本局的真谛。

5. …………　象7进5
6. 车九平八　车1平2

(图8)

黑　方

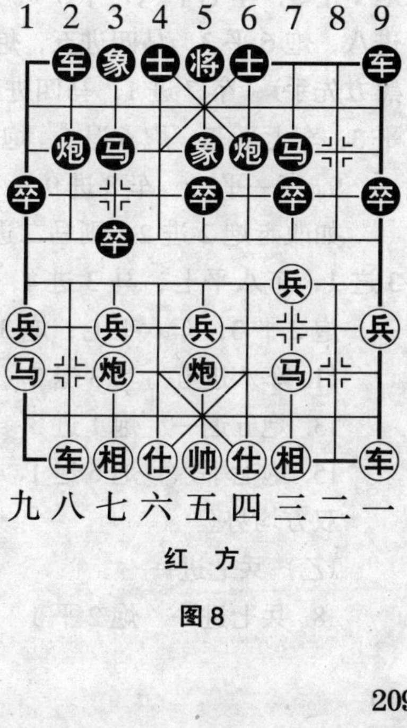

红　方

图8

如图形势，红方有车八进四和车八进六两种走法。

(一) 车八进四

7. 车八进四

升车巡河，稳扎稳打。

7. ………… 车9平8

如改走士6进5，则车一平二，炮2平1，车八进五，马3退2，炮五进四，车9平6，炮五退一，炮6进1，仕四进五，炮6平5，相三进五，车6进4，炮五退一，马2进3，双方均势。至此，红方有兵九进一、兵七进一和车一平二三种着法。

(甲) 兵九进一

8. 兵九进一 …………

挺边兵，活通马路又使车生根，还可静观其变。

8. ………… 士6进5

如改走士4进5，则车一平二，车8进9，马三退二，炮2平1，车八平六，车2进4，马二进三，卒3进1，车六平七，卒7进1，马三进四（如炮七退一，炮1退1，马三进四，炮1平3，车七平八，卒7进1，炮七进六，车2进1，马九进八，炮6平3，马四进五，炮3进7，仕六进五，马7进6，黑方先手），卒7进1，马四进五，马3进5，炮五进四，炮1平3，车七平三，炮6退1，炮五平二，红优。

9. 车一平二 车8进9 10. 马三退二 炮2平1

如改走炮2进2，则马二进三，卒7进1，兵七进一，卒3进1，车八平七，马3进4，车七平六，马4退3，兵三进一，炮2平3，车六平七，炮3进3，车七退二，红方略优。

11. 车八进五 马3退2 12. 炮五进四 马2进3

13. 炮五退一 炮1进3 14. 炮七进三 马3进5

15. 炮七平六 炮6退1 16. 相三进五 炮6平7

双方均势。

(乙) 兵七进一

8. 兵七进一 炮2平1 9. 车八进五 马3退2

10. 兵七进一　车8进4　　11. 兵七平八　…………

平兵诱使黑车8平2，然后马九进七活通左马。

11. …………　马2进3　　12. 炮七进四　…………

应走车一平二兑车，红方不难走。

12. …………　车8平2　　13. 车一进一　卒7进1

14. 兵三进一　车2平7　　15. 马三进四　马7进6

16. 马四进六　…………

如改走车一平四，则车7进1，马九进七，车7平6，车四进三，炮6进3，马七进六，炮6平3，红方失子。

16. …………　车7进5　　17. 仕六进五　车7退5

18. 马九进七　马6进4　　19. 车一平二　炮1进4

黑方较优。

(丙) 车一平二

8. 车一平二　车8进9

兑迎门车是有条件的。因左车巡河，把晚车兑掉有利于局势的发展，故使用的人越来越多。

9. 马三退二　士4进5

如改走炮2平1，则车八进五（也可车八平四，士4进5，兵九进一，车2进4，马二进三，红方易走），马3退2，炮五进四，士4进5，炮七进三，炮6进4，炮五平六，炮1进4，马二进三，炮6平7，相三进五，卒1进1，兵五进一，马2进3，炮七进一，红优。

10. 马二进三　…………

如改走兵九进一，则炮2平1，车八平四，车2进4，马二进三，马3进4，车四平六，卒3进1，车六平七，炮6退1，双方均势。

10. …………　炮2平1

如改走炮6进2，则车八平四，炮6平4，兵七进一，红优。

11. 车八进五　马3退2　　12. 炮五进四　炮1进4

炮打卒积极。如改走马2进3，则炮五平六，炮1进4，炮七进三，马3进4，兵七进一，炮6进5，兵五进一，红方多兵易走。

13. 炮五平六　马2进1　　14. 兵五进一　炮1退2

15. 相三进五　卒7进1　　16. 兵三进一　炮1平7

17. 炮六平三　卒1进1

双方均势。

（二）车八进六

7. 车八进六　车9平8

如改走士6进5，则兵九进一，车9平8，车一平二，车8进9，马三退二，炮2平1，车八进三，马3退2，炮五进四，炮1进3，炮五退一，马2进3，马二进三，马3进5，双方均势。

8. 车一平二　车8进9　　9. 马三退二　炮6进1

10. 车八退二　士6进5　　11. 炮五平三　…………

卸炮灵活机警，是关键性的一步棋。

11. …………　炮2平1　　12. 车八平四　炮6退3

13. 兵九进一　车2进4

黑方进车河口，攻守两利。

14. 相三进五　马3进4　　15. 车四平六　卒3进1

16. 兵七进一　炮1平4　　17. 车六平五　马4退6

18. 车五平六　卒7进1　　19. 炮三进三

红方多兵占优。

第9局　缓开车对右炮封车

1. 炮二平五　马2进3　　2. 马二进三　炮8平6
3. 兵三进一　马8进7　　4. 马八进九　车9进1

起横车是反宫马应中炮缓开车的流行下法。

5. 炮八平七　车1平2

黑方亮出左车是次序上改进后的走法。另有两种变化：

①车9平4，车九平八，车1平2，车八进四（如车八进六，则车4进4，相三进一，士4进5，红方无利），士4进5，车一进一，车4进6，炮七进四，车4退4，炮五平七，象3进5，相三进五，炮2平1，车一平八，车2进5，车八进三，卒7进1，兵三进一，象5进7，兵七进一，马7进6，兵七进一，象7退5，仕四进五，车4进2，车八进一，车4退5，后炮平六，车4平2，车八进四，马3退2，兵七平六，炮1进4，红有过河兵，黑马盘河占位好，相比之下红方略好些；②象3进5，车九平八，车1平2，车八进四，车9平4，仕四进五，卒3进1，车一平二，车4进5，车二进六，卒3进1，车八平七，马3进2，炮七退一，马2进1，车七平八，车4退2，车二平三，炮6进2，车八进二，红方稍好。

6. 车九平八　炮2进4（图9）

至此，形成五七炮进三兵缓开车对反宫马流行阵式。如图形势，红方有车一平二和车一进一两种走法。

(一) 车一平二

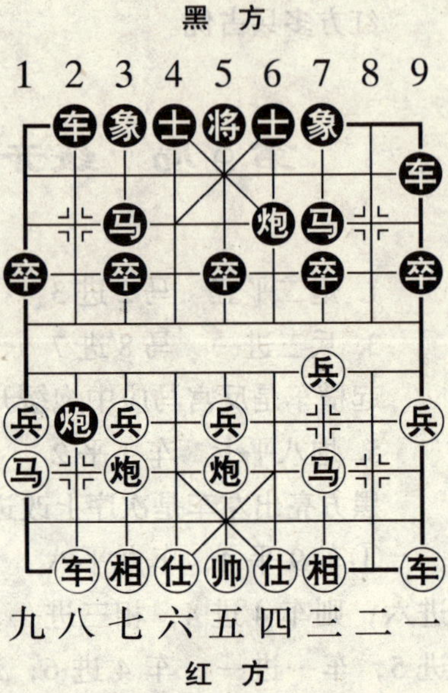

图9

7. 车一平二　车9平4

8. 车二进六　…………

如改走仕四进五，则车4进4，车二进八，炮6平4，车二平七，车2进2，炮五平四，象3进5，相三进五，卒5进1，兵七进一，马7进5，黑方局势开朗。

8. …………　车4进6

9. 炮七进四　…………

至此，黑方有炮6平4和象3进5两种应法。

(甲) 炮6平4

9. …………　炮6平4

左炮右移，调整阵形，灵活。

10. 仕四进五　车4退2　11. 车二平三　…………

如改走炮五平七，则象3进5，相七进五，炮2进2，车二进二，士6进5，前炮平六，车4退2，炮七进五，车4平3，炮七平九，车2进7，车二平四，炮4退1，车四退六，车3退1，炮九进二，车3退2，炮九退二，车2退5，炮九进一，炮4平2，黑优。

11. …………　象3进5　12. 炮五平七　马7退5

退马窝心，暗伏打死车，别出心裁。

13. 帅五平四　…………

出帅，佳着。

13. ………… 车2进4

如误走炮4进1，则车三进二，炮2退5，车八进八，车2进1，车三平四，红方得子大占优势。

14. 车三平四 …………

先守将门，正着。如改走相七进五，则炮4进1，车三进二，车2平6，帅四平五，炮2退2，兵三进一，象5进7，车三平二，炮2平1，车八进二，象7退5，前炮平八，炮1平3，马三进二，车6平7，炮七进三，车1平3，炮八进一，马5退3，炮八平九，前马进2，炮九进二，士6进5，兵九进一，炮4平2，车八平七，车3平7，兵七进一，炮2平3，车七平六，车4进2，仕五进六，马2退4，黑优。

14. ………… 马5进7　　15. 相七进五　车4退1

16. 兵七进一　炮2进1　　17. 马三进四　车4进1

18. 兵三进一　炮4进1　　19. 车四进二　象5进7

20. 兵七进一　车2平3　　21. 车八进二　车3退1

22. 马四进二

红优。

（乙）象3进5

9. ………… 象3进5

黑方补象后7路马被红车压回，黑方吃亏。

10.车二平三　马7退8　　11. 兵五进一 …………

红方急于冲兵过河，易遭反扑。若走仕四进五，车4退2，炮五平七，卸中炮联相后阵形稳固，则稳占多兵之优。

11. ………… 车4退3　　12. 马三进四　车4平2

应改走车4平3，炮五平七，车3平5，黑方反先。

13. 兵七进一　马8进9　　14. 车三进一　士4进5

15. 炮七平一　炮2平9　　16. 车八进五　车2进4

17. 兵九进一　炮 9 退 1　　18. 炮一退一　车 2 进 2
19. 兵七进一　车 2 平 5　　20. 兵七进一　车 5 退 1
21. 马四进三　马 3 退 2　　22. 马三进一　炮 6 平 9
23. 炮一进一　炮 9 进 4　　24. 兵三平二　车 5 平 8
25. 炮五平三

红优。

（二）车一进一

7. 车一进一　…………

针对黑方横车红也起横车，颇具新意。

7. …………　车 9 平 4　　8. 车八进一　车 4 进 4
9. 车八平六　车 4 平 7　　10. 炮七平八　车 2 平 1
11. 车六进七　士 4 进 5　　12. 炮五平六　车 1 进 1
13. 车六退二　象 3 进 5　　14. 相三进五　车 7 进 1
15. 兵七进一　卒 7 进 1　　16. 车六退三　炮 2 退 6
17. 炮八进一　车 7 平 8　　18. 车一平四　车 8 退 3
19. 车四进三　炮 2 平 3　　20. 仕四进五　卒 9 进 1
21. 炮六平七　炮 3 平 4

双方对峙。

第 10 局　缓开车对左横车

1. 炮二平五　马 2 进 3　　2. 马二进三　炮 8 平 6
3. 兵三进一　马 8 进 7　　4. 马八进九　车 9 进 1
5. 炮八平七　车 9 平 4　　6. 车九平八　车 1 平 2

如改走车 4 进 4，则相三进一，车 1 平 2，车八进六，士

4进5，仕四进五，炮2平1，车八进三，马3退2，车一平四，马2进3，车四进四，车4退1，兵九进一，红方先手。

7. 车八进四　…………

巡河车稳健。如改走车八进六，则车4进4，相三进一，士4进5，红方布局无利。

7. …………　士4进5　　8. 车一进一　…………

起横车策应左翼。另有两种变化：①车一平二，炮2平1，车八进五，马3退2，车二进六，车4进4，车二平三，炮6平4，仕四进五，象3进5，炮五进四，马7进5，车三平五，炮1进4，车五退二，红优；②仕四进五，炮2平1，车八进五，马3退2，炮五进四，炮6平5，红方虽得中卒，但右车晚出，双方各有利弊。

8. …………　车4进6

9. 炮七进四　车4退4

黑方肋车进退捉炮，步数上虽亏，但迫使红方不得不调整阵形，打乱了红方的部署，是值得的。

10. 炮五平七　象3进5（图10）

如图形势，红方有车一平四和相三进五两种走法。

黑　方

1 2 3 4 5 6 7 8 9

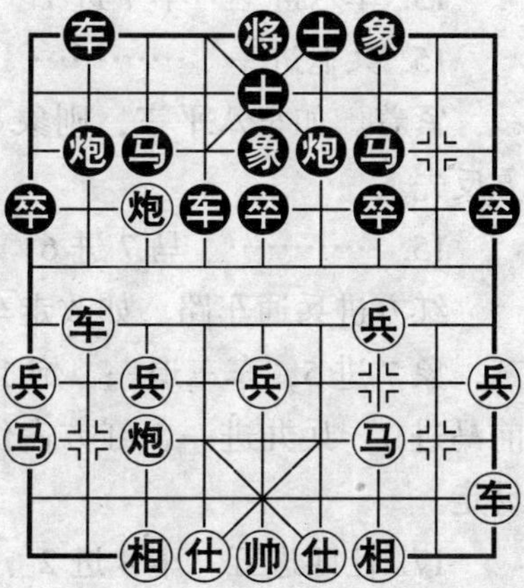

九 八 七 六 五 四 三 二 一

红　方

图10

（一）车一平四

11. 车一平四　车4进4

如改走炮2平1，则车八进五，马3退2，车四平八，马 2 进 3，相三进五，卒 7 进 1，兵三进一，象 5 进 7，车八进四，象 7 退 5，兵九进一，红方略优。

12. 马三进二　车 4 平 8　　13. 马二进三　车 8 平 7

平车捉相，着法积极。

14. 马三退四　车 7 退 2　　15. 相三进五　车 7 平 8

如改走车 7 进 4，则马四进六，红优。

16. 车四平六　马 7 进 8　　17. 马四进六　车 8 平 2

18. 马六退八　炮 2 平 1　　19. 兵九进一　炮 1 进 3

20. 后炮平八　车 2 平 1　　21. 马八进六　车 1 平 4

22. 马九进八　马 8 进 6　　23. 仕六进五

红方易走。

（二）相三进五

11. 相三进五　炮 2 平 1　　12. 车一平八　车 2 进 5

13. 车八进三　卒 7 进 1　　14. 兵三进一　象 5 进 7

15. 兵七进一　…………

紧着。如车八平三，则象 7 进 5，接着黑可马 7 进 6，黑方反先。

15. …………　马 7 进 6　　16. 兵七进一　象 7 退 5

红方进兵通车路。如改走车八进一，则马 6 进 4，车八平三，象 7 进 5，车三退一，炮 1 进 4（如马 4 退 3，兵七进一，前马进 1，兵九进一，红方占优），红方得象，黑方各子灵活易走。

17. 仕四进五　车 4 进 2　　18. 车八进一　车 4 退 5

19. 后炮平六　车 4 平 2　　20. 车八进四　马 3 退 2

21. 兵七平六　炮 1 进 4

红方有过河兵，黑方肋马占位好，良莠难分。

第11局　双直车对右炮封车

1. 炮二平五　马2进3　　2. 马二进三　炮8平6
3. 车一平二　马8进7　　4. 兵三进一　卒3进1
5. 马八进九　象7进5　　6. 炮八平七　车1平2
7. 车九平八　炮2进4　　8. 兵九进一　…………

挺边兵静观其变。

8. …………　士6进5　9. 兵五进一　车9平6（图11）

平肋车准备伸炮仕角兑炮抢先。另有两种变化：①车9平8（如车9平7，相三进一，马7退6，车二进五，炮2退2，车二退一，黑处下风），车二进九，马7退8，车八进一，红优；②卒9进1，兵七进一，卒3进1，车二进三，炮2进2，兵五进一，卒5进1，车二平五，车2进4，马三进二，马3退1，马二进三，炮6进1，车五平六，红有攻势。

如图形势，红方有仕四进五和炮五平四两种走法。

黑　方

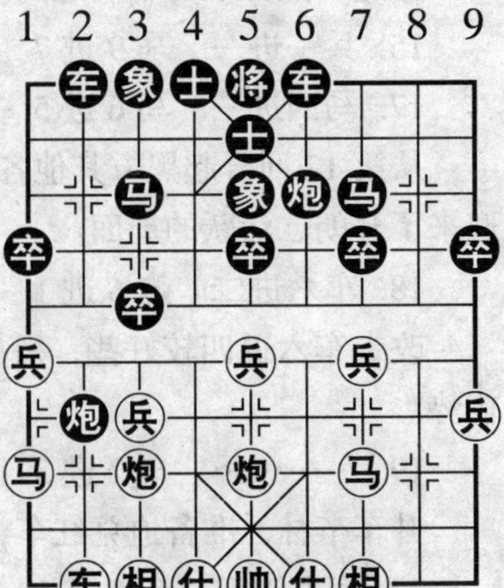

红　方

图11

(一) 仕四进五

10. 仕四进五　…………

防止黑伸炮兑炮，但效果

不理想。

10. ………… 车6平8

黑兑炮不成，索性兑车，次序井然。

11. 车二进九 马7退8 12. 车八进一 …………

目前，只好升车谋求出路。

12. ………… 马8进6

跳肋马再进8路是本局的精华。

13. 车八平六 马6进8 14. 车六进五 …………

进车卒林，正确。如改走兵五进一，则卒5进1，车六进七，炮6退1，车六退二，炮2进1，车六平七，马3退1，车七平五，车2进3，车五退一，炮2平5，相三进五，卒7进1，黑方子力灵活易走。

14. ………… 马8进9

至此，黑方取得了满意的形势。

15. 兵一进一 马9进7 16. 马三进四 马7退6

17. 马四进三 马6进5

从第12回合起黑方其他各子一步没动，连续走了六步马，迎来了开朗、活跃的局面。

18. 车六进二 炮6进1 19. 炮五平二 …………

改走车六退四较好些，黑如马5进7，则马三进一，红有攻势。

19. ………… 车2进3

升车卒林，准备迫兑红车，积极。

20. 车六退四 卒5进1 21. 炮七平五 炮2退2

22. 炮二进五 炮6退1 23. 马三退五 马5进4

24. 仕五进六 炮2平5 25. 车六平五 炮5进3

26. 相七进五 车2平8 27. 炮二平三 马3进2

黑方占优。

（二）炮五平四

10. 炮五平四　…………

红方卸中炮打车是新变化。

至此，黑方有车6平7、炮6进7和车6平8三种应法。

（甲）车6平7

10. …………　车6平7　　11. 相三进五　卒7进1

12. 兵三进一　马7退6　　13. 车二进五　象5进7

如改走炮2退2，则兵七进一，卒3进1，兵三进一，卒3平4，车八进四，卒4平5，车八平五，车7进3，马三进四，车7退1，炮四进五，车7平6，马九进七，马6进7，马四进三，炮2平3，炮七进三，象5进3，车二平七，红优。

14. 兵七进一　…………

如改走马三进四，则炮6进5，炮七平四，象7退5，黑方局面开朗。

14. …………　象7退5　　15. 兵七进一　车7进7

16. 车二退二　炮2进1　　17. 炮四进七　车7退7

18. 炮四退一　车7进7　　19. 炮七进五　车7平6

20. 炮七退一　卒9进1　　21. 兵七平六

红优。

（乙）炮6进7

10. …………　炮6进7　　11. 相三进五　炮6平4

一炮换双仕，弃子抢先。

12. 帅五平六　马3进4　　13. 马三进二　…………

另有两种变化：①车二进七，马4进5，车二平三，马5进7，车三平二（如车八进一，车2进3，帅六平五，车2平

4，黑方弃子占优），马7退9，车二退三，车2进2，车八进一，卒9进1，车八平六，红方多子占优；②帅六平五，马4进3，马九进七，卒3进1，炮七进二，车6进7，马三进二，车6退1，马七退六，车6平4，车二进一，车2进5，炮七退一，车2平5，黑方易走。

13. ………… 马4进5　　14. 马二进三　马5进3

15. 炮四平七　炮2进2　　16. 帅六平五　车2进7

17. 车二平四　车6平8

如改走车2平1，则车八进一，车1平3，马三进一，红优。

18. 炮七退一　车8进8　　19. 炮七平四

红方多子占优。

(丙) 车6平8

10. ………… 车6平8

目前形势是红右路车很活跃，黑方将这一车兑掉十分明智。

11. 车二进九　马7退8　　12. 车八进一 …………

升车是目前形势下最好的选择，能平至黑方力量较弱的左翼，便于发动攻势。

12. ………… 马8进7　　13. 车八平二　马3进4

14. 相三进五　炮2进1　　15. 车二进二　车2进6

16. 车二平六　马4退3　　17. 仕四进五

双方大体均势。

第12局　双直车对飞右象

1. 炮二平五　马2进3　　2. 马二进三　炮8平6

3. 兵三进一　马 8 进 7
4. 马八进九　卒 3 进 1
5. 炮八平七　象 3 进 5
6. 车九平八　车 1 平 2
(图 12)

如图形势，红方有车一进一和车八进四两种走法。

黑　方

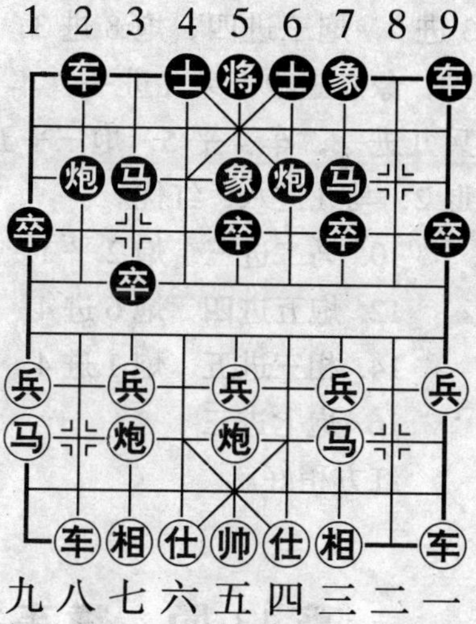

红　方

图 12

(一) 车一进一

7. 车一进一　…………

寻求变化，新颖着法。

7. …………　车 9 平 8
8. 车八进四　士 4 进 5
9. 兵九进一　车 8 进 6
10. 兵一进一　卒 7 进 1

好棋。活通左马，使全盘都活跃起来。

11. 车一进二　车 8 平 9　　12. 马三进一　马 7 进 8
13. 马一退三　卒 7 进 1　　14. 车八平三　炮 2 平 1
15. 炮七退一　车 2 进 8　　16. 兵七进一　车 2 退 4

黑车进而复退，走得十分冷静。

17. 炮五平六　马 3 进 4　　18. 相三进五　马 8 退 6
19. 车三平六　卒 3 进 1　　20. 车六平七

双方均势。

(二) 车八进四

7. 车八进四　车 9 平 8　　8. 车一平二　车 8 进 9
9. 马三退二　士 4 进 5

如改走炮6进2，则车八平四，炮6平8，炮五平三，马3进2，炮三进四，炮8进3，炮七退一，士4进5，炮七平三，象7进9，兵九进一，车2平4，前炮平九，车4进6，兵九进一，车4平5，炮三平五，马2退1，马二进三，车5退2，马九进八，红优。

10. 马二进三　炮2平1　　11. 车八进五　马3退2

12. 炮五进四　炮6进4　　13. 炮五平六　炮6平7

14. 相三进五　炮1进4　　15. 兵五进一　马2进4

16. 炮七进三

红方稍好。

第13局　横车对右炮封车（1）

1. 炮二平五　马2进3　　2. 马二进三　炮8平6

3. 兵三进一　卒3进1　　4. 马八进九　象7进5

5. 炮八平七　…………

如改走车一进一，则马8进7，车一平七，士6进5，兵七进一，卒3进1，车七进三，马3进2，炮八平六，炮6进2，双方另有攻守。

5. …………　车1平2　　6. 车九平八　炮2进4

7. 车一进一　…………

起横车是近几年采用的新战术。

7. …………　马8进7　　8. 车一平四　士6进5

如改走士4进5，则车四进三，车9平8，兵九进一，车8进4，车四平八，车2进5，马九进八，炮2平1，炮七平九，卒7进1，马八退七，卒7进1，马七进九，卒7进1，马三退五，车 8 进 1，兵九进一，马 7 进 6，马五进七，卒 7 进 1，仕六进五，炮 6 平 7，相三进一，黑方虽有一卒过河，对红方右翼也有一定的威胁，但损失一大子，红方占优。

9. 兵七进一 …………

弃七兵，计划先弃后取，争先夺势。

9. ………… 卒 3 进 1　　10. 车四进三　卒 3 进 1

11. 炮七进五　炮 6 平 3

12. 车四平七（图 13）

…………

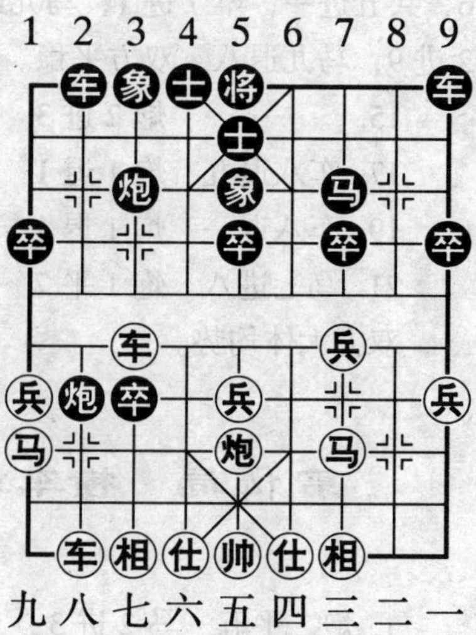

图 13

如图形势，黑方有炮 3 平 4 和炮 3 进 2 两种走法。

（一）炮 3 平 4

12. ………… 炮 3 平 4

平肋炮，正着。如改走炮 3 平 2，则车七平八，发展下去，黑有可能失子。

13. 车七退一　炮 2 退 2

14. 车八进四　车 9 平 6

15. 兵五进一 …………

如改走仕六进五，则车 6 进 4，车七进三，卒 7 进 1，相三进一，卒 7 进 1，相一进三，车 2 平 1，双方平稳。

15. ………… 车 6 进 4　　16. 马三进五　车 6 平 8

17. 兵五进一　卒 5 进 1　　18. 马五进六　卒 5 进 1

19. 马六进四　车 8 平 6　　20. 马四进六　士 5 进 4

21. 车八平五　士 4 退 5　　22. 车七进三

红优。

(二) 炮3进2

12. ………… 炮3进2　　13. 车七退一　炮2进2

14. 车七退二　炮2退2　　15. 车七平八　…………

如改走车七进二，则炮2进2，马三进四，车9平6，车七进一，炮3平5，马四进五，马7进5，炮五进三，车6进6，兵五进一，卒7进1，马九进七，炮2平3，马七进九，车2进9，马九退八，双方平稳。

15. ………… 炮2进3　　16. 车八进八　炮2平1

17. 车八退九　炮1退1　　18. 车八进一　炮1进1

19. 车八退一　炮1退1　　20. 马九退七　车9平6

21. 马七进八　炮1平7

双方大体均势。

第14局　横车对右炮封车（2）

1. 炮二平五　马2进3　　2. 马二进三　炮8平6

3. 兵三进一　卒3进1　　4. 马八进九　象7进5

5. 炮八平七　车1平2　　6. 车九平八　炮2进4

7. 车一进一　马8进7　　8. 车一平四　士6进5

9. 车四进三　车9平8

横车提到河沿是新战术，能掩护左翼子力有计划、有步骤地向前推进。

10. 兵九进一（图14）…………

如图形势，黑方有炮2退3和车8进4两种走法。

(一) 炮2退3

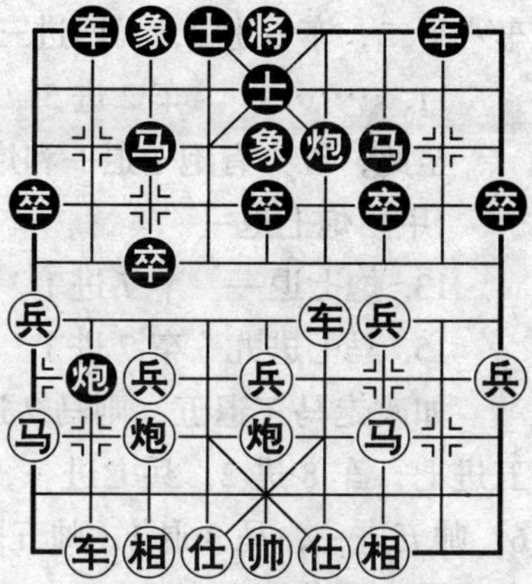

图 14

10. ………… 炮2退3

黑炮进而复退，失去一先。

11. 兵七进一 车8进4
12. 车八进三 炮2平3
13. 车八进六 马3退2
14. 马九进八 炮3退1

无奈，只好退炮。如改走炮3进2，则相七进九，炮3进1，炮五进四，马2进3，炮五退二，红优。

15. 炮七平八 卒3进1
16. 车四平七 象5进3
17. 车七平六 炮3进7
18. 仕六进五 马2进3
19. 车六平七 炮3平1
20. 炮八平七 象3进5

如改走马3进2，则炮五进四，炮6平5，炮五退一，红方大占优势。

21. 马三进四

红优。

(二) 车8进4

10. ………… 车8进4
11. 车四平八 …………

正着。如改走马九进八，则马3进4，马八进六，车8平4，炮五进四，炮6进2，炮七平五，马7进5，炮五进四，车

2进3，车四平五，卒9进1，马三进四，炮6进5，仕六进五，炮6退3，车八进二，车4平6，仕五退六，车2平4，车八平二，车6退4，马四进三，炮6平3，黑优。

11. ………… 车2进5　　12. 马九进八　炮2平1

至此，红方有炮七退一和炮七平九两种着法。

(甲) 炮七退一

13. 炮七退一　卒7进1　　14. 马八退七　卒7进1

15. 马七进九　卒7进1　　16. 马三退一　车8平4

如改走马三退五，则马7进6，兵七进一，车8进3，马五进七，车8进2，兵七进一，车8平7，兵七进一，车7平6，帅五进一，马3退1，帅五平六，卒7平6，双方对攻。黑方平肋车，着法有力。

17. 兵七进一　车4进2　　18. 兵七进一　车4平1

19. 炮五平七　马7进6　　20. 前炮进五　车1平5

21. 相三进五　炮6平3　　22. 炮七进六　马6进4

23. 车八进一　象5进3　　24. 车八平二　马4进2

红方多子，黑方多卒有攻势，各有顾忌。

(乙) 炮七平九

13. 炮七平九　卒7进1　　14. 相三进一　…………

不急于得子，飞边相求变是步好棋。如改走马八退七，则卒7进1，马七进九吃炮，卒7进1，可形成红方多子、黑方多卒占先的局面。

14. ………… 卒7进1　　15. 相一进三　卒3进1

16. 马八退七　车8平2　　17. 车八进五　马3进2

18. 兵七进一　炮1平3　　19. 马七退五

红方稍好。

第15局 横车对右炮封车（3）

1. 炮二平五 马2进3　　2. 马二进三 炮8平6

3. 兵三进一 卒3进1　　4. 马八进九 象7进5

5. 炮八平七 车1平2　　6. 车九平八 炮2进4

7. 车一进一 车9进1

以横车对横车是新变化。

8. 车一平二 马8进7　　9. 车二平四 …………

一路横车踌躇满志地打了两步顿挫，顿使黑方半边人马一时无用武之地。妙哉！

9. ………… 士6进5

10. 车四进三 …………

如改走兵七进一，则卒3进1，车四进三，卒3进1，炮七进五，炮6平3，车四平七，炮3平4，车七退一，双方平稳。

10. ………… 车9平8

11. 兵九进一（图15）

…………

如图形势，黑方有车8进3和炮2退3两种走法。

黑 方

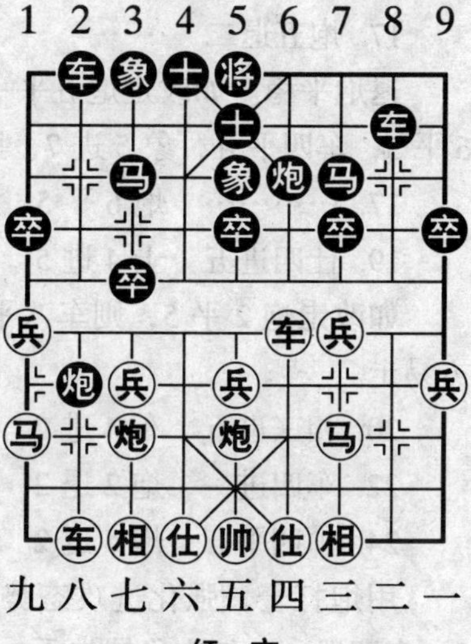

红 方

图15

(一) 车8进3

11. …… 车8进3

至此，红方有马九进八和车四平八两种着法。

（甲）马九进八

12. 马九进八　…………

跃马稳健。如改走车四平八，则车2进5，马九进八，炮2平1，马八退九，卒7进1，兵三进一，车8平7，车八进三，马7进6，车八平九，马6进4，炮七平八，马3进2，黑方优势。

12. …………　马3进4　　13. 马八进六　车8平4

14. 炮五进四　…………

如改走仕六进五，则卒7进1，车四进二，马7进8，黑易走。

14. …………　炮6进2　　15. 炮七平五　…………

如改走炮五退二，则黑有马7进5踩车的手段。

15. …………　马7进5　　16. 炮五进四　车2进3

17. 炮五退二　……

退炮平稳。如改走炮五平一，则卒7进1，兵三进一，炮6平5，车四平五，象5进7，黑方易走。

17. …………　炮6平5　　18. 车八进二　士5退6

19. 仕四进五　士4进5

如改走炮2平5，则车八平五，炮5平8，车四进一，红方易走。

20. 相三进五　车4进2　　21. 帅五平四　将5平4

22. 车四进一　炮2退2　　23. 炮五平四　炮5进1

24. 帅四平五　炮5退2　　25. 炮四进五　…………

用炮打士，强化进攻态势。亦可改走炮四进一，车4进2，车四退一，红方稳持先手。

25. …………　炮2进1　　26. 车四平五

红优。

（乙）车四平八

12. 车四平八　车2进5　　13. 马九进八　炮2平1

14. 炮七退一　…………

红方退炮准备困炮谋子，新着法。如改走炮七平九，则卒7进1，马八退七，卒7进1，马七进九，卒7进1，马三退五，车8进1，红方得子失先不可取。

14. …………　卒7进1　　15. 马八退七　卒7进1

16. 马七进九　卒7进1　　17. 马三退五　车8平4

18. 炮五平一　…………

如改走马五进七，则车4进4，炮七平九，马7进6，仕四进五，马6进4，炮五平四，马4进3，马九退七，车4平3，相七进五，卒7进1，车八平七，车3进1，相五退七，卒7平6，仕五进四，炮6平9，黑优。

18. …………　车4进4　　19. 炮一退一　炮6进6

20. 兵七进一

红方多子占优。

（二）炮2退3

11. …………　炮2退3

退炮扼守兵线，严阵以待。

12. 兵七进一　车8进3　　13. 车八进三　炮2平3

如改走马3进4，则车四平六，卒3进1，车六平七，卒7进1，马三进四，卒7进1，马四进六，车8平4，车七平三，马7进6，炮五进四，车4进3，车八平七，车4退4，炮五退一，将5平6，炮七平八，车2平1，兵五进一，车4平8，炮八进三，红方大占优势。

14. 车八进六　马 3 退 2　　15. 马九进八　炮 3 退 1

如改走炮 3 进 2，则相七进九，炮 3 进 1，炮五进四，红优。

16. 马八进九　卒 3 进 1　　17. 马九进七　炮 6 平 3

19. 炮七进五　马 2 进 3　　19. 车四平七　马 3 进 4

黑方可以抗衡。

第 16 局　炮后藏车对右炮封车

1. 炮二平五　马 2 进 3　　2. 马二进三　炮 8 平 6

3. 兵三进一　卒 3 进 1　　4. 马八进九　象 7 进 5

5. 炮八平七　车 1 平 2

6. 车九平八　炮 2 进 4

7. 车一进一　马 8 进 7

8. 车一平七（图 16）

…………

红方炮后藏车，新颖之着。

如图形势，黑方有车 9 平 8 和士 6 进 5 两种走法。

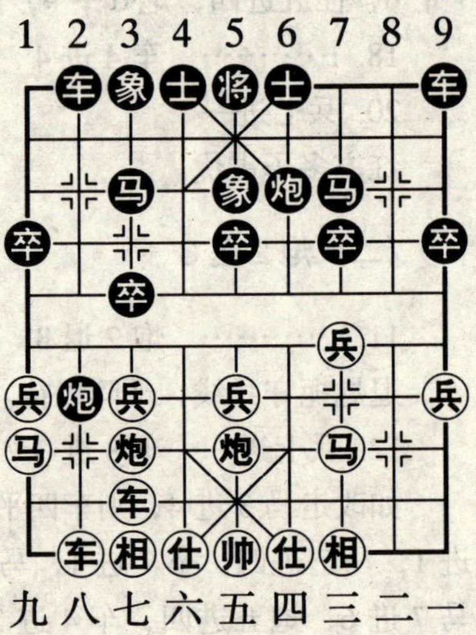

图 16

（一）车 9 平 8

8. …………　车 9 平 8

如改走炮 6 进 4，则兵七进一，炮 2 平 3，车八进九，马3 退 2，车七平八，马

2进1，马九进七，炮6平3，兵七进一，炮3进3，仕六进五，炮3退5，兵五进一，红优。

9. 兵七进一　炮2平3

平炮兑车，正着。如改走卒3进1，则炮七进五，炮6平3，车七进三，红优。

10. 车八进九　炮3进2　　　11. 车八退九　炮3退3

12. 炮五平六　车8进4　　　13. 相三进五　卒7进1

兑卒弃炮，运用弃子抢先战术，积极有力。如改走炮3平4，则车八进七，马3退5，车八进一，红优。

14. 相五进七　卒7进1　　　15. 相七退五　卒7进1

16. 马三退一　马3进4

正着。如改走车8进4，则车八进七，马3进4，炮七进七，士4进5，车八进二，红优。

17. 炮七退一　车8进1　　　18. 车八进八　马4进5

19. 炮六进六　马5进3　　　20. 车八退六　…………

如改走马九退八，则车8平2，形成红方多子但黑方多卒且有攻势的各有顾忌的局面。

20. …………　车8平4　　　21. 炮六平三　马3退2

22. 车八进一

至此，形成红方多子、黑方多卒的复杂局面。

（二）士6进5

8. …………　士6进5

补士巩防，是新变化。

9. 兵七进一　卒3进1

如改走炮2平3，则车八进九，炮3进2，车八退九，炮3退3，双方另有攻守。

10. 炮七进五　炮 6 平 3　　11. 车七进三　炮 3 平 4

至此，红方有马三进四和车七退一两种着法。

（甲）马三进四

12. 马三进四　车 9 平 6

改走车 9 平 8 较好。

13. 炮五平四　车 6 平 8　　14. 车七退一　…………

退车捉炮，次序井然。如先走相七进五，则车 8 进 6，车七退一，炮 2 平 5，车七平五，车 8 平 5，车八进九，车 5 平 6，黑方反先。

14. …………　炮 2 进 2　　15. 相七进五　车 8 进 4

16. 车七进三　车 8 平 5

走卒 7 进 1 兑卒活通马路较好。

17. 马四进三　车 5 平 2

如改走车 5 进 2 吃中兵，则车七退三，车 5 退 1，仕六进五，卒 1 进 1，车七平三，红方先手。

18. 马九进七　前车平 6　　19. 仕六进五　炮 2 平 3

20. 车七平八　车 2 进 3　　21. 车八进六　炮 3 平 1

22. 车八退一　车 6 进 2　　23. 马七进六　炮 1 进 1

24. 兵三进一

红优。

（乙）车七退一

12. 车七退一　炮 2 进 2　　13. 车七退二　炮 2 退 1

14. 车七平八　炮 2 进 2　　15. 车八进八　炮 2 平 1

16. 马九进七　车 9 平 6　　17. 炮五平七　车 6 进 6

18. 仕四进五　卒 7 进 1　　19. 兵三进一　车 6 平 7

20. 相三进五　车 7 退 2

双方大体均势。

第 17 局　双直车对左横车

1. 炮二平五　马 2 进 3　　2. 马二进三　炮 8 平 6
3. 车一平二　马 8 进 7　　4. 兵三进一　卒 3 进 1
5. 马八进九　象 3 进 5　　6. 炮八平七　…………

针对黑方飞右象，近年来红方炮八平六为流行着法。平七路炮嫌缓。

6. …………　车 9 进 1　　7. 车九平八　车 1 平 2
8. 车八进四　…………

如改走兵七进一，则卒 3 进 1，兵三进一，卒 7 进 1，车二进四，卒 3 平 2，车八进四，车 9 平 4，车二平七，马 3 进4，车八退一，士 4 进 5，兵五进一，车 4 进 2，车七平六，马7 进 6，车六退一，马 4 进 2，车六进三，炮 2 进 4，兵五进一，卒 5 进1，炮七平八，卒 5 进 1，车六平四，马 6 进 4，仕四进五，炮 6 平 7，黑优。

8. …………　车 9 平 4
9. 仕四进五　士 4 进 5
(图 17)

如图形势，红方有车二进六和兵九进一两种走法。

黑　方

1 2 3 4 5 6 7 8 9

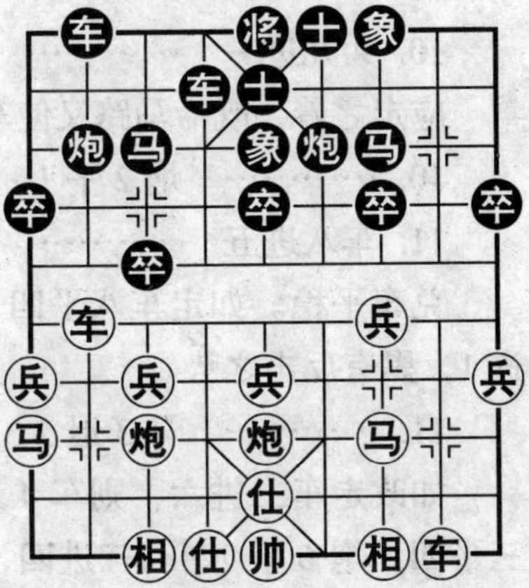

九 八 七 六 五 四 三 二 一

红　方

图 17

（一）车二进六

10. 车二进六　…………

红车过河计划吃卒压马争先。如改走车二进八，则卒 3 进 1，兵七进一，车 4 进 4，炮五平六，炮 2 平 1，车八进五，马 3 退 2，相三进五，炮 6 进 4，双方均势。

10. …………　炮 2 进 1

黑方升炮保卒必走，否则让红车平三之后易处被动。

11. 车二进二　炮 2 退 2

退炮暗保 7 路马，并有进车闪击的手段。

12. 车二退二　炮 2 进 2　　13. 车二进二　炮 2 退 2

14. 车二退二　炮 2 进 2

双方不变作和。

（二）兵九进一

10. 兵九进一　…………

应走之着，既活马路又使车生根。

10. …………　炮 2 平 1

11. 车八进五　…………

兑车平稳。如走车八平四，则车 4 进 7，炮五平六，卒 1 进 1，黑有反击之势。

11. …………　马 3 退 2　　12. 炮五进四　…………

如改走车二进六，则车 4 进 4，车二平三，炮 6 退 1，车三平四，炮 6 平 7，马三进四，马 2 进 3，马四进五，马 7 进 5，炮五进四，马 3 进 5，车四平五，炮 7 进 8，车五平九，炮 1 平 4，炮七平八，炮 7 平 9，相七进五，炮 4 进 2，兵三进一，车4平8，仕五进六，车8进4，帅五进一，车8平4，黑优。

12. ………… 炮6进7

如改走炮6进5，则炮五退二，炮6平1，相七进九，马2进3，车二进五，红方先手。

13. 帅五平四 马7进5 14. 车二进六 车4进4

黑车占位极好，足可补偿一卒，双方大体均势。

第八章
五八炮对反宫马

第1局　红正马对飞右象

1. 炮二平五　马2进3　　　2. 马二进三　炮8平6
3. 车一平二　马8进7　　　4. 兵七进一　卒7进1
5. 炮八进四　士4进5

另有两种变化：①炮6平5，马八进七，车1进1，马七进六，车1平6，仕四进五，士6进5，车二进六，车6进4，马六进五，马3进5，炮八平五，炮2进5，马三退一，车9平8，车二进三，马7退8，车九平八，炮2平3，车八进五，象7进9，各有千秋；②象3进5，马八进七，士4进5，马七进六，车1平4，炮八退二，炮2进2，仕六进五，卒9进1，炮五平七，卒9进1，兵一进一，车9进5，相七进五，车9退1，车二进四，车9平8，车二平一，炮2平4，黑方先手。

6. 马八进七　象3进5（图1）

如图形势，红方有炮八平五和马七进六两种走法。

（一）炮八平五

7. 炮八平五　…………

红方炮击中卒，意图弃子抢攻。

7. ………… 炮6进5

接受弃子，是流行下法。

如改走马3进5，则炮五进四，车1平3（如卒3进1，兵七进一，车1平3，车九平八，车3进4，马三退五，红较有利），兵五进一，卒3进1，兵七进一，车3进4，马七进五，炮6进1，车九平八，马7进5，车八进七，马5进6，车二进四，马6进7，马五退三，车3进2，兵五进一，炮6平3，相七进五，红方略占优势。

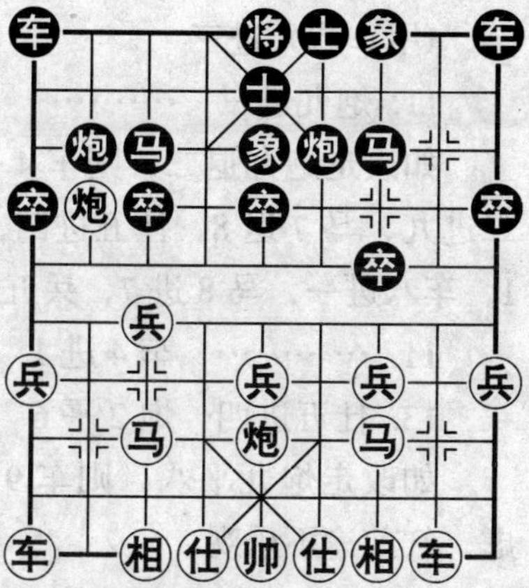

图1

8. 马七进六 车1平4　　9. 车九平八 车4进5

10. 前炮平九 炮2进5

进炮组成担子炮封车是比较稳健的。如改走炮2退2，则车二进七（如炮九进三，士5退4，车八进七，炮6退5，车二进六，车9进1，车二平四，车9平4，仕四进五，士6进5，炮九退二，后车进2，车四平六，车4退2，炮九平七，炮6平3，车八进二，炮3进3，炮五平八，马7进6，双方平稳），车9进2，车二平一，象7进9，仕四进五，炮2平1，炮五进五，士5退4，车八进七，炮6退5，炮九退二，车4平3，相三进五，车3平4，炮九平七，象9退7，炮七进三，炮6平3，车八平七，象7进5，车七平五，马7退5，黑方较好。

至此，红方有炮九进三和炮九进一两种着法。

(甲) 炮九进三

11. 炮九进三　…………

如改走炮九退二，则车4平3，仕四进五，车9平8，车二进九，马7退8，仕五进四，车3平2，兵五进一，马3进1，车八进一，马8进7，兵五进一，马7进8，黑方满意。

11. …………　车4进1　　12. 仕四进五　车4平1

13. 仕五进四　炮2平6　　14. 车八进九　…………

如改走炮九平八，则车9平8兑车后，从发展角度来考虑，红前途不乐观。

14. …………　士5退4　　15. 车八平七　…………

如改走车八退二，则车1退6，车八平七，车9进1，黑方可以满意。

15. …………　马3进5　　16. 车七平八　马5退3

17. 车八平七　马3进5　　18. 车七平八　马5退3

19. 车八平七

双方不变作和。

(乙) 炮九进一

11. 炮九进一　…………

威胁中象是个新变化。

11. …………　车9平8

如改走车4进1，则仕四进五，炮2退1，仕五进四，车9平8，车二进九，马7退8，仕四退五，卒3进1，兵七进一，象5进3，炮九进二，马3进4，炮五平四，象7进5，炮四进一，炮2平5，马三进五，车4平5，车八进九，士5退4，兵九进一，红优。

12. 车二进九　马 7 退 8　　13. 仕四进五　车 4 平 3

如改走车 4 进 1，则仕五进四，车 4 平 2，相三进一，马 8 进 7，兵三进一，卒 7 进 1，相一进三，红方稍好。

14. 炮五进五　象 7 进 5　　15. 车八进二　炮 6 退 6

16. 炮九平五　士 5 退 4　　17. 炮五退三　马 3 进 1

跳边马是应走的一步棋，否则车八进五后黑有困难。

18. 车八进五　马 1 进 3　　19. 车八平五　士 4 进 5

20. 车五平二　马 3 进 5　　21. 兵五进一　车 3 进 4

22. 马三退四　车 3 退 4　　23. 车二进二　炮 6 进 5

双方各有顾忌。

（二）马七进六

7. 马七进六　…………

河口马的威力很大，控制的范围很广，虎视黑方 3、5 路卒，并可掩护其他各子协调地向前推进。

至此，黑方有卒 3 进 1 和车 1 平 4 两种应法。

（甲）卒 3 进 1

7. …………　卒 3 进 1

拆掉过河炮的炮架，打乱红方的战略部署，匠心独具。

8. 兵七进一　车 1 平 4

弃卒捉马是战术组合，很有章法。

9. 车二进四　…………

如改走马六进七，则马 7 进 6，车九进一，马 6 进 4，车九平七，马 4 进 2，车七进一，马 2 退 3，黑方反先。

9. …………　车 9 平 8　　10. 车二平四　…………

可改走车二进五，以下马 7 退 8，马六进四，象 5 进 3，炮八平一，红方易走。

10. ………… 象5进3　　11. 炮五平六　马3进4

强行跃马反击，佳着。

12. 炮六进三　车4进4　　13. 炮八退四　炮6平4

平炮打马紧凑。

14. 马六退七　…………

如改走炮八平六，则炮2进3，炮六进三，炮2平6，马六退八，象7进5，黑优。

14. ………… 车4进4　　15. 炮八平九　炮2平3

16. 车四平六　车4退3　　17. 马七进六　车8进5

18. 马六进八　炮3平2　　19. 马八退七　车8平2

黑优。

（乙）车1平4

7. ………… 车1平4　　8. 马六进五　马7进6

如改走马3进5，则炮八平五，车9进2，车九平八，马7进6，兵五进一，车9平7，兵五进一，马6进7，仕六进五，红方稍优。

9. 兵五进一　…………

如改走马五进七，则炮6平3，车二进六，炮3进3，车二平七，炮3退1，车七进一，马6进4，仕四进五，车4进2，车七平六，士5进4，黑方易走。

9. ………… 车4进6　　10. 兵五进一　…………

如改走马五进七，则炮6平3，车二进六，马6进4，车二平六，炮3进3，兵五进一，炮3进1，仕六进五，车9平8，车九进二，炮3平7，马三进五，马4进6，黑优。

10. ………… 马6进7　　11. 马五进七　…………

如改走车二进六，则马3退4，黑方有车4平2和炮6进

3等手段，足可抗衡。

11. ………… 炮6平3　12. 车二进六　炮3进3

13. 车二平七　炮3平5

黑方反先。

第2局　炮打中卒

1. 炮二平五　马2进3　2. 马二进三　炮8平6

3. 车一平二　马8进7　4. 兵七进一　卒7进1

5. 炮八进四　士4进5　6. 炮八平五　…………

炮取中卒比前一局进七路马后再打卒弃子抢攻变化简明、实惠，是早期的流行走法。

6. ………… 马3进5

7. 炮五进四（图2）

…………

如图形势，黑方有炮6平5和象3进5两种走法。

黑　方

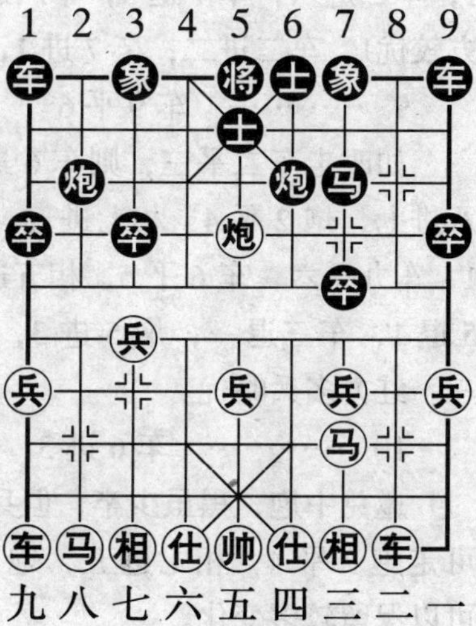

红　方

图2

（一）炮6平5

7. ………… 炮6平5

还架中炮，积极。

8. 炮五退一　车9进1

如改走车1平2，则马八进七，炮2平4，仕六进五，车2进4（如改走车9平8，则车二进九后使局面简化，趋向平稳)，兵五进一，将5平4，车二进四，车9平8，车二平四，车8进3，相七进五，车8平5，炮五进二，象7进5，车九平六，马7进6，双方对峙。

9. 车二进六　…………

另有两种变化：①马八进七，车9平6，车九平八，车6进3，车八进五（如改走车八进七，车6平5，相七进五，红方无便宜)，卒3进1，车八平七，车6进3，相三进五，马7进5，车七平八，车6平7，车二进六（如改走炮五进二，象3进5，车八进二，车1平4，黑方稍好)，炮5进2，车二平五，炮5进3，相七进五，车7平5，黑方易走；②马八进九，车9平6，车九平八，车6进3，炮五退一，炮2平4，相七进五，车6进2，仕六进五，车6平7，车八平六，车1进2（如改走卒7进1，车六进七，卒7平6，炮五进一，车7进1，车二进六，车7退3，车六退二，炮5进1，车二平四，红方较优)，车二进二，卒7进1，黑方易走。

9. …………　车9平6　　10. 车二平七　…………

如改走车二平三，则车6进3，炮五退一，车1平2，马八进七，炮2平4，相七进五，卒3进1，仕六进五，卒3进1，车九平六，车6平5，相五进七，车2进7，车六进二，车5退1，车三退一，炮5进3，车三进二，象3进5，车三退三，红方多兵略优。

10. …………　车6进3　　11. 炮五退一　车6平5

邀兑中炮，黑虽少卒，但兵种齐全，也可以满意。此外还可走炮2平4，相七进五，炮5进1，马八进七，象3进5，可以保留较多变化。

12. 炮五进三　象3进5　　13. 马八进七　炮2进4

双方均势。

(二）象3进5

7. ………… 象3进5

至此，红方有兵五进一和马八进七两种着法。

(甲）兵五进一

8. 兵五进一 车1平3

如改走车1平4，则马八进七，车4进4，车九平八，卒9进1，车二进六，马7进6，炮五平九，卒7进1，车二平七，红优。

9. 车九进二 炮6进4 10. 车九平八 马7进5

如改走炮2进7打马，则炮五退一，炮2平1，车八退二，红方得回一子，占优。

11. 兵五进一 马5退7 12. 车八进五 卒3进1

13. 车二进六 卒3进1 14. 车二平三

红优。

(乙）马八进七

8. 马八进七 卒3进1

如改走车1平4，则兵五进一，红方略优。

9. 兵七进一 车1平3 10. 炮五退二 车3进4

11. 车九进二 卒9进1 12. 车二进六 车9进3

13. 车二平一 马7进9 14. 车九平八 马9退7

15. 马三退五 马7进6 16. 马五进六 车3平4

17. 马七进八 车4进1 18. 车八平七 炮2平4

19. 相七进九 马6退4 20. 车七进七 炮4退2

双方对峙。

第3局　急进过河车

1. 炮二平五　马2进3　　2. 马二进三　炮8平6

3. 车一平二　马8进7　　4. 兵七进一　卒7进1

5. 车二进六　士4进5　　6. 车二平三　车9进2

7. 炮八进四　炮6退1

这局五八炮与前面几局相比有个鲜明的特点，它的形成晚了两个回合，它是配合过河车和中炮攻击中路和卒林一线，变化更复杂。

退炮准备逐车争先。如改走象3进5，则兵五进一（如马八进七，车1平4，仕六进五，炮6退1，兵五进一，炮6平7，车三平四，马7进8，车四平二，马8进7，车二平三，炮2退1，炮八平五，马3进5，炮五进四，马7退5，相七进五，车9平6，黑方子力灵活易走），车1平4，兵五进一，卒5进1，马三进五，红方先手。

8. 兵五进一　…………

左翼车马不动，先冲中兵抢攻，是这局棋特殊的风格。如改走马八进七，则象3进5，兵五进一，炮6平7，车三平二，马7进6，兵五进一，卒5进1，车二平七，卒5进1，车七进一，炮7进1，车七退一，卒7进1，车七平四，马6进8，马三退一，炮7进4，形成红方得子、黑方双卒过河且各子活跃的局面，双方各有顾忌。

8. …………　炮6平7（图3）

如图形势，红方有车三平二和车三平四两种走法。

（一）车三平二

9. 车三平二　卒 7 进 1

红车过河后右边只有一马守护是个明显的薄弱环节，无论反宫马还是屏风马常常选择这个突破口进行反击。

10. 兵三进一　马 7 进 6

11. 兵三进一　…………

如改走车二平三，则车 9 平 7，红无便宜。

11. …………　马 6 进 4

12. 马三进二　…………

至此，黑方有炮 7 进 8 和卒 3 进 1 两种走法。

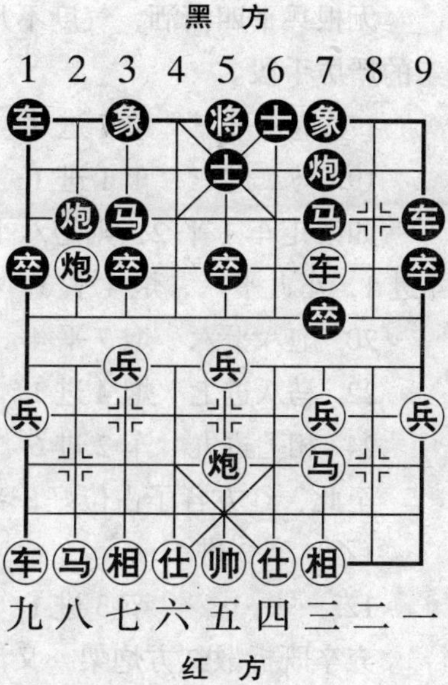

图 3

（甲）炮 7 进 8

12. …………　炮 7 进 8

轰底相孤军作战，难成气候。

13. 仕四进五　炮 7 退 4

蹩马脚是必走的一步棋。如改走车 9 平 8，则兵三进一，红方先手。又如走象 3 进 5，则马二进四，马 4 进 5（若车 1 平 4，炮五平六，红方得子），相七进五，红优。

14. 炮八退二　…………

退炮赶马是当务之急，这只马限制了处于原始位置的左翼车马的出动。

14. …………　车 9 平 4　　15. 炮五平六　车 4 平 6

17. 兵三平四　车 6 平 8

无根兵平四潇洒，气度不凡，逼黑方兑车，否则有车二平三的严厉手段。

17. 炮六平三　象 7 进 9　　18. 车二进一　炮 2 平 8

19. 马二进三　车 1 进 1

如改走车 1 平 2，则炮八平六，炮 7 平 4，马八进七，炮 4 进 1，车九平八，炮 4 平 3，相七进五，红优。

20. 炮八平六　炮 7 平 4　　21. 车九进二　车 1 平 2

22. 马八进七　炮 4 进 1　　23. 车九平八　炮 4 平 3

24. 相七进九　车 2 进 6　　25. 炮三平八

至此，红方各子占位好，又有过河兵，明显占优。

（乙）卒 3 进 1

12. …………　卒 3 进 1

弃卒既拆散红方炮架，又活自己马路，十分老练。

13. 马二进四　…………

正着。如改走兵七进一，则马 4 进 2，马八进九，炮 7 进 8，仕四进五，马 2 退 3，黑优。

13. …………　卒 3 进 1　　14. 车二平三　炮 2 退 1

15. 马八进九　…………

如改走马四退六，则卒 3 平 4，马八进七，卒 4 平 5，黑方易走。

15. …………　车 9 平 8

也可走车 9 平 4，将左车右移。

16. 马四进六　象 3 进 5　　17. 兵三平四　…………

如改走马六退七，则马 3 进 2，黑方易走。

17. …………　车 8 进 7　　18. 炮五平六　马 3 进 2

好棋，化解红马的威胁。如误走炮 7 进 8 打相，则车三退六，车 8 平 7，马六进七，红胜。

19. 相七进五　马 4 进 5

破相拓宽了进攻门路。改走马 2 退 4，炮六进四，车 1 平 3，也是黑优。

20. 相三进五　马 2 退 4　　21. 车三平五　马 4 进 2

22. 车五平三　车 1 平 4

改走车 1 平 3 更为有力。

23. 仕六进五　卒 3 进 1　　24. 车九平七　车 4 进 6

至此，双方均有兵卒过河，但红方残相，黑各子占位较好，黑方易走。

（二）车三平四

9. 车三平四　马 7 进 8

跃马反击正着。如改走象 3 进 5，则兵五进一，卒 5 进 1，马三进五，红方先手。

10. 炮八平五　…………

正着，能取得多兵的优势。

10. …………　马 3 进 5　　11. 炮五进四　车 9 平 5

车平中路牵制红方车炮，构思精巧。如改走炮 2 平 5 或象 3 进 5，则马三进五后红方好走。

12. 车四平二　卒 7 进 1　　13. 兵五进一　…………

如改走炮五平三，则象 7 进 9，车二退一，车 5 进 3，相七进五，卒 7 进 1，马三退一，炮 2 平 5，黑方弃子抢攻。

13. …………　马 8 进 6　　14. 马三进五　炮 2 进 1

这步进炮并非偶然，是平中车战术组合的组成部分。

15. 炮五平八 …………

贪吃一子陷入被动。可改走马八进七，以下炮 2 平 5，兵五进一，车 5 进 1，车二平三，马 6 退 5，马五进三，均势。

15. ………… 车1平2　　16. 车二平七　卒7进1

17. 相三进五　车5进2　　18. 马五进三　…………

如改走马八进七，则卒7平6，黑优。

18. ………… 车5平7　　19. 车九进一　炮7进1

20. 仕六进五　炮7平8　　21. 车九平八　…………

无奈。如改走车七平二，则炮8平5，也是黑优。

21. ………… 车7进1

黑优。

第4局　未动马先进八路炮

1. 炮二平五　马2进3

2. 马二进三　炮8平6

3. 车一平二　马8进7

4. 兵三进一　卒3进1

5. 炮八进四　…………

此着习惯的走法是先走马八进九再炮八进四过河，现在左翼车马缓出，八路炮提前出动，给人一种变化莫测之感。

5. ………… 象7进5

(图4)

飞左象正确。如飞右象，炮八平三打卒后易处被动局面。

黑　方

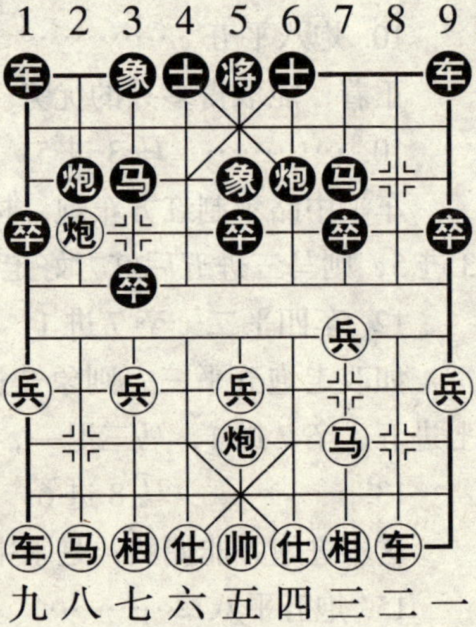

红　方

图4

如图形势，红方有马八进九、马八进七、车二进六、炮八平三、兵五进一和炮八平七六种走法。

（一）马八进九

6. 马八进九　卒1进1

如改走士6进5，红方有两种变化：①炮八平七，车1平2，车九平八，炮2进2，兵九进一，车2进3，车二进六，车9平8，车二平三，炮6进4，马三进四，炮6平7，车三平四，车8进4，双方对峙；②炮八平三，车1平2，车九平八，炮2进4，兵九进一，车9平8，车二进九，马7退8，兵五进一，炮6平7，炮五进一，炮2进2（如炮2平5，车八进九，马3退2，马三进五，马8进6，炮三平九，红方弃相多兵占优），相七进五，马8进6，马三进二，马3进4，炮五平三，马4退6，仕六进五，马6进5，后炮退二，马6进7，马二进三，炮2退2，双方大体均势。

7. 炮八平三　…………

如改走炮八平七，则士6进5，车九平八，车1进3，车八进七，车1平3，车二进六，卒3进1，车二平三，车9平7，炮五平七，车3进1，相三进五，马3进2，车八退一，车3平4，兵七进一，炮6进4，黑方易走。

7. …………　卒1进1

如改走车1平2，则车五平八，炮2进4，车八进一，红左车可顺利开出。

8. 车九平八　炮2平1　　9. 马九退七　炮1进4
10. 车二进五　车9平8　　11. 车二进四　马7退8
12. 兵五进一　马8进9　　13. 炮三平四　马9退7
14. 炮四平三　马7进6　　15. 炮五进四　士6进5

16. 车八进六　马6进5　17. 仕四进五　炮6进1
18. 炮五退一　车1进3　19. 车八平九　炮1退3
20. 炮三平九　马3进1
局势平稳。

（二）马八进七

6. 马八进七　炮6进5

进炮打马扰乱红方阵形。另有两种变化：①卒1进1，炮八平三，炮6进5，车九平八，车1平2，炮五退一，士6进5，车八进四，炮6退3，兵三进一，象5进7，马三进二，炮6平5，车八进二，炮5进4，仕四进五，车9平6，车八平七，车6进2，马二进一，马7进9，车二进九，士5退6，炮三进三，将5进1，车二退三，红方易走；②士6进5，炮八平七（如炮八平三，车1平2，车九平八，炮2进4，黑方满意），车1平2，马三进四，卒7进1，兵三进一，象5进7，车九平八，马7进6，马四进六，象3进5，马六进七，炮6平3，车八进四，红优。

7. 炮五退一　…………

如改走车九进二，则马3进4，炮八平七，车1进1，仕四进五，炮6平3，车九平七，车1平3，炮七平三，卒3进1，车七平六，马4进3，黑方满意。

7. …………　马3进4

另有两种变化：①士6进5，炮八平七，车1平2，兵七进一，卒3进1，炮五平七，炮2平1，后炮进三，红方先手；②马3进2，马三进四，车1进1，马四进五，炮6平5，相七进五，马7进5，兵七进一，卒3进1，相五进七，马5进6，炮八平五，士6进5，炮五退二，车9平6，各有千秋。

8. 炮八平三　车1平2

正着。如改走炮2平3，则车二进五，马4进3，车九平八，士6进5，马三进四，马3进5，相三进五，炮6平3，兵三进一，车1进1，马四进六，车9平6，兵三平四，车1平4，马六进四，红有攻势。

9. 车九平八　炮2进6　　10. 炮五平四　车2进7

黑方进车捉马正着。如改走士6进5，则仕四进五，黑方失子。

11. 车二进三　马4进3　　12. 炮三平九　士6进5
13. 马三进四　车2平3　　14. 炮九平七　炮2平4
15. 车八进一　炮6进2　　16. 帅五平四　炮4退2
17. 车二进四　车3平6　　18. 炮七退三　车6退2
19. 车二平三　车9平8

黑方弃子有攻势。

（三）车二进六

6. 车二进六　卒1进1

进边卒准备进车捉炮，正着。另外也可走士6进5，若以下马八进七，炮6进5，炮五退一，马3进4，炮八平七，炮2平3，车九平八，车9平6，黑方各子灵活易走。

7. 马三进四　…………

如改走马八进七，则车9平8，车二进三（如车二平三，炮6进4，车三平四，炮6平7，相三进一，马3进4，车四退三，炮7平8，黑方易走），马7退8，炮八平三，马8进9，车九平八，马9进7，车八进七，马7进5，车八退三，炮6平7，马三退一，车1进1，黑方易走。

7. ………… 士6进5　　8. 马八进七　炮6进7

9. 炮八平七　…………

如改走帅五平四，则车9平6，黑优。

9. ………… 车1进3　　10. 炮七平三　炮2进1

11. 车九平八　车9平6　　12. 车八进四　…………

如改走车八进六，则车1平2，炮三平八，车6进5，车二平三，炮6退2，马七退五，马7退6，黑方易走。

12. ………… 炮6退2　　13. 马七退五　卒3进1

14. 车八平七　马3进2　　15. 马五进三　炮2平7

16. 车二平三　马2进1　　17. 车七平六

红优。

（四）炮八平三

6. 炮八平三　车1平2　　7. 马八进九　…………

如改走马八进七，以后有两种变化：①士6进5，车九平八，炮2进4，兵五进一，卒9进1，仕六进五，车9进3，兵三进一，象5进7，马三进四，红方易走；②炮6进5，车九进二，马3进4，车九平八，士6进5（如卒3进1，兵七进一，炮6平3，兵七进一，马4退6，车八平七，马6进7，仕四进五，车9进1，兵七进一，红优），仕四进五，炮6平3，车八平七，炮2平3，黑方满意。

7. ………… 士6进5　　8. 车九平八　炮2进5

9. 兵九进一　卒9进1　　10. 车二进四　车9平8

11. 兵三进一　象5进7　　12. 车二平三　象3进5

13. 马三进二　炮2退3　　14. 兵七进一　卒3进1

15. 车四平七

红方略先。

（五）兵五进一

6. 兵五进一　士6进5　　7. 马八进七　炮6进5

如改走卒7进1，则兵三进一，象5进7，车二进六，马7进6，兵七进一，卒3进1，兵五进一，卒5进1，车二平七，红方易走。

8. 炮五退一　马3进4　　9. 兵五进一　卒5进1

10. 炮八退一　马4进3　　11. 炮八平五　炮2平3

12. 车二进三　车1平2　　13. 车二平六　车2进7

14. 车九平八　车2进2

如改走车2平3吃马，则车八进九，红方有攻势。

15. 马七退八　车9平6

双方各有千秋。

（六）炮八平七

6. 炮八平七　车1平2　　7. 马八进七　炮2进2

如改走卒7进1，则兵三进一，象5进7，车九平八，马7进6，车八进四，象7退5，马三进四，炮2进2，兵七进一，炮6进3，兵七进一，象5进3，车八平四，象3进5，马七进八，车2进3，炮五平七，卒9进1，双方均势。

8. 车二进六　车9平8　　9. 车二进三　…………

如改走车二平三，则炮6进4，马三进四，炮6平7，车三平四，马7进8，黑方易走。

9. …………　马7退8　　10. 炮五平四　卒7进1

11. 兵三进一　炮2平7　　12. 马三进二　车2进3

13. 炮四进四　车2进2　　14. 兵七进一　车2退1

15. 车九平八　车2进5　　16. 马七退八　卒3进1

黑优。

第5局　红边马对黑兑7路卒

1. 炮二平五　马2进3　　2. 马二进三　炮8平6
3. 车一平二　马8进7　　4. 兵三进一　卒3进1
5. 马八进九　象3进5　　6. 炮八进四　卒7进1

黑方挺卒通马路是必走之着，否则让红炮打卒压马后，红方得势。如改走士4进5，则炮八平三，车1平4，车九平八，炮2进2（如炮2平1，兵九进一，炮1进3，车八进四，卒1进1，车二进五，车9平8，车二平四，象7进9，兵五进一，红方易走），兵九进一，卒3进1，兵七进一，车4进5，兵七进一，车4平7，马三进二，象5进3，马九进七，车7平3，马七进五，红优。

7. 兵三进一　象5进7（图5）

黑　方

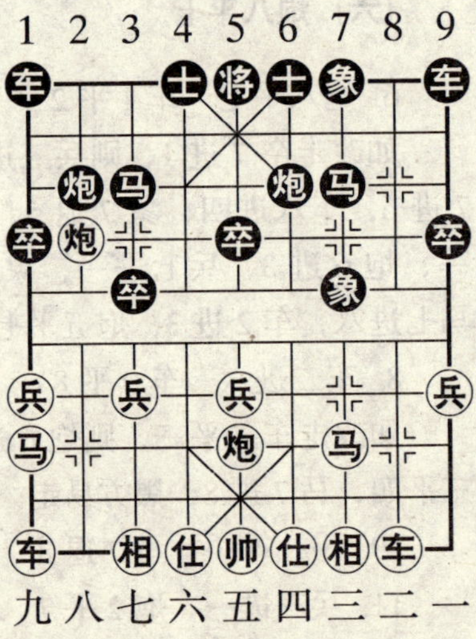

红　方

图5

如图形势，红方有炮八平七、车二进六、兵七进一和车九进一四种走法。

（一）炮八平七

8. 炮八平七　…………

平炮压马，又为左车出动让路，抢先好棋。

8. ………… 马7进6 9. 车九平八 炮2平1

正着。另有两种变化：①马6进4，车八进六，卒1进1，车二进四，马4退3，车八平七，象7退5，红方大优；②车1平2，车八进六，车9进1，车二进六，车9平4，炮七平九，马6进4，马三进四，士4进5，马四进五，马3进5，炮五进四，红方多兵占优。

10. 车八进四 …………

如改走车八进六，则卒1进1，车二进六，士4进5，车二平四，马6进4，马三进四，车1平4，黑方易走。

10. ………… 士4进5

如改走象7退5，则马三进四，炮1进4，炮五平四，炮1退2，炮四进三，炮1平6，车二进五，前炮平7，马四进六，红方先手。

11. 兵七进一 卒3进1 12. 车八平七 车1平4

13. 兵九进一 象7进5 14. 车二进六 炮6平7

15. 马三进二 …………

弃底相，跃马河口，正着。

15. ………… 炮7进7 16. 仕四进五 马6进4

17. 炮七平八

红方易走。

（二）车二进六

8. 车二进六 车9进2 9. 车九进一 …………

如改走车二平三，则炮2退1，马三进四，炮2平7，车三平四，炮6进3，车四退二，象7退5，相三进一，炮7平8，车四平二，炮8平6，车九平八，马7进6，车二平三，车9平7，车三进三，马6退7，黑方满意。

9. ………… 象7退5　10. 马三进四　马7进6
11. 车二平四　马6进4　12. 车九平六　马4进5
13. 相三进五　士4进5　14. 马四进五　马3进5
15. 车六进五
红优。

（三）兵七进一

8. 兵七进一　…………
高弃兵战术是常规手段，棋手们经常使用，把卒引过河来，然后用底车捉之，底车顷刻间升到河口又转移到左翼。
8. ………… 卒3进1　9. 车二进四　象7退5
如改走卒3平4，则车二平六，马7进6，车六平七，象7退5，炮八平七，车9进2，车九平八，车1平2，车八进五，马6进7，车七平三，马7进5，相三进五，红方先手。
10. 车二平七　马7进6　11. 炮八平七　车1平2
12. 车九平八　车9平8　13. 车八进五　车8进4
14. 马三进四　车8平7　15. 炮五平四　马6退4
16. 车八平六　炮6进5　17. 车六进一　炮2进6
双方互缠。

（四）车九进一

8. 车九进一　象7退5
如改走士4进5，则车九平六，车1平4，车六进八，将5平4，兵七进一，卒3进1，车二进四，车9平8，车二平七，象7退5，炮八平七，车8进6，炮五平六，车8平7，相七进五，将4平5，双方平稳。
9. 车二进六　车9进2　10. 马三进二　士4进5

11. 车九平六　车1平4　　12. 车六进八　士5退4
13. 炮五平二　炮6进6　　14. 马二进三　车9退1

黑方不难走。

第6局　直横车对横车

1. 炮二平五　马2进3
2. 马二进三　炮8平6
3. 车一平二　马8进7
4. 马八进九　卒7进1
5. 车九进一　…………

起横车另辟蹊径。常见走法是炮八平六。

5. …………　车1进1
6. 炮八进四（图6）
…………

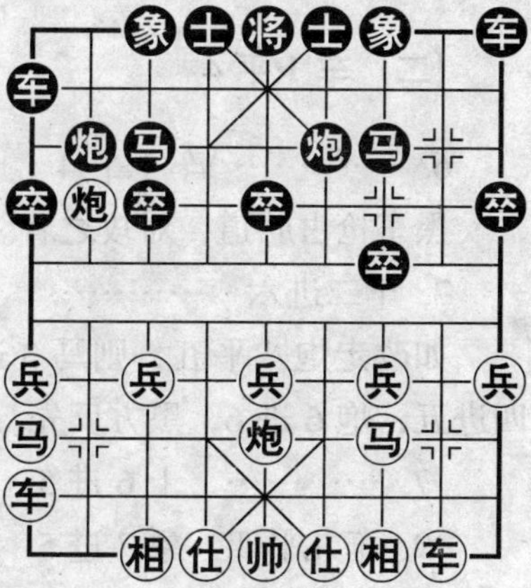

图6

红左炮过河从横向攻击中路。如改走车九平六，则车9进1，车二进四，车9平4，车二平六，车4进4，车六进三，车1平8，双方均势。

如图形势，黑方有卒3进1和车1平4两种走法。

（一）卒3进1

6. …………　卒3进1

卸掉炮架，是应走的一步棋，飞象、进士都不利。

7. 兵七进一　卒3进1　　8. 车九平七　马3进4
9. 炮八退一　炮6平5　　10. 车七进三　马4进5
11. 马三进五　炮5进4　　12. 仕四进五　象7进5
13. 马九进七　车9进1　　14. 车二进四　车9平8
15. 兵一进一　车8进4　　16. 车七平二　车1平4
17. 炮八平六　炮5退2　　18. 车二平五　车4平3
19. 车五退一　车3进3　　20. 炮六退三　炮2进4
21. 马七退八　炮2退5

黑方主动。

（二）车1平4

6. …………　车1平4

黑车抢占肋道，对攻之着。

7. 车二进六　…………

如改走炮八平五，则马3进5，炮五进四，炮2进7，仕四进五，炮6进6，黑方反先。

7. …………　士6进5　　8. 车二平三　车9进2
9. 车九平四　象7进5　　10. 兵七进一　车4进4
11. 兵五进一　车4平5　　12. 车四进二　车5平3
13. 马三进五　车3退1　　14. 车四进二　车3进5
15. 马五进六　卒3进1　　16. 炮八平七　车3平1
17. 马九退七　炮2进7　　18. 仕六进五　炮2退1
19. 仕五退六　车9平8　　20. 马六进五　象3进5
21. 炮五进五　将5平6　　22. 炮五平三　车8进6

黑方胜势。

第九章
五九炮对反宫马

第1局　黑右炮过河

1. 炮二平五　马2进3　　2. 马二进三　炮8平6

3. 车一平二　马8进7

4. 兵七进一　卒7进1

5. 炮八平九（图1）

…………

黑方

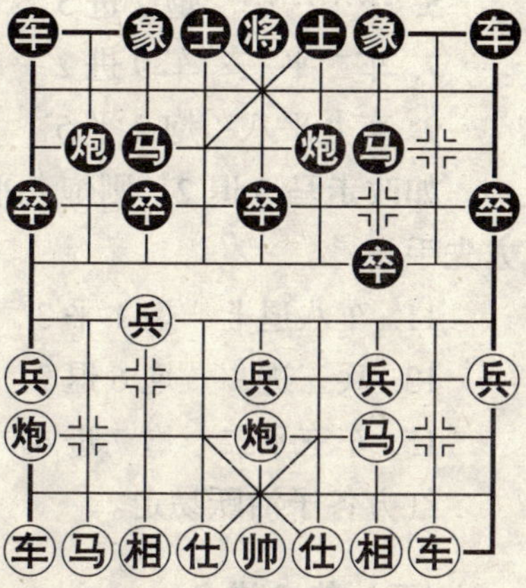

红方

图1

如图形势，黑方有炮2进4、炮2进5和炮2进6三种走法。

（一）炮2进4

5. …………　炮2进4

如改走象3进6，则马八进七，士4进5，车九平八，炮2平1，车八进七，马7进6，炮九进四，炮1进4，马七进九，车1进3，马九进八，马3退4，车八进二，卒3进1，车二进四，红方先手。

6. 马八进七　马7进6

进马河口控制沿河一带，这是必争之地，否则被红马占领之后，黑方将处于被动。如改走士4进5，则马七进六，红优。

7. 兵三进一　卒7进1　　8. 车二进五　马6进7
9. 车二平八　炮2平4　　10. 车八平六　炮4平2
11. 车九平八　车1平2　　12. 马七进六　士6进5
13. 炮五平七　卒3进1　　14. 车六进三　炮6退1
15. 车六退二　炮6进2　　16. 车六进二　卒3进1
17. 马六进四　车9进2　　18. 车六退五　炮2退2

黑方先手。

（二）炮2进5

5. …………　炮2进5　　6. 车二进六　士6进5
7. 车二平三　车9进2　　8. 马八进七　车1平2
9. 车九平八　炮2平5　　10. 车八进九　炮5平1

如改走马3退2，则炮九平五，马2进3，马七进六，红方先手。

11. 车八退七　炮1平3　　12. 车八平七　象7进5
13. 兵三进一　炮6退2　　14. 兵三进一　炮6平7
15. 车三平二　炮7进4　　16. 马三进四

红方各子活跃易走。

（三）炮2进6

5. …………　炮2进6　　6. 车二进一　车1平2
7. 车九进一　炮2退2　　8. 兵五进一　…………

佳着。另有两种变化：①车九平四，士4进5，兵五进一，炮6平5，马八进七，炮5进3，马七进五，卒5进1，车四进三，炮2退1，炮九平八，车2平1，车四进二，马7进5，车二平六，车9进2，黑优；②车二平四，士4进5，马八进七，炮2平3，车四平八，车2进8，车九平八，炮6进5，车八进六，炮6平3，车八平七，炮3进3，仕六进五，象3进5，黑方好走。

8. ………… 炮6平5　　9. 马八进七　车9进1

10. 车二平六　车9平6　　11. 车六进二　炮2进1

如改走车6进3，则炮九平八，炮5进3，车六平五，炮2平7，炮五进二，象7进5，车五平三，车2进7，炮五退二，车2退3，马三进五，车6进1，车九平六，红方多子占优。

12. 车九平八　炮2平5　　13. 车八进八　马3退2

14. 炮九平五　炮5进3　　15. 仕四进五　…………

如改走马七进五，则卒5进1，车六进二，炮5进2，相七进五，卒5进1，车六平五，车6平5，黑优。

15. ………… 象3进5

黑方稍优。

第2局　红缓开车

1. 炮二平五　马2进3　　2. 兵七进一　炮8平6

3. 马八进七　马8进7　　4. 炮八平九（图2）…………

分边炮是新着。

如图形势，黑方有士4进5和车9平8两种走法。

(一) 士4进5

4. ………… 士4进5

没有开左车再挺7卒好。

5. 车九平九 炮2平1

6. 马二进三 车9平8

7. 兵三进一 象3进5

8. 车一平二 车8进9

9. 马三退二 卒7进1

10. 炮五平三 马7退9

11. 兵三进一 象5进7

12. 炮三退一 象7退5

13. 马二进三 车1平4

14. 车八进七 炮1退1

15. 相三进五 卒3进1

16. 兵七进一 炮1平3

17. 马七进八 炮3进3 18. 炮九进四

红优。

黑 方

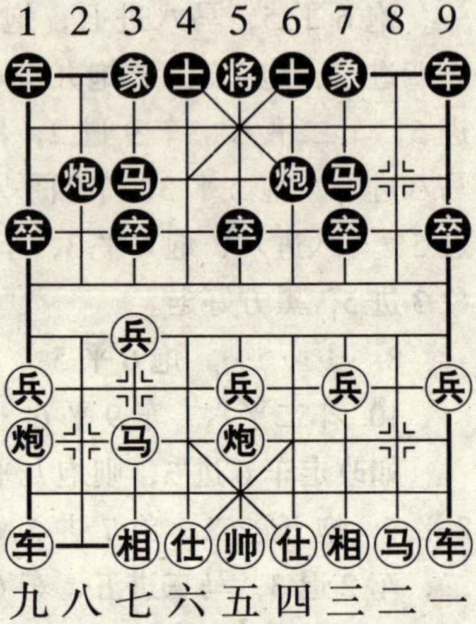

红 方

图2

(二) 车9平8

4. ………… 车9平8 5. 马二进三 卒7进1

如改走车8进4，则车一平二，车8平2，车二进六，士4进5，兵五进一，象3进5，车二平三，马7退8，炮五进四，马3进5，车三平五，红方先手。

6. 车九平八 炮2平1 7. 车一进一 士4进5

8. 车一平四 车8进6 9. 兵五进一 车8平7

10. 马三进五　卒 7 进 1　　11. 相三进一　卒 7 平 8
12. 车八进六　车 1 平 2　　13. 车八平七　马 3 退 4
14. 兵七进一　马 4 进 5　　15. 车七平六　炮 6 进 4
16. 兵五进一　炮 6 平 9　　17. 马五进四　马 7 进 6
18. 车四进四　炮 1 平 3　　19. 兵五进一　炮 3 进 5
20. 兵五进一　象 3 进 5　　21. 仕四进五　车 7 平 5
22. 帅五平四　炮 3 平 2　　23. 炮九进四　炮 2 进 2

红方略优。

参考对局

第1局

江苏徐天红（红先负）火车头于幼华

（2000年11月2日弈于上海浦东）

中炮对反宫马

1. 炮二平五　马2进3　　2. 马二进三　炮8平6
3. 车一平二　马8进7　　4. 兵三进一　卒3进1
5. 马八进九　象7进5　　6. 炮八平七　车1平2
7. 车九平八　炮2进4　　8. 兵五进一　…………

广洋杯赛，两位特大相遇，双方演变成“当头炮进三兵对反宫马右炮封车”的布局定式。红方挺中兵避开黑方过河炮的牵制，是目前棋手采用较多的走法。另可改走兵七进一，以下卒3进1，兵三进一，卒7进1，车二进四，红弃双兵快攻，局势错综复杂，双方各有千秋。

8. …………　士6进5　　9. 兵九进一　马3进4

红方挺兵活通边马兼控河头。另可改走兵七进一，以下卒3进1，车二进三，炮2退1，兵五进一，卒5进1，马三进五，红方连弃两兵，河头激战，双方各有顾忌。

黑方接走跃马弃中卒，是争取复杂多变的着法，体现了于幼华特级大师的弈棋风格。一般常见的走法是车 9 平 6，准备炮 6 进 5 邀兑红炮。

10. 兵七进一 …………

弃七兵，徐天红大师一改稳健细腻的风格，将局势迅速导向对攻状态。如求稳可改走仕四进五，则形成相持局面。此时红方如改走炮五进四，则炮 6 进 5 或马 4 退 6，黑有反击手段，红方不好控制局面。

10. ………… 卒 3 进 1　　11. 炮五进四　马 4 进 3

进马阻击，积极主动。如改走象 3 进 1，则兵五进一，红方先手，黑无反击手段。

12. 兵五进一　炮 6 进 5

进炮闪开马脚，畅通肋线，同时和右翼子力配合，对红方左翼构成有效的威胁。如随手走车 2 进 4，则马九进七，车 2 平 5，马七退五，红方得子。

13. 炮七进二　炮 2 进 1　　14. 相三进五 …………

飞相求稳之着。另可改走马三进四跃马，以下黑如炮 6 平 1，则马四进六，马 3 进 4，车八进一，马 4 退 6，车八平四，先弃后取，对攻中红方多兵，稍占先手。

14. ………… 炮 6 进 1

黑方进炮塞相眼，下伏炮 6 平 2 打车和马 3 进 4 捉车的先手，着法积极。

15. 车二进一　车 9 平 6（图 1）

平车保炮，稳健老练之着。如急走炮 6 平 2，则车八进一，马 3 进 2，车二平八，红方一车换双，多一过河兵占优。

16. 炮五平七　…………

卸中炮打马，造成局势立刻逆转。应改走仕四进五，以下马3进2，车二平四，炮2进2，车四进八，将5平6，马九退八，车2进4，炮五平四，车2平5，炮四退六，红方固守，黑方不易取胜。

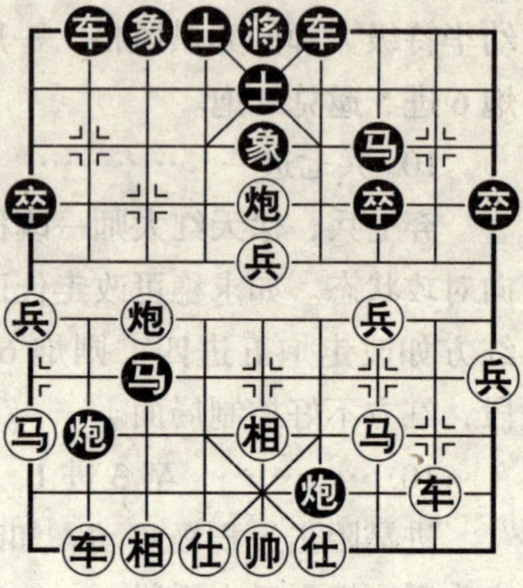

图1

16. …………　马3进4

17. 炮七退三　车4进7

黑方进车捉马捉相，步步紧逼，丝丝入扣。

18. 仕四进五　…………

如改走帅五进一（如相五进七，则炮6平3，炮七退五，马4退5，黑优），则车6平7，车二平四，炮2进1，红方难以摆脱败势。又如车二平四，车6进1，炮七平四，马4进2踩车，黑优。

18. …………　车6平5　19. 车二平四　车5平7

20. 车四进三　车2进6　21. 前炮进一　车2平5

也可改走炮2平5，仕五退四，车2平5，兵五平六，马7进5，红方难应。

22. 车八进二　车7平2　23. 前炮平三　车5退2

24. 马九进八　车2平8　25. 车四退四　车5平3

26. 炮七平八　车3进1　27. 马八进九　马4退2

28. 车四进三　车3进3　29. 炮八退一　车3进1

30. 炮八进一　车3退1　31. 炮八退一　车3退3

红见败局已定，遂推枰认负。

第2局

黑龙江郭丽萍（红先胜）云南赵冠芳

（2001年5月14日弈于北京）

五六炮进三兵对反宫马

1. 炮二平五　马2进3　　2. 马二进三　炮8平6

3. 兵三进一　马8进7　　4. 马八进九　卒3进1

“翔龙杯”女子象棋大师电视快棋赛中，特级大师郭丽萍与云南小将赵冠芳的第二局较量，由中炮进三兵对反宫马的流行布局拉开序幕。

5. 车一平二　象7进5　　6. 炮八平六　车1平2

7. 车九平八　炮2进4

右炮封车，压缩红八路车的活动范围，控制兵行线。

8. 马九退七　炮2退1

如炮2平5，炮五进四，黑方失子。

9. 车二进三　士6进5

升兵行线车，静观其变。黑补中士，固守一着。

10. 车八进三　车9平6

这段着法，双方在打太极拳。黑方平肋车，守中带攻。

11. 兵九进一　炮2退1

应改走炮6进4，红如马七进九，则卒3进1，黑方巧渡卒。

12. 车八进一　卒7进1　　13. 仕四进五　车6平7

如改走卒7进1，车八平三，马7进6，炮六平八，红方占优。

14. 兵三进一　炮2平7　　15. 车八进五　马3退2

16. 相三进一　马2进3　　17. 兵五进一　马7进6

18. 马七进六　炮7进2

应改走卒9进1静观其变。进炮失去河口的控制。

19. 兵五进一　…………

冲兵，中路突破，必走之着。

19. …………　炮7平3　　20. 马六进四　卒5进1

21. 车二平七　卒5进1　　22. 马四进二　车7进4

23. 车七平二　马3进4

红平车保马，正着。如马二进一，车7退2，马一进二，车7平8，马二退四，车8退1，捉死红马，黑优。此时黑应卒3进1。乘势过卒，虽少一子，黑势不弱。

24. 炮五平四　马6进5

25. 马二退三（图2）

…………

退马踩卒，黑攻势化解。

25. …………　车7退4

26. 前马进五　…………

弃还一子，抢得主动，大胆心细之着。

26. …………　马5进7

27. 炮六平三　车7进7

28. 马五进六　…………

黑　方

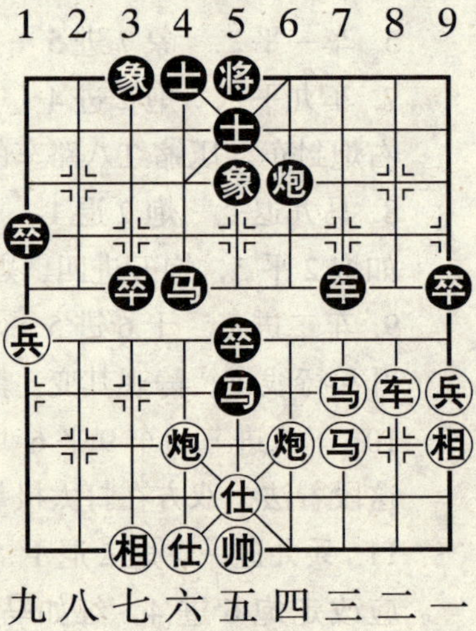

红　方

图2

红单骑闯营，直捣黄龙。

28. ………… 马4退6

无奈之着。如炮6退1，红车沉底绝杀。

29. 马六进七 将5平6　30. 车二进三 车7平6
31. 仕五进四 马6进5　32. 仕六进五 卒9进1
33. 车二平九 马五退七　34. 车九平二 炮6进4
35. 相七进五 炮六平五　36. 马七退六 炮5退3
37. 相一进三 象5退7　38. 兵九进一

至此，红方胜定，黑方认输。

第3局

广东许银川（红先负）重庆洪智

（2006年11月31日弈于北京）

中炮横车对反宫马横车

1. 炮二平五 马2进3　2. 马二进三 炮8平6
3. 车一进一 车9进1

2006年第2届MMI世界象棋大师赛第4轮，广东特级大师许银川与重庆特级大师洪智相遇。双方布成中炮横车对反宫马横车的阵势。红高横车，也是一种比较常见的走法。如改走车一平二，则马8进7，兵三进一，卒3进1，马八进九，象7进5，炮八平七，车1平2，车九平八，炮2进4，兵七进一，卒3进1，兵三进一，卒7进1，车二进四，炮2平3，炮七进二（如改走车八进九，炮3进3，仕六进五，马3退2，黑优），车2进9，马七退八，车9平8，黑不难走。

4. 炮八进四　卒3进1　　5. 车一平七　象3进5

6. 兵七进一　卒3进1　　7. 车七进三　炮2退2

8. 炮八平七　卒7进1　　9. 马八进七　车9平2

10. 车九进一　…………

再出横车，积极配合作战。可改走马七进六，以下马8进7，马六进五，马3进5，炮五进四，士4进5，局势简化。

10. …………　士4进5　　11. 车九平四　马8进7

12. 马七进六　炮2平3（图3）　13. 车四进三　马3退1

黑方平炮邀兑，意在松透局势。红升河沿车，不明显的软手，正着应接受兑子，走炮七进五，车1平3，车七进二，仍红优。黑乘机回马金枪，局势迅速逆转。

14. 炮七平六　马1进2　　15. 车七进二　…………

红如改走车七平八，则马2进4，车八进四，马4进6，马三退五，车1进2，车八退二（如马六进五，黑炮6退1，打车得子），车1平3，黑优。

15. …………　马2退3

16. 炮六进二　车2进8

17. 马六退七　…………

红方退马捉车，力求稳健的走法。如改走车七进二，则炮3进9，车七退八，车2平3，马六进五，车1平4，马五进三，车4进1，黑方易走。

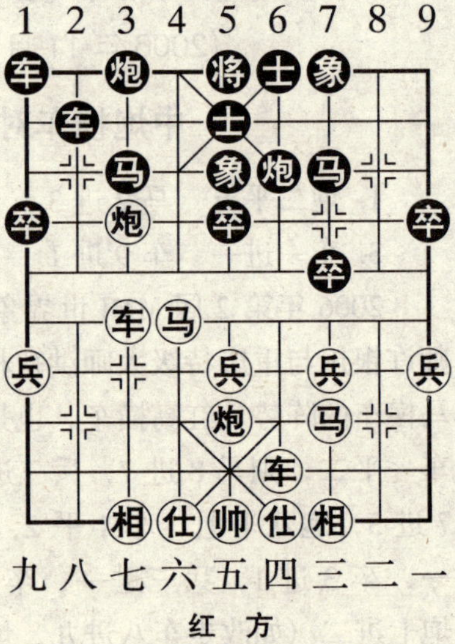

图3

17. ………… 炮3进3　18. 马七退八　车1平4
19. 车四平七　炮6进1　20. 炮六退四　马3进2
21. 车七平八　炮3退1

退炮，暗伏平炮打车、打马，至此黑局势大优。

22. 炮五平六　车4平3　23. 前炮进二　马2进3

河口献马，精妙至极！红如车八平七吃马，则炮3进7，车七退四，车3进9，前炮平四，车3平2，黑大优。

24. 前炮平四　马3进4　25. 帅五进一　炮3平4
26. 马八进九　车3进9　27. 相三进五　车3平4
28. 帅五平四　马7进6　29. 车八平四　象5退3

坐视黑马被捉，将计就计，落象暗伏平炮士角的玄机，妙极！

30. 仕四进五　车4退1　31. 帅四退一　马4退2
32. 车四平八　马2退4　33. 相五进七　马6进5
34. 马三进五　车4平5

红方难以解救炮4平6的杀着，遂推枰认负。

第4局

火车头杨德琪（红先负）广东许银川

（1997年10月14日弈于漳州）

五六炮对反宫马

1. 炮二平五　马2进3　2. 马二进三　炮8平6
3. 车一平二　马8进7　4. 炮八平六　车1平2
5. 马八进七　卒7进1　6. 兵七进一　炮2平1

火车头杨德琪与广东许银川在 1997 年全国象棋锦标赛第九轮比赛中相遇。双方以中炮五六炮对反宫马的流行布局布阵。黑平炮亮车，控制红车出路。也可改走马 7 进 6，红如车九平八，则炮 2 进 4，车二进六，士 6 进 5，另有变化。

7. 马七进六　士 6 进 5

也可改走士 4 进 5，另有不同变化。

8. 车九进二　车 9 平 8

兑车简化局面，双方斗马炮残局。

9. 车二进九　马 7 退 8　　10. 炮六平七　象 7 进 5

11. 炮七进四　车 2 进 5

红方炮击 3 路卒，主动挑起战火。黑倒巡河抓兵，也想求变。如改走车 2 进 4 守河口，属稳健的着法。

12. 车九平七　马 8 进 7

13. 车七进一　炮 6 进 3

黑炮倒骑河窥视七兵，又伏平 8 路的巧妙伏击，细腻含蓄。

14. 炮五退一　炮 6 平 8

15. 马六退七（图 4）

…………

退马出于无奈。否则黑巧过 7 卒，难应。

15. …………　马 3 退 2

以退为进，精巧妙极！

16. 炮五平七　车 2 进 3

17. 马七退五　炮 1 平 3

18. 车七平六　马 7 进 6

黑　方

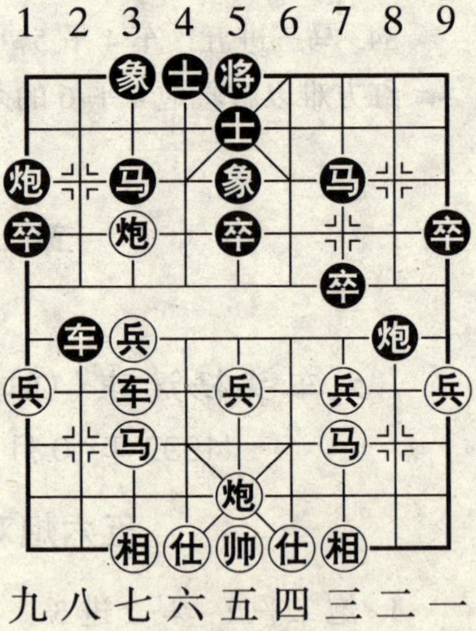

红　方

图 4

19. 车六进二　炮 8 退 1　　20. 相三进五　马 6 进 7

踩卒嫌早。改走象 3 进 5，稳健有力。

21. 车六平三　车 2 平 3　　22. 车三退二　车 3 平 4

23. 车三进六　士 5 退 6　　24. 车三退三　炮 8 平 2

25. 车三平五　士 4 进 5　　26. 马五退三　炮 2 进 5

27. 后马进四　马 2 进 1

红方如仕四进五，则马 2 进 1，兵七进一，炮 2 退 6，黑方得子占优。黑方跳边马，仍有退炮打车得子的棋。

28. 兵七进一　车 4 进 1

如改走将 5 平 4，则仕四进五，炮 2 退 6，相五进七，炮 2 平 5，马四退六，黑方攻势化解。

29. 帅五进一　炮 3 进 2　　30. 炮七平一　将 5 平 4

31. 相五进七　炮 3 进 5　　32. 车五平八　炮 3 退 2

33. 马三进四　…………

改走马四进五，较有对攻机会。

33. …………　车 4 平 6　　34. 后马进五　马 1 退 3

35. 车八退四　炮 3 进 1　　36. 车八平六　将 4 平 5

37. 马五进四　炮 2 退 1　　38. 帅五进一　车 6 平 7

39. 炮一平三　…………

平炮拦车叫杀，力求背水一战。但被黑方顺手牵羊叫将吃马，红方速败。

39. …………　车 7 平 5　　40. 帅五平四　车 5 平 6

41. 帅四平五　车 6 平 5　　42. 帅五平四　车 5 平 6

43. 帅四平五　车 6 退 4

红方失马后无力再战，认负。

第5局

江苏徐天红（红先负）广东许银川

（1993年12月25日弈于广州）

五六炮对反宫马

1. 炮二平五　马2进3　　2. 马二进三　炮8平6
3. 车一平二　马8进7　　4. 炮八平六　车1平2
5. 马八进七　炮2平1

双方形成五六炮对反宫马的流行布局。除平边外，另可改走卒7进1，另有不同变化。

6. 兵七进一　卒7进1　　7. 马七进六　士6进5

也可改走士4进5，各有攻守变化。

8. 车二进六　车9平8

兑车简化局势，红攻势缓慢，黑不吃亏。也可改走炮6平4，炮六进五，炮1平4，双方各有顾忌。

9. 车二平三　炮6退1　　10. 马六进七　车2进3
11. 兵七进一　炮6平7　　12. 车三平四　炮1退1
13. 马七退五　…………

退回中马，迂回跃出，弈法灵活。

13. …………　车2进2

倒巡河车，一可平车抓炮，又可冲7卒加强左翼进攻，一箭双雕。

14. 炮六平七　卒7进1

红平炮打马，变化较复杂。如改走兵七进一，则马3退

2，马五退六，车 2 进 1，马六进七，车 2 平 3，马七进五，车3 退 3，双方平稳。

黑冲 7 卒，意挑起战火。如卒 5 进 1，则炮七进五，马 7 进 8，炮五进三，象 7 进 5，车四平三，马 8 进 7，车三退一，车 8 进 4，双方各有顾忌。

15. 兵三进一　…………

吃卒稳健。如炮七进五吃马，则卒 7 进 1，双方对攻，黑方有利。

15. …………　卒 5 进 1

16. 炮七进五　车 2 平 7

17. 炮五进三　象 7 进 5

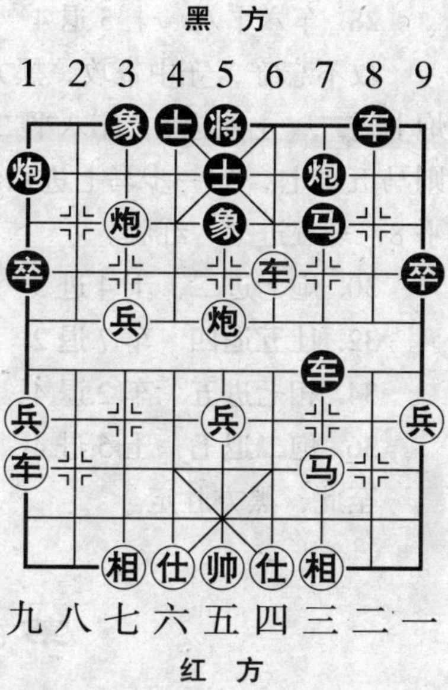

图 5

18. 车九进二（图 5）　马 7 进 8

19. 车四平五　…………

黑跃马踩车兼捉七路马，红应退一步车固守。红平中车，败着！

19. …………　马 8 进 6

跳马逼兑，然后炮轰底相，全面开花。

20. 车五进一　将 5 平 6　　21. 车九平四　象 3 进 5

红如逃车则丢马，仍难挽败势。

22. 马三进四　士 5 进 6　　23. 马四进五　炮 1 平 6

24. 车四平六　炮 7 进 8　　25. 仕四进五　士 6 退 5

26. 车六平四　士 5 进 6　　27. 车四平六　士 4 进 5

28. 车六平八　士5退4　　29. 炮五进二　炮7平9

攻不忘守，守中带攻，黑方着法老练。如改车8进9，则炮七进二，士4进5，车八平二，炮7平4（如车8退2吃车，则马五进七，下一步马七进六绝杀，红胜），车二退二，炮4平8，马五进七，红胜。

30. 炮七进二　士4进5　　31. 炮七平二　车7进4

32. 仕五退四　车7退2　　33. 仕四进五　车7平2

34. 相七进五　车2退4　　35. 马五进三　炮6平7

36. 炮二退七　士5进4

至此，黑方胜定。

第6局

黑龙江赵国荣（红先和）江苏涂天红

（1986年8月23日弈于哈尔滨）

五六炮正马进七兵对反宫马

1. 炮二平五　马2进3　　2. 马二进三　炮8平6

3. 车一平二　马8进7　　4. 炮八平六　车1平2

5. 马八进七　炮2平1　　6. 兵七进一　卒7进1

7. 马七进六　士4进5　　8. 车九进二　车9平8

如改走象3进5，则车二进六，车9平8，车二平三，车8进2，马六进四，黑左马受攻。

9. 车二进九　马7退8　　10. 车九平七　马8进7

11. 车七进一　车2进4　　12. 兵五进一　象7进5

13. 马六进五　马3进5　　14. 炮五进四　炮6进1

15. 炮六平五　炮 6 平 7　　16. 相三进一　卒 1 进 1

17. 车七平六　…………

平车封锁将门，求变。如改走仕六进五，则炮 7 平 8，兵七进一，车 2 平 3，车七进二，卒 3 进 1，前炮平八，炮 8 平 5，红方无便宜。

17. …………　卒 9 进 1　　18. 仕六进五　马 7 进 5

19. 炮五进四　炮 1 进 1　　20. 炮五退一　卒 9 进 1

弃卒可缩小红炮的活动范围，走得很精细。

21. 兵一进一　炮 7 平 5　　22. 帅五平六　炮 5 平 4

23. 帅六平五　炮 4 平 5　　24. 帅五平六　车 2 进 5

如循环下去，属一将一要吃，黑方必须变着。

25. 车六平七　炮 5 进 2　　26. 车七平六　炮 1 退 3

27. 车六进二　…………

进车保炮，防止黑车退 5 捉炮，再平中车兑炮简化局面。

27. …………　车 2 平 3

28. 帅六进一　车 3 退 3

退车兵线正着。如走车 3 退 4，马三进五，车 3 平 2，兵三进一，红优。

29. 马三退二　炮 5 平 8

30. 兵三进一　炮 8 进 3

31. 仕五进四　卒 7 进 1

32. 相一进三（图 6）

车 3 进 2

进车打将随手，应改走

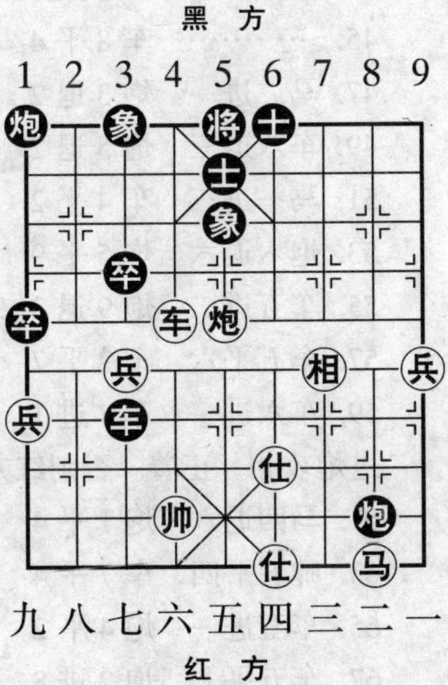

图 6

车3平1，以后边卒渡河参战，将会对红构成威胁。

33. 帅六退一 车3进1 34. 帅六进一 车3退4

吃兵稳健，如改走车3平6，则车六平九，炮1进2，车九平六，炮1退2，车六平八，黑有顾虑。

35. 相三退五 车3平9 36. 帅六退一 车9平2

37. 车六平九 炮8平1 38. 车九平六 车2进4

39. 帅六进一 车2退1 40. 帅六退一 车2平8

41. 车六平八 炮1平3 42. 车八进四 车8退4

43. 炮五退一 车8进1 44. 炮五进二 炮1进2

高炮随手，应走车8平4，再平5捉相捉炮，黑方胜势很浓。

45. 车八退三 …………

退车卒林是守和的关键。

45. ………… 车8平4 46. 帅六平五 卒3进1

47. 马二进一 炮3退2 48. 仕四进五 炮3平5

49. 车八退三 炮5退2 50. 车八平五 炮1进2

51. 马一进三 车4平2 52. 炮五平六 车2退2

53. 炮六退六 炮5平9 54. 兵九进一 炮1退3

55. 车五进二 炮9退3 56. 兵九进一 士5进4

57. 车五平六 车2平7 58. 马三进四 士6进5

59. 车六进一 车7进1 60. 车六平四 炮9进6

进炮攻相，正着。否则红方炮六进五，反有攻势。

61. 马四退六 炮1平4 62. 马六退四 炮9平5

63. 帅五平四 车7平4 64. 车四平五 炮5平1

65. 车五进一 炮4平2 66. 车五退二 车4进2

67. 车五平七 炮2进8 68. 车七退五 车4平2

69. 马四退六 车2退1 70. 炮六平五 炮2平5

红方平中炮，正着。如误走帅四进一，炮1进1，车七进一，车2平9，黑方胜势。红方平中炮后，黑方只好兑炮，如炮1进2，则车七平八，车2进4，仕五退六，红方得子。

71. 帅四平五　象3进5　　72. 兵九进一　炮1退3
73. 马六进七　炮1平3　　74. 马七进五　车2平5
75. 马五进七　车5退2　　76. 兵九平八　炮3平5
77. 帅五平四　炮5平6　　78. 帅四平五　炮6退1
79. 车七进四　炮6平3

和局。

第7局

上海胡荣华（红先胜）火车头傅光明

（1989年10月20日弈于重庆）

五七炮进三兵对反宫马横车

1. 炮二平五　马2进3　　2. 马二进三　炮8平6
3. 兵三进一　马8进7　　4. 马八进九　车9进1
5. 炮八平七　车9平4　　6. 车九平八　车1平2
7. 车八进四　士4进5　　8. 车一平二　炮2平1
9. 车八进五　马3退2　　10. 车二进六　车4进4
11. 车二平三　炮6平4　　12. 仕四进五　象3进5
13. 炮五进四　…………

以上着法都在双方意料之中，红方中炮打卒谋得多兵之利，黑方大子灵活，各有所得。

13. …………　马7进5

只好用马吃炮。如改走车4退2，则马三进四，仍属红方易走。

14. 车三平五　炮1进4

15. 车五退二　…………

兑车相当老练。如改走车五平七，则卒1进1，车七退二，车4平3，兵七进一(如炮七进二，卒1进1，各有顾忌)，炮4平3，红方兵种不好，较难进取。

15. …………　车4平5

16. 兵五进一　马2进1

17. 马九退七　…………

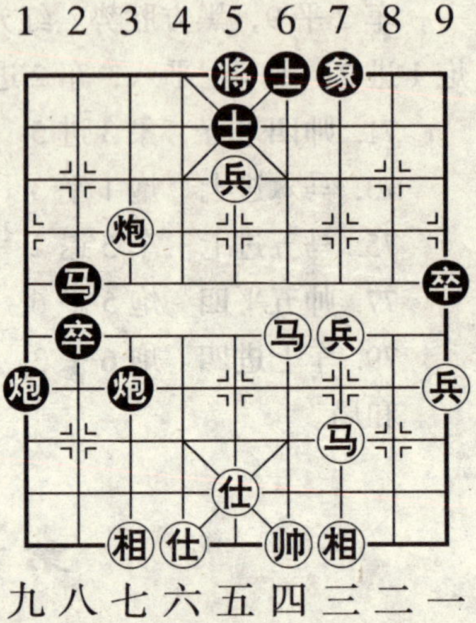

图7

边马不活是这个形势下的弱点。一着平淡的退马，令人耳目一新，有茅塞顿开之感。

17. …………　卒1进1　　18. 马七进五　马1进2

19. 炮七进四　炮4平3　　20. 兵五进一　卒1进1

21. 兵五进一　卒9进1　　22 帅五平四　卒1平2

23. 马五进四　炮3进4　　24. 兵五进一(图7)……

总攻的时机已到，机不可失，时不等我。

24. …………　象7进5　　25. 马四进六　卒2平3

26. 炮七平五　马2退4

改走马2进4，红方取胜的难度会大些。

27. 兵三进一　卒3平4　　28. 炮五平一　…………

红方中路进攻受阻，改为侧翼袭击，灵活机动。

28. ………… 将5平4　　29. 兵三进一　马4退3
30. 炮一进三　象5退7　　31. 马六进七　炮3平7
32. 马三进五　将4平5　　33. 马五进四　卒4进1
34. 兵三进一　炮7退3　　35. 马四进六　士5进4
36. 马六进四　将5进1　　37. 炮一退一　马3进1
38. 兵三进一
红胜。

第8局

甘肃李家华（红先胜）上海林宏敏

（1988年9月弈于呼和浩特）

五六炮进七兵对反宫马左象

1. 炮二平五　马2进3　　2. 马二进三　炮8平6
3. 车一平二　马8进7　　4. 炮八平六　车1平2
5. 马八进七　炮2平1　　6. 兵七进一　象7进5
7. 马七进六　车2进6

黑方飞左象后伸车过河应法少见，常见的是卒7进1。

8. 仕四进五　车2平4　　9. 车二进四　士6进5
10. 车九平八　卒7进1　　11. 马六进五　…………

踩卒简明，发挥中炮威力。

11. ………… 马3进5　　12. 炮五进四　炮6退2
13. 炮五退二　马7进6　　14. 车八进八　…………

进车下二路是一步有力的攻着，伏有炮打底士的凶着。

14. ………… 车9进1

如改走马6进7，则炮六进七，马7退5，炮六平四，车9平6，车二平五，红得士占优。

15. 车八平七　马6进7

16. 车七退二　马7退5

17. 兵五进一　炮1平4

18. 炮六平九　车9平7

19. 相三进五　炮6平7

20. 兵五进一　卒7进1

21. 车二进二　卒7进1

22. 马三退二　卒7进1

23. 兵五进一　车4平6

24. 炮九进四　卒7进1

25. 兵五进一（图8）…………

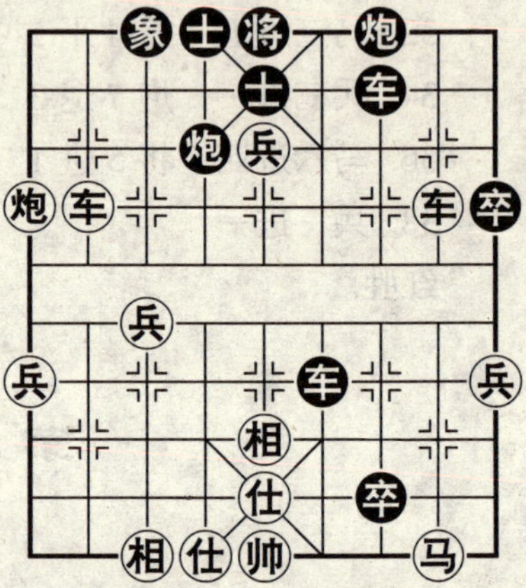

图8

如图红方中兵破象抢先发动攻势，以下又巧妙地化解了黑双车卒的攻势，终于取胜。

25. ………… 卒7平6　　26. 马二进四　车6进2

27. 车二退六　象3进5　　28. 炮九进三　象5退3

29. 车七进三　士5进6　　30. 兵七进一　车6退2

31. 兵七平六　车6平1　　32. 炮九平六　将5进1

33. 炮六退一　车7进1　　34. 车二进八　炮7进1

35. 车二平三　车7退2　　36. 炮六平三　车1平4

37. 兵六平五　车4平9　　38. 兵五进一　车9平5

39. 兵五平六　炮4平5　　40. 兵六进一　炮5进1

41. 车七退二　将5退1　　42. 兵六平五　将5平4

43. 兵五进一

红胜。

第9局

黑龙江赵国荣（红先和）江苏涂天红

（1985年10月4日弈于南京）

五六炮进七兵急进河口马对反宫马

1. 炮二平五　马2进3　　2. 兵七进一　炮8平6

3. 马八进七　马8进7

进马稳健。如改走炮6进5，则车一进二，炮6平3，炮五退一，炮3退一，车一平七，炮3平7，兵七进一，红方弃子抢攻。

4. 马七进六　士4进5　　5. 炮八平六　车9平8

6. 马二进三　卒7进1　　7. 车九平八　车8进5

黑方进车捉马，是争先好棋。

8. 马六进五　马3进5　　9. 炮五进四　象3进5

10. 相三进五　车8退2　　11. 炮五退二　马7进6

12. 仕四进五　车1平4　　13. 炮五平四　…………

如改走车八进五，则马6进7，车一平四，车1进3，黑方易走。

13. …………　车4进5　　14. 车一平四　车4平6

15. 车四进四　炮6进3　　16. 车八进七　炮6进3

17. 兵五进一　马6进7

18. 兵五进一　…………

经过一番拼兑，红方中兵过河，黑方子位较好，双方各有所得。

18. …………　炮6退6

19. 车八进二　士5退4

20. 车八退六（图9）

马7进9

如图形势，红方退车捉马，促成黑马奔袭卧槽对红方构成威胁。应走相五退三，防一手再谋进取为宜。

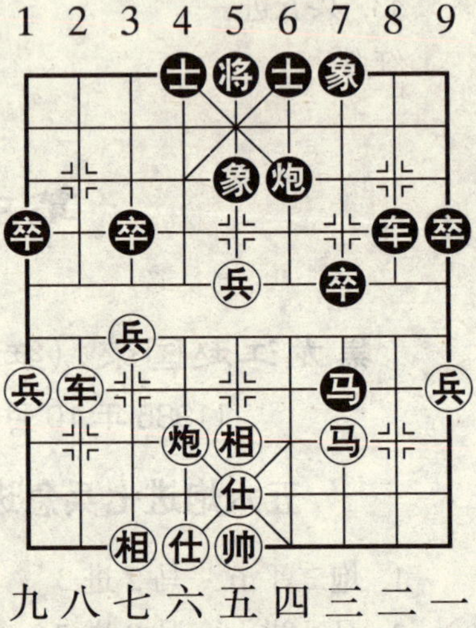

图9

21. 炮六退一　车8平4

22. 马三进二　车4进5

23. 马二退一　车4退3

互相交换后，红方虽然有兵过河，但马位欠佳，和势甚浓。

24. 车八平二　车4平5　　25. 兵五平六　车5退2

26. 马一退三　炮6平9　　27. 兵九进一　士6进5

28. 马三进一　车5平6　　29. 兵六平五　卒3进1

30. 兵七进一　象5进3　　31. 马一退三　炮9平1

32. 车二平七　象3退5　　33. 车七进一　车6平8

34. 兵一进一　车8进5　　35. 马三进四　车8进1

36. 仕五退四　车8退3　　37. 马四退六　车8平4

这一段，双方兑去了一个兵卒后，红马被压住，难以发挥作用，仍趋和势。

38. 仕四进五　炮1平4　39. 马六退八　车4平5
40. 兵五平六　车5平4　41. 兵六平五　车4平2
42. 马八进六　车2平5　43. 马六进五　车5平9
44. 马五退七　卒7进1　45. 兵五平六　车9平4
46. 兵六平五　炮4进3　47. 相五进三　炮4平9
48. 车七进二　炮9退1　49. 马七退九　象5进7
50. 兵五进一　车4平8　51. 兵五进一　…………

红马不能发挥作用，仅有过河兵难以成势，黑方车炮侧翼有棋，因此，红方只好忍痛弃中兵，再谋取和棋。

51. …………　象7退5　52. 车七平一　炮9平5
53. 仕五进四　车8平5　54. 帅五平四　车5退1
55. 车一退一　炮5平7　56. 相三退五　车5平1
57. 帅四平五　车1进1

形成车炮卒对车马的正和残局。虽然又走了十几个回合，但黑方终难有所作为。

58. 仕四退五　卒1进1　59. 车一退一　炮7平5
60. 车一平五　炮5平9　61. 车五平一　炮9平5
62. 车一平四　士5进4　63. 车四平五　炮5平9
64. 车五平一　炮9平5　65. 车一平四　士4进5
66. 车四平三　炮5平9　67. 车五平一　炮9平5
68. 车一平四　车1平8　69. 马九进八　卒1进1
70. 马八进七　炮5进2　71. 马七退五　车8进3
72. 车四退四　车8退4　73. 车四进三　炮5退1
74. 车四平五

和棋。

第10局

广东杨官璘（红先胜）北京臧如意

（1983年11月27日弈于昆明）

五六炮边马对反宫马进7卒

1. 炮二平五　马2进3　　2. 马二进三　炮8平6

3. 车一平二　马8进7　　4. 马八进九　卒7进1

5. 炮八平六　…………

至此，形成近年流行的五六炮边马对反宫马进7卒布局。此时，红方如改走炮八平七，则马7进6，马九平八，炮2平1，黑方易走。

5. …………　车1平2　　6. 车九平八　象7进5

飞左象正确。如改走炮2进4，车二进六（如炮六进五，炮6进5，车二进七，车9进2，车二平一，象7进9，炮六平一，马7进6，黑方反先），红方较好。

7. 车八进六　…………

左车过河，着法积极。

7. …………　士6进5　　8. 车二进六　…………

双车过河成钳形攻势，抢先之着。

8. …………　车9平7

平车保马，以逸待劳。如改走马7进6，则车二平四，马6进7，炮五进四，马3进5，车四平五，红方多兵占优。

9. 炮五进四　…………

针对黑车保马，进炮打卒，是适时的着法。

9. ………… 马3进5　10. 车二平五　马7进6
11. 相七进五　马6进7　12. 马九退七　…………
回马以退为进，至此红方仍持先手。
12. ………… 车2平1　13. 马七进六　炮2平1
14. 马六进五　炮1进4　15. 车五平七　炮1进3
16. 仕六进五　炮1退2
进炮叫将，再退炮打相，秩序井然。
17. 炮六进一　…………
进炮兑子，化解黑方反攻之势，正着。
17. ………… 炮1平7　18. 炮六平三　炮6平7
19. 炮三平二　车7平8　20. 炮二进三　卒1进1
21. 车七退二　卒1进1　22. 车七平二　（图10）
…………
平车保炮，暗伏进马叫将抽车，好棋！
22. ………… 车8进1
23. 马五退七　后炮进1
24. 兵五进一　卒1进1
25. 兵五进一　前炮退1
26. 兵五平四　卒1平2
27. 仕五退六　卒2平3
28. 车八平四　卒3进1
29. 兵四平三　后炮退2
30. 兵三进一　前炮平1
平炮对攻，为时已晚。
31. 兵三进一　炮1进3
32. 相五退七　炮7进8

黑　方

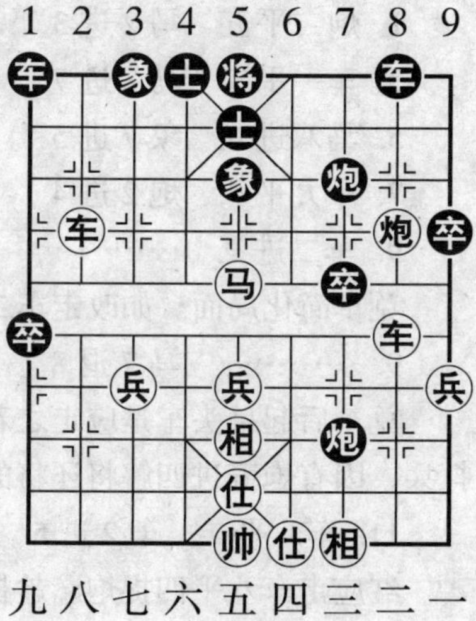

红　方

图10

33. 仕四进五　象5进3

飞象顶马，必走之着。

34. 车四平三　车1平2

平车弃炮，企图威胁红方底相，速败之着，但亦别无良策。

35. 车三平九

平车捉炮，暗伏抽车，黑方失子，红方胜定。余着从略。

第11局

甘肃钱洪发（红先负）广东吕钦

（1985年10月3日弈于南京）

五六炮边马进三兵对反宫马

1. 炮二平五　马2进3　　2. 马二进三　炮8平6

3. 车一平二　马8进7　　4. 兵三进一　卒3进1

5. 马八进九　象7进5　　6. 炮八平六　车1平2

7. 车九平八　炮2进4　　8. 车二进六　车9平8

9. 车二进三　…………

兑车简化局面。如改走车二平三，变化较为复杂。

9. …………　马7退8　　10. 车八进一　马8进7

兑车后起呆头车是应走之着，否则易处被动。不怕过河炮打兵，因有炮五进四解将还将的凶着。

11. 车八平二　车2进5

红应走车八平四捉炮，趁机再进河沿，仍有先手。现黑方倒骑河捉兵，红方先手已荡然无存。

12. 车二平八　…………

又重返八路是一错再错，仍应走车二平四，黑若士 4 进 5 则车四进三兑车，以下黑炮 2 平 5 则仕四进五，虽然失掉中兵，尚可周旋。

12. ………… 士 6 进 5　13. 仕四进五 …………

又是步软手。横车最忌讳撑仕，它不仅仅自阻车路，而且又压缩了车的辐射空间。虽然前面出现了两处错误，先手易人，但棋局并没发生实质性变化，现在又走了一步进仕的错着，这是积小输为大输。如果这步棋改走炮六进一，再兵九进一驱车，形势就会有所改观。

13. ………… 车 2 退 1

14. 炮六进四　炮 6 进 6

15. 车八进一　炮 6 退 2

16. 炮六平三　炮 6 平 3

17. 车八平六　炮 3 平 9

乘势掠兵，多卒占优。

18. 车六进四　炮 9 进 3

19. 仕五退四　车 2 进 1

20. 兵三进一　卒 3 进 1

21. 马三进二 …………

应改走车六平七压马，抑制黑方优势的发展。

黑　方

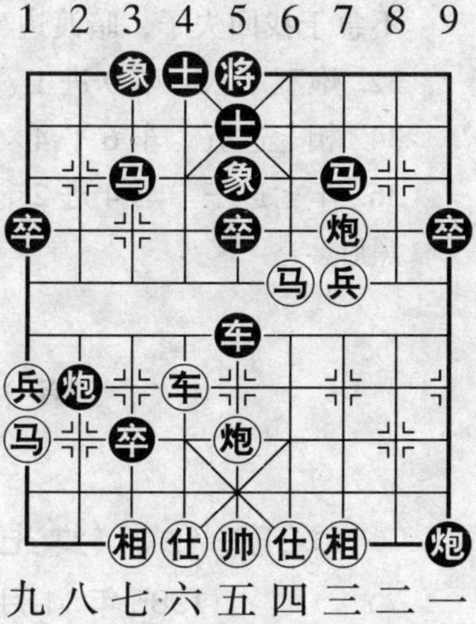

红　方

图 11

21. ………… 卒 3 进 1　22. 兵五进一　卒 3 进 1

黑卒长驱直入，壮大了进攻声势。

23. 马二进四　车 2 平 5　24. 车六退三（图 11）炮 2 退2

25. 车六平一 …………

如改走马四进六，则车 5 平 6，马六进七，将 5 平 6，仕六进五，炮2平5，车六平五，马3进4，黑胜。

25. ………… 炮2平5　26. 仕六进五　车5平6

先弃后取之着。

27. 车一退三　卒3平2　28. 炮五进一　…………

如马四进三贪吃马，则车6平3叫杀，红方难以应付。

28. ………… 马3进4　29. 车一进三　炮5平7

消灭红兵，边马已被逼死，稳操胜券。

30. 马三进四　炮7退2　31. 炮三平九　卒9进1

不急于找回失子，暗渡边卒，着法老练。

32. 炮五平八　卒9进1　33. 车一平三　炮7进2

34. 相七进五　车6平4　35. 车三平七　炮7平5

36. 车七进三　马4进2　37. 车七平五　马2进4

黑胜。

第12局

辽宁尚威（红先负）河北李来群

（1985年11月8日弈于淄博）

五八炮进七兵对反宫马进7卒

1. 炮二平五　马2进3　2. 马二进三　炮8平6

3. 车一平二　马8进7　4. 兵七进一　卒7进1

5. 炮八进四　…………

形成中炮进七兵对反宫马进7卒的阵式。红炮进卒林以横向攻击中路。此外，也可采取车二进六、炮八平七、炮八平六等走法。

5. ………… 象3进5

6. 炮八平五 …………

如改走马八进七，则士4进5，炮八平五，炮6进5，马七进六，车1平4，车九平八，车4进5，炮五平九，炮2进5，炮九进三，车4进1（或车9平8），双方各有顾忌。

6. ………… 马3进5

7. 炮五进四 士6进5

上左士形成花士象新颖，准备出象位车，再进3卒实施反击。

8. 马八进七 车1平3

9. 兵五进一 卒3进1

黑　方

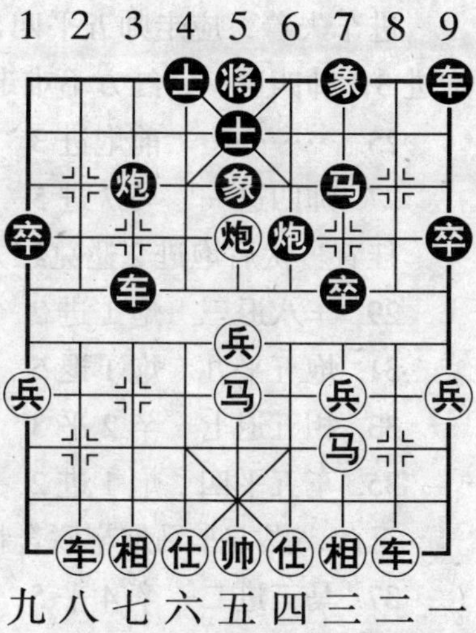

红　方

图12

10. 兵七进一 车3进4　11. 马七进五 炮6进1

12. 车九平八 炮2平3（图12）　13. 炮五退一…………

退炮求变。

13. ………… 炮6平5　14. 车二进四 车9平8

也可走炮3进7，仕六进五，炮3退3，黑方较优。

15. 车二进五 马7退8　16. 相七进五 马8进7

17. 车八进四 炮5平7　18. 兵三进一 卒7进1

19. 相五进三 马7进5　20. 相三进五 马5进7

21. 马三进四 炮7平8　22. 仕四进五 卒1进1

23. 马五退三 …………

退马空着。应走兵九进一，防止黑炮8平1，黑难进取。

23. ………… 炮8平1　24. 车八退一 炮3平1

25. 车八进三　…………

进车失着，应走帅五平四，以下前炮进 3，车八平四，前炮进 3，帅四进一，红方不难走。

25. …………　前炮进 3　　26. 帅五平四　前炮进 3
27. 帅四进一　马 7 进 5　　28. 马四进三　卒 1 进 1

佳着！伏后炮进 2 邀兑红方中炮。

29. 车八退三　炮 1 进 2　　30. 车八平五　马 5 进 3
31. 炮五平九　炮 1 退 5　　32. 后马进四　卒 1 平 2
33. 相五退七　卒 2 平 3　　34. 相三退五　卒 3 平 4
35. 车五平四　炮 1 进 2　　36. 车四退一　车 3 平 7

至此，黑方车马炮卒联合构成杀势，红难以求和。

37. 马三进二　卒 4 平 5　　38. 马四进三　车 7 平 8
39. 车四平三　车 8 进 5　　40. 马二退一　炮 1 进 2
41. 仕五进六　卒 5 进 1　　42. 马一退二　马 3 进 4
43. 仕六进五　卒 5 进 1　　44. 车三平五　车 8 退 1
45. 帅四退一　炮 1 进 1　　46. 相七进九　马 4 进 2
47. 相九退七　马 2 退 3

黑胜。

第 13 局

市政邬正伟（红先负）闸北葛维蒲

（1985 年 3 月 14 日弈于上海）

五七炮弃双兵对反宫马左象

1. 炮二平五　马 2 进 3　　2. 马二进三　炮 8 平 6

3. 车一平二　马8进7　　4. 兵三进一　卒3进1
5. 马八进九　象7进5　　6. 炮八平七　车1平2
7. 车九平八　炮2进4　　8. 兵七进一　卒3进1
9. 兵三进一　卒7进1　　10. 车二进四　炮2平3
11. 车八平九　炮6进4　　12. 车二平七　马3进4
13. 车七平六　…………

平车捉马正着。如改走兵五进一，则车2进5，车七平八，马4进2，马九进七，马2进4，黑方弃子得势占优。

13. …………　马4进2　　14. 炮七进七　…………

如改走炮七平六，则马2进1，车九进二，士6进5，兵五进一，炮6平7，相三进一，炮3平6，黑方易走。

14. …………　车2平3

正着。如改走象5退3，则马九进七，炮6平3，车六平七，卒7进1，车七退一，卒7进1，马三退五，马2退4，车七进一，马7进8，红无便宜。

15. 车六平八　炮6平7（图13）

16. 马九进七　…………

如图形势，红方弃相兑炮是一步新变。如改走马三退一（如马三退五，则士6进5，车八平四，车9平6，黑优），则士6进5，车八平四，车9平8，马九进七，车

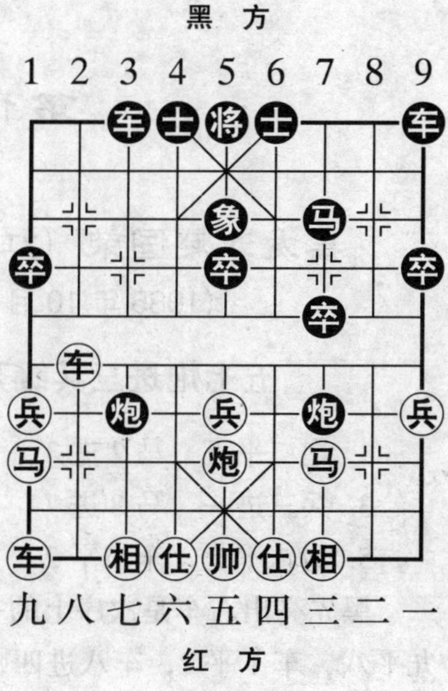

图13

3进6，车九进一，车3进3，黑优。

16. ………… 炮7进3　　17. 仕四进五　车3进6

18. 马三进四　…………

红方进马后，右翼空虚受攻。应改走车八平二，尚可一战。

18. ………… 车9平8　　19. 马四进六　车3退5

20. 马六进五　车3平5　　21. 车八进三　炮7平9

22. 车九平八　车8进9　　23. 仕五退四　马7进6

24. 马五退七　车5平8　　25. 前车进二　前车退6

26. 仕四进五　士6进5　　27. 炮五平三　马6进5

28. 炮三平五　前车进6　　29. 仕五退四

至此，红方认负。因以下前车平6，帅五平四，马5进7，帅四进一，车8进7，帅四进一，炮9退2，黑胜。

第14局

黑龙江赵国荣（红先负）上海胡荣华

（1985年10月22日弈于上海）

五七炮进三兵缓开车对反宫马横车

1. 炮二平五　马2进3　　2. 马二进三　炮8平6

3. 兵三进一　马8进7　　4. 马八进九　车9进1

5. 炮八平七　车1平2

黑先亮出右车是次序上的一个改进。如走车9平4，则车九平八，车1平2，车八进四，士4进5，车一平二，炮2平

1，车八进五，马3退2，车二进六，车4进4，车二平三，炮6平4，仕四进五，象3进5，炮五进四，马7进5，车三平五，炮1进4，车五退二，红方多兵占优。

6. 车九平八　炮2进4　　7. 车一平二　…………

如改走车一进一，则车9平4，车一平四，士4进5，仕四进五，车4进3，车四进五，象3进5，黑方阵形严整，红方无先手。

7. …………　车9平4　　8. 车二进六　…………

紧着。如改走仕四进五，则车4进4，车二进八，炮6平4，车二平七，车2进2，炮五平四，象3进5，相三进五，卒5进1，兵七进一，马7进5，黑方局面开朗。

8. …………　车4进6　　9. 炮七进四　炮6平4

进车捉炮，再平炮过宫，是反宫马调整阵形的常规战术。

如改走象3进5，则车二平三，马7退8，仕四进五，车4退2，炮五平七，红方多兵占优。

10. 仕四进五　车4退2　　11. 车二平三　象3进5

12. 炮五平七　马7退5

退马窝心，暗伏打死车，别出心裁。

13. 帅五平四　车2进4

如改走炮4进1，则车三进二，炮2退5，炮八进八，车2进1，车三平四叫杀，红方多子胜定。

14. 相七进五　…………

飞相不如改走车三平四有力，演变如下：车三平四，马5进7，相七进五，车4退1，兵七进一，炮2进1，马三进四，车4进1，兵三进一，炮4进1，车四进二，象5进7，兵七进一，车2平3，车八进二，车3退1，马四进二，红优。

14. ………… 炮4进1
15. 车三进二　车2平6
16. 帅四平五　炮2退2
17. 兵三进一　象5进7
18. 车三平二　炮2平1
19. 车八进二　象7退5
20. 前炮平八　炮1平3
21，马三进二　车6平7
22. 炮七进三　车7平3
23. 炮八进一（图14）

黑　方

1 2 3 4 5 6 7 8 9

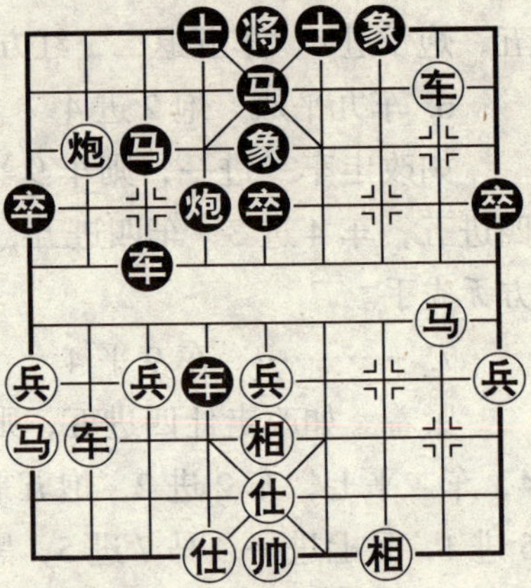

九 八 七 六 五 四 三 二 一

红　方

图14

马5退3

红方进炮企图掩护边线和沉底寻求攻势，黑方趁机退出窝心马，消除了心腹之患。红如改走兵七进一，车3平7，炮八平七，仍属红方占先行之利。

24. 炮八平九　前马进2　　25. 炮九进二　士6进5
26. 兵九进一　炮4平2　　27. 车八平七　车3平7
28. 兵七进一　炮2平3　　29. 车七平六　车4进2
30. 仕五进六　马2退4

精妙！暗伏马4退3捉死红炮。

31. 车二平四　…………

错了。应走马二进一，尚可支撑。

31. ………… 马4退3　　32. 炮九平六　…………

炮换双士是被迫所为，并无后续手段。

32. ………… 将5平4　　33. 车四平五　前马进2

34. 车五平四　将4平1　35. 马二进四　马3进4
36. 马九进八　象5退3　37. 车四平六　车7平6
38. 车六退一　炮3退2　39. 车六进一　车6平2
40. 兵七进一　车2平3　41. 马八进九　车3平4
42. 车六平三　象3进5　43. 仕六进五　车4进1
44. 马九进八　车4平1　45. 马八退七　车1进4
46. 仕五退六　车1退3　47. 车三平四　车1平5
48. 马七进五　马2退4　49. 车四进一　将5进1
50. 马五退三　车5平9

至此，黑方胜利在望了。

51. 车四平六　炮3平4　52. 马三退四　马4进3
53. 车六平七　车9退2　54. 相五进七　马3进5
55. 仕六退五　车9平6　56. 马四退二　象7进5
57. 车七平一　车6进2

黑胜。

第15局

黑龙江赵国荣（红先胜）上海胡荣华

（1985年10月9日弈于南京）

五七炮进三兵对反宫马

1. 炮二平五　马2进3　2. 马二进三　炮8平6
3. 兵三进一　…………

抢先挺兵是为了掌握布局的主动权。挺三兵是不让对方挺

7卒，不让对方引导布局朝着自己熟悉的方向发展。

3. ………… 马8进7　　4. 马八进九　…………

先进边马缓开车是赵国荣擅长的战术之一。

4. ………… 卒3进1　　5. 炮八平七　象7进5

6. 车九平八　车1平2　　7. 车八进六　…………

红方抢出左车，再进卒林牵制黑方右翼，创新之着。如改走车八进四，则车9平8，车一平二，车8进9，马三退二，士4进5，兵九进一，炮2平1，车八平四，车2进4，马二进三，马3进4，车四平六，卒3进1，车六平七，炮6退1，双方均势。

7. ………… 车9平8　　8. 车一平二　…………

兑车，属于后中先的走法。

8. ………… 车8进9　　9. 马三退二　炮6进1

进炮打车是步不明显的软手，以下的发展证明了这一点。

10. 车八退二　士6进5　　11. 炮五平三　…………

卸中炮，灵活。

11. ………… 炮2平1　　12. 车八平四　炮6退3

13. 兵九进一　车2进4

车进河口是应走之着，此外也没有更好的选择了。

14. 相三进五　马3进4　　15. 车四平六　卒3进1

16. 兵七进一　炮1平4　　17. 车六平五　马4退6

18. 车五平六　卒7进1　　19. 炮三进三　马6退8

20. 马二进三　车2平6　　21. 马九进八　车6平2

22. 马八退九　炮6平8　　23. 炮三平七（图15）炮8平6

如图形势，红送炮十分精妙，使人回味无穷。黑走炮8平

6 正确。如改走象 5 进 3，则兵七进一，车 2 平 3，相五进七，马 7 进 6，车六进三，士 5 进 4，炮七进三，红优。

24. 前炮进三　马 7 进 6

25. 车六退一　车 2 进 3

26. 兵五进一　炮 6 平 7

27. 仕四进五　马 6 进 7

28. 车六平四　炮 4 进 6

29. 马三退二　士 5 进 4

30. 后炮平六　士 4 进 5

31. 炮七平九　象 3 进 1

32. 炮九退二　车 2 退 4

33. 兵九进一　马 8 进 9

34. 马二进一　马 9 进 8

35. 马九进七　马 8 进 7

黑　方

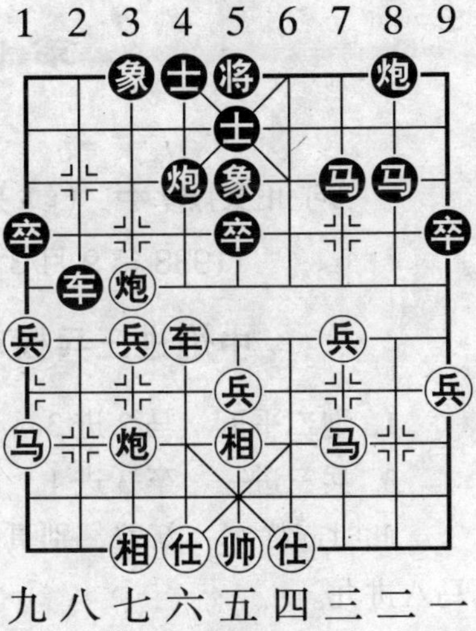

红　方

图 15

黑方兑子逼走之着。如改走车 2 进 3，则炮九平七，黑方难以应付。

36. 马一退三　炮 4 平 7　　37. 炮六进一　马 7 进 9

38. 炮六退一　马 9 退 7　　39. 炮六进一　马 7 进 9

40. 车四退一　马 9 退 7　　41. 车四进一　马 7 进 9

42. 炮六退一　马 9 退 7　　43. 兵七进一　象 5 进 3

44. 马七进六　卒 5 进 1　　45. 兵五进一　前炮平 8

46. 兵五平四　炮 8 退 2　　47. 车四进一　炮 8 退 4

48. 兵四平三　车 2 平 8　　49. 车四退一

黑方认负。

第16局

河北刘殿中（红先胜）广东庄玉腾

（1988年9月3日弈于呼和浩特）

中炮进三兵横车对反宫马横车

1. 炮二平五　马2进3　　2. 马二进三　炮8平6

3. 兵三进一　卒3进1　　4. 车一进一　…………

此时起横车，新着，别具一格。常见走法是 车一平二或马八进九。

4. …………　象3进5　　5. 车一平七　炮2退2

针对红车平七，退炮是对的，但退1更为灵活实用。

6. 马八进九　车9进1　　7. 车七平四　炮6平7

捉炮是诱使黑方随手补士，自阻车路。黑也明知此理，平炮7路，通畅车路。

8. 马三进二　炮2进6

进炮打中兵，孤炮难成势。宜改走车9平4，炮五平二，马8进9，马二进一，炮7平8，黑方不难走。

9. 炮五平二　马8进9　　10. 兵七进一　卒3进1

11. 马二进一　炮7平8　　12. 相七进五　卒3进1

13. 车九平七　炮2平5　　14. 仕四进五　卒3平2

15. 炮八平六　卒2进1

以上几个回合的角逐，红方用弃兵活车的战术扩大了先手。黑方进卒逼马，交换的结果大为吃亏。应改走车1平3，车四进二，炮5退2，车四平八，车9平6，尚可坚守。

16. 车四进六　马 3 进 4

17. 车四平二　卒 2 平 1

18. 车二平四　车 9 平 8

改走车 1 进 2 为 3 路马准备退路，尚不致使局势迅速恶化。

19. 车四退二　车 8 进 2

20. 炮二平一　马 9 退 8

退马准备先弃后取出于无奈，如改走炮 5 退 2，车七进六，黑方也难以应付。

21. 车四平六　马 8 进 7

22. 车七进三　炮 5 退 2

23. 炮六进二　马 7 进 9

24. 炮六平五（图 16）

卒 7 进 1

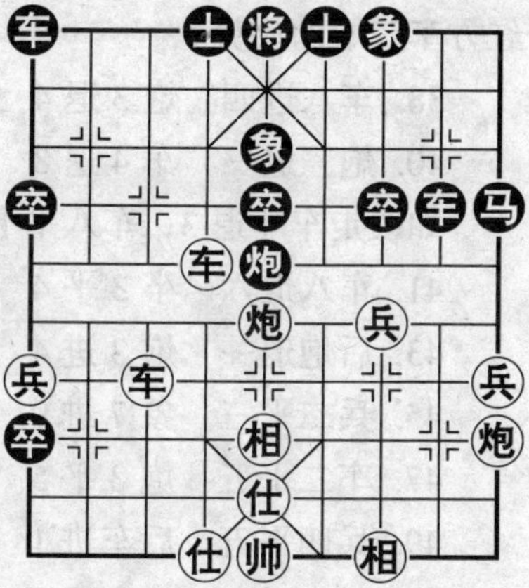

图 16

如图形势，表面看来双方子力相当，实则不然，因黑方双车马炮的位置太差，发展下去势必失子，已呈败象。

25. 兵三进一　马 9 进 8

如改走马 9 退 8，则兵三平四捉死炮。

26. 车七平二　士 4 进 5　　27. 炮一平二　象 5 进 7

28. 炮二进二　象 7 退 5　　29. 车六进一　炮 5 平 2

30. 车六平八　炮 2 平 3　　31. 兵一进一　车 1 平 4

32. 兵一进一　车 4 进 8　　33. 相五进七　前卒进 1

34. 相三进五　卒 1 平 2　　35. 车八进三　士 5 退 4

如改走炮 3 退 4，炮二进一，以后红方车炮解脱，将加快胜利的步伐。

36. 车八退四　士 4 进 5　　37. 兵一进一　车 8 进 1

如改走车 8 平 9 吃兵，则炮二进五，以后黑方也难以抵挡红方车双炮的攻势。

38. 车八进四　炮 3 退 4　　39. 炮五平三　卒 2 平 3

40. 炮三退三　车 4 退 8

如改走车 4 退 3，车八平七，象 5 退 3，炮二平三，红胜。

41. 车八退六　卒 3 平 4　　42. 炮二平三　车 8 平 4

43. 后炮退一　炮 3 进 4　　44. 兵一平二　前车进 1

45. 兵二平三　象 7 进 9　　46. 兵三平四　后车进 3

47. 车二平五　炮 3 平 5　　48. 车八进六　士 5 退 4

49. 兵四平五　后车进 1

如改走后车平 5，车八退四，黑方丢炮。

50. 兵五进一　前车平 6　　51. 后炮平二　士 6 进 5

52. 炮二进五　炮 5 退 1　　53. 车五进三　将 5 平 6

54. 炮二退五　车 4 平 6　　55. 炮三退四

至此，黑方认负。

第 17 局

黑龙江孙志伟（红先负）上海林宏敏

（1985 年 4 月 11 日弈于西安）

五七炮进三兵缓开车对反宫马

1. 炮二平五　马 2 进 3　　2. 马二进三　炮 8 平 6

3. 兵三进一　卒 3 进 1

挺卒，不急于开动左翼车马，是小林喜用的路子。

4. 马八进九　马8进7　　5. 炮八平七　象7进5

6. 车九平八　车1平2　　7. 车八进四　车9平8

8. 兵七进一　…………

兑兵求变。河北黄勇对小林时曾走车一平二，以下车8进9，马三退二，士4进5，兵九进一，炮2平1，车八平四，车2进4，马二进三，马3进4，车四平六，卒3进1，车六平七，炮6退1，炮七退一，炮1平3，成互缠局势。

8. …………　炮2平1

兑车正着。如改走：①车8进4，车一平二，红优；②卒3进1，车八平七，马3进2，炮五进四，士4进5，炮五平八，红优。

9. 车八进五　马3退2

10. 兵七进一　车8进4

11. 兵七平八　…………

平兵，想诱使黑走车8平2，则马九进七活通左马。

11. …………　马2进3

(图17)

12. 炮七进四　车8平2

如图形势，红方进炮压马着法软弱，是本局失利的症结。应改走车一平二，车8进5（如车8平2，马九进七，红不难走），马三退二，马3进2，炮五进四，士4进

黑　方

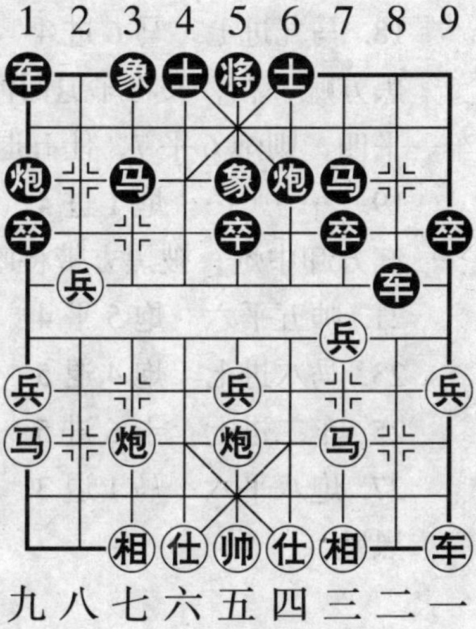

红　方

图17

5，变化下去红方多中兵稍好。

13. 车一进一　卒7进1　　14. 兵三进一　…………

原以为可走车一平七，卒7进1，炮七进三，象5退3，车七进六，红优。复算中发现黑可不退象吃炮，而走士4进5，形成红方得象、黑方有卒过河的局势，变化下去红将不利。

14. …………　车2平7　　15. 马三进四　马7进6

红应走马三进二，虽仍落后手，但要比马三进四的变化好一些。

16. 马四进六　…………

如误走车一平四，则车7进1，马九进七，车七平六，车四进三，炮6进3，马七进六，炮6平3，黑方得子。

16. …………　车7进5　　17. 仕六进五　车7退5

18. 马九进七　马6进4　　19，车一平二　…………

黑方赚一相，又将车退回河口，走法老练细腻。红如改走车一平四，则炮6平7，仕五退六，炮1进4，也是黑优。

19. …………　炮1进4　　20. 炮五平八　炮1平5

红方卸中炮，被黑方带将吃去中兵后，败势已定。

21. 帅五平六　炮5平4　　22. 马六进八　马4退3

23. 马八进七　炮4退5　　24. 炮八进六　前马退1

25. 车二进七　士6进5　　26. 车二进一　炮6退2

27. 炮八平六　马1退3

黑胜。

第18局

火车头苗永鹏（红先负）辽宁尚威

（1984年4月12日弈于合肥）

五七炮进三兵对反宫马

1. 炮二平五　马2进3　　2. 马二进三　炮8平6

3. 兵三进一　卒3进1　　4. 马八进九　马8进7

5. 炮八平七　象7进5　　6. 车九平八　车1平2

7. 车一进一　…………

至此，形成五七炮进三兵缓开车对反宫马的布局，红方可根据形势随时将车从横线开出。

7. …………　炮2进4

进炮封车，有些虚浮。不如改走车9平8、车1平4或士6进5比较稳健。

8. 车一平四　士6进5　　9. 兵七进一　…………

弃七兵，向黑方右翼施加压力，是红方横车的续进着法。

9. …………　卒3进1

如改走炮2平3，则车八进九，炮3进3，仕六进五，马3退2，炮五进四，红方占优。

10. 车四进三　卒3进1　　11. 炮七进五　炮6平3

12. 仕六进五　…………

补仕欠妥，与前面的弃兵不协调。应改走车四平七，炮3平1（如炮3平2，车七平八，黑要失子），车七退一，红优。

12. ………… 炮2进1

13. 车四平七 卒3平2

14. 车七进三 炮2平7

通过兑子，使无根车消除牵制，并有过河卒助战，黑方已成反先之势。

15. 马九进七 车9平6

16. 车七退一 卒2进1

(图18)

黑 方

1 2 3 4 5 6 7 8 9

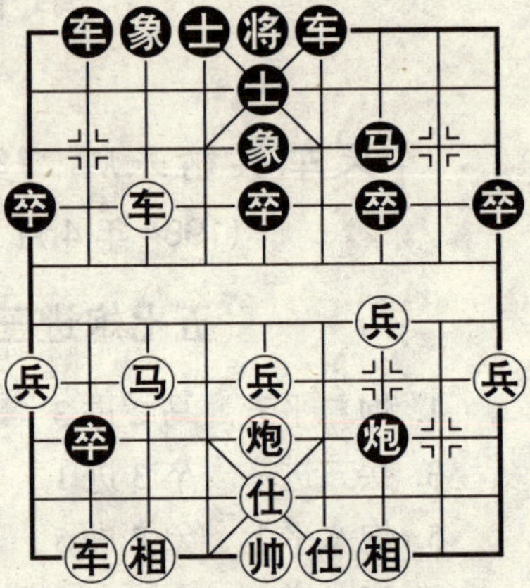

九 八 七 六 五 四 三 二 一

红 方

图18

17. 炮五进四 马7进5

如图形势，红方飞出中炮虽得一卒，但被黑马兑换，未免吃亏，致使局势加速逆转。

应改走马七进六，以下车6进4（如卒2进1，则车七平八，卒 2进1，车八进三；又如车2进4，则马六进八，车6进4，马八进七，将5平6，车七退二，红均不难走），车七平八，车2进3，马六进八，车6平3，炮五平四，红方尚可抗衡。

18. 车七平五 车2进6 19. 马七进六 卒2进1

20. 车八平九 …………

改走车五平八，则车2平4，马六退八，车4进2，黑方优势。

20. ………… 车6进4 21. 马六进八 卒2平3

22. 车五平六 炮7平2 23. 马八退七 炮2进2

24. 相七进五 将5平6 25. 马七退六 车2进1

26. 马六进五　炮 2 平 6

黑双车炮卒联合进攻，走得精巧有力。炮轰底仕可迅速入局，红已防不胜防。

27. 相五退七　车 2 平 7　　28. 兵三进一　卒 7 进 1

29. 车九平八　…………

如改走车九进二，则车 7 进 2，车 9 平 4，炮 6 平 3，红方失车。

29. …………　车 9 进 2　　30. 相七进五　炮 6 退 1

31. 仕五退四　车 7 退 2　　32. 车八进二　炮 6 平 8

33. 仕四进五　炮 8 进 1　　34. 车六平四　车 6 退 1

35. 马五进四　车 7 进 2　　36. 仕五退四　车 7 退 1

37. 仕四进五　卒 3 平 4

黑方伏有卒 4 平 5 的杀着，红方推枰认负。

第 19 局

河北刘殿中（红先负）上海徐天利

（1979 年 9 月 14 日弈于北京）

五六炮进三兵对反宫马进 3 卒

1. 炮二平五　马 2 进 3　　2. 马二进三　炮 8 平 6

3. 车一平二　马 8 进 7　　4. 兵三进一　卒 3 进 1

也可走车 9 进 1，另有不同变化。

5. 马八进九　象 3 进 5　　6. 炮八平六　…………

五六炮进攻反宫马是稳健的阵法。此时也可采用炮八平

七、炮八进四或马三进四等攻法。

6. ………… 车9进1　7. 车九平八　车1平2

8. 仕四进五　车9平4　9. 兵五进一 …………

挺中兵，发起中路进攻。也可走马三进四，以下车4进4（如炮6进2，则车二进七，车4进4，车二平三，车4平6，车三退一，红优），马四进五，马3进5，炮五进四，士4进5，象三进五，炮2进5，车二平四，炮6进4，双方各有千秋。

9. ………… 卒7进1　10. 车二进六　卒7进1

11. 车二平三　马7退9　12. 兵五进一 …………

弃兵企图突破中路，蓄意攻杀。

12. ………… 卒5进1　13. 马三进五　卒7平6

14. 炮五进三　士4进5　15. 炮五平六　车4平2

16. 前炮平二　炮2进3　17. 马五进四 …………

跃马弃子抢攻着法大胆，从而掀起了激烈的中局战斗。

17. ………… 炮2平5

如改走炮2退1打马，则马四进六，炮2平8，马六进七，前车平3，车八进九，红优。

18. 相三进五　前车进8　19. 马九退八　车2进9

20. 马四进六　车2退8　21. 炮二平五 …………

若车三进二，则马3进5，车三平一，这样虽然可吃回一子，但攻势减弱，红不愿这样走。

21. ………… 马3进5　22. 车三平四 …………

平肋车捉卒，目的是保持攻势。

22. ………… 炮5进1　23. 车四退二　炮6平8

24. 兵七进一 …………

送兵机智，为红马安排退路，着法灵活。

24. ………… 卒3进1 (图19)

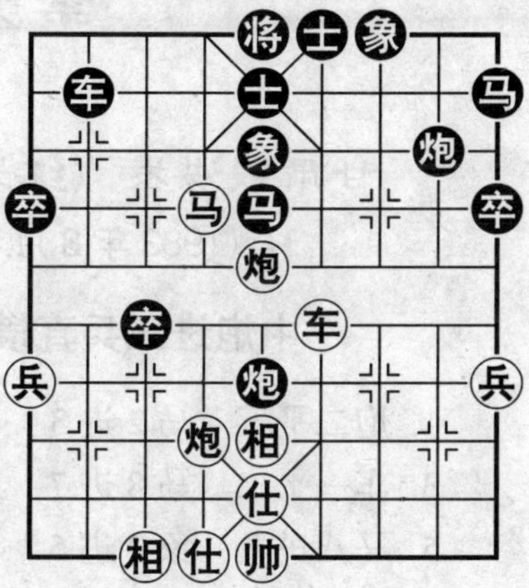

图 19

25. 车四退一 …………

失算，黑胸有成竹妙着解围而红达不到“后取”目的。如图应直接走车四平七吃卒叫杀，再车七退一捉死中炮，红方占优。

25. ………… 炮5退1

26. 马六退五 车2进3

27. 炮五平四 炮8平6

28. 车四平五 车2平5

以上黑方巧妙运子，现多子占绝对优势。

29. 相五进七 马9进7 30. 炮四退三 马5进7

31. 炮六平五 后马进6

进马踩车，得子胜定。

32. 车五平八 车5进1 33. 车八进六 士5退4

34. 炮四进五 马7退6 35. 车八退三 后马进7

36. 车八平九 士6进5 37. 相七进九 车5进1

38. 车九平四 马6进4 39. 相九退七 车5平7

40. 车四平三 车7平5 41. 兵九进一 马4进6

42. 炮五平四 马6退5

退马捉双，红方认输。

第20局

甘肃钱洪发（红先和）河北刘殿中

（1983年8月13日弈子兰州）

中炮进三兵直横车对反宫马左象

1. 炮二平五　马2进3　　2. 马二进三　炮8平6
3. 车一平二　马8进7　　4. 兵三进一　卒3进1
5. 马八进九　象7进5　　6. 车九进一　…………

至此形成标题所示的阵式。

6. …………　卒1进1

进边卒意欲车1进3，稳健。

7. 车九平四　士6进5

如改走士4进5，则车四进三，车1进3，仕四进五，马3进2，炮八进二，炮2平3，炮五平七，各有千秋。

8. 车四进三　车1进3　　9. 仕四进五　车1平4

如改走卒9进1，则炮八平七，马3进2，车二进六，马2进1，炮七退一，炮6退2，黑方易走。

10. 兵九进一　卒1进1　　11. 车四平九　车9平8
12. 车二进九　马7退8　　13. 炮五平四　…………

黑方中路比较稳固。红方平肋炮，准备联相，细腻之着。

13. …………　卒9进1　　14. 炮八平七　炮2平1
15. 相三进五　马8进9　　16. 马三进四（图20）
…………

如图，红方上马兑炮，着法积极。

16. ………… 炮6进5
17. 炮七平四 卒5进1
18. 车九平八 马3进1
19. 车八进三 炮1退1
20. 马九进八 马1进2
21. 车八退三 炮1进5
22. 车八退一 炮1退4
23. 车八进一 炮1平3
24. 兵五进一 车4进1

此时，黑方不走卒5进1去兵而上车保卒，乃似笨实佳的着法。

黑 方

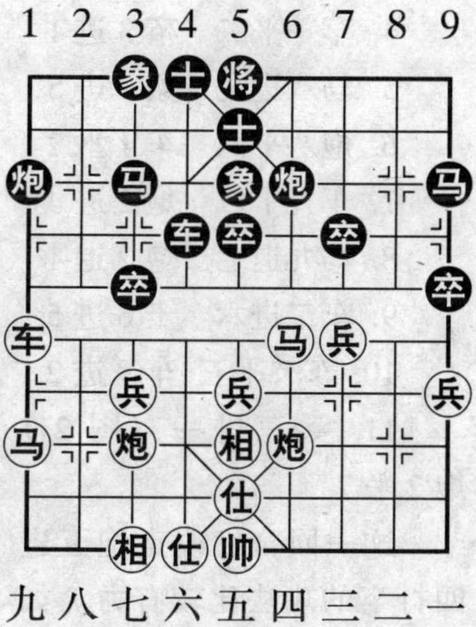

红 方

图20

25. 兵五进一 车4平5
26. 炮四平三 车5平6
27. 炮三平四 车6平8
28. 兵七进一 车8进5
29. 炮四退二 马9进8
30. 兵七进一 象5进3
31. 兵三进一 卒7进1
32. 马四进二 车8退5
33. 兵一进一

双方均无取胜条件，握手言和。

第21局

甘肃钱洪发（红先负）河北李来群

（1984年12月9日弈于广州）

五六炮边马进三兵对反宫马左象

1. 炮二平五 炮2进3
2. 马二进三 炮8平6

3. 兵三进一　马8进7
4. 车一平二　卒3进1
5. 马八进九　象7进5
6. 炮八平六　车1平2
7. 车九平八　炮2进4
8. 马九退七　炮2退1
9. 车二进六　士6进5
10. 车二平三　车9进2
11. 兵三进一（图21）　炮2平7

这一回合红改走炮五进四打卒的攻法比较有力。如图黑方平炮打车攻相，蓄意对攻，积极。此外也可走炮6退2，另有变化。

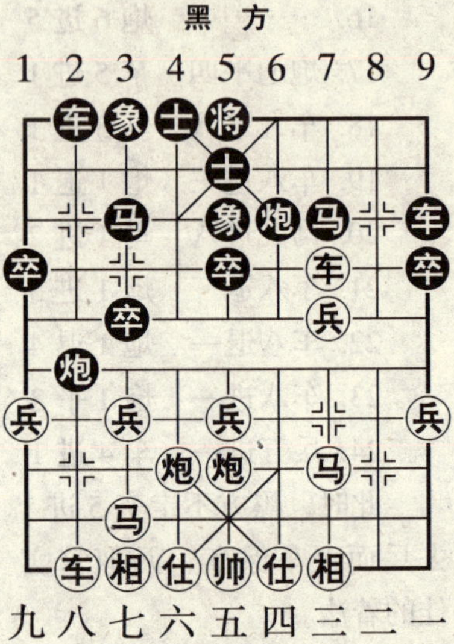

图21

12. 车八进九　马3退2　　13. 车三平四　炮7进4
14. 仕四进五　马2进3　　15. 兵三进一　马7退9
16. 马三进二　…………

跃马过急，应改走炮五进四，以下马3进5，车四平五，车9平8，车五退二，炮7退6，车五平二，红方不难走。

16. …………　车9平8　　17. 车四退二　车8进2
18. 车四平三　…………

失着，白丢一兵。应改走炮五平二，以下车8平7，相七进五，炮7退6（如炮7平9，则车四平三），马二进一，红可抗衡。

18. …………　炮7退6　　19. 炮六进六　…………

如改走炮五平二，则炮6平7，车三平六，车8平7，相七进五，前炮平8，黑先。

19. ………… 炮7平8　20. 炮五平二　车8平4

21. 炮六平一　炮8进4　22. 车三退二　炮8进2

23. 炮一进一　车4平7　24. 车三进三　象5进7

25. 马七进六　马3进4　26. 马六进七　象7退5

27. 马七退六　马4进5　28. 相七进五　炮8退3

29. 马六退七　马5进7　30. 马二进一　炮6进6

至此，伏炮6平9打马得子，黑胜。

第22局

黑龙江赵国荣（红先胜）上海胡荣华

（1984年5月26日弈于武汉）

五七炮两头蛇对反宫马

1. 炮二平五　马2进3　2. 马二进三　炮8平6

3. 兵三进一　马8进7　4. 兵七进一　车9平8

5. 炮八平七　车8进4　6. 马八进九　车8平2

封车，着法正确。

7. 车一平二　士4进5　8. 车二进六　…………

进过河车，正着。如改走炮七进四，则卒7进1，红方无先手。

8. ………… 象3进5　9. 炮七进四　卒7进1

10. 兵三进一　象5进7

如车2平7，则车二平三，红优。

11. 车九进一　马7进6　12. 车九平七　象7进5

如象7退5，则车二退一，车2平4，兵七进一，象5进3，马三进二，马6进5（如炮2进2，马九进七，车4退1，马七进八，马6进8，车七进四，红方得子），车二平六，马5退4，车七进四，红方大占优势。

13. 兵七进一　车2平3　　14. 车七进四　象5进3

15. 车二退一　象3退5　　16. 炮七平一　…………

红方弃兵兑车，退车捉象，炮击边卒，夺先取势。

16. …………　炮6平7

如炮6平9，则炮一平二，炮9平8（如马6退7，车二平一，红优），炮二平四，黑方丢象。

17. 炮一进三　炮7退2　　18. 车二退一　…………

车退河口，攻守兼备。

18. …………　马3进2　　19. 炮五进四　车1平3

20. 相三进五　车3进3　　21. 炮五退二　车3平9

22. 车二平一　车9平8　　23. 车一平四　马6退7

24. 仕四进五　马2退4　　25. 炮五平八　马4退6

26. 马九进七　马6进5　　27. 炮八退二　…………

红炮退守，稳操多兵之利。如兵五进一，马5退4，然后再马4退3，黑足可应付。

27. …………　马5进4　　28. 炮八平六　马4退3

黑方反复进马退马，并非简单的重复，在逆境中走出了最佳应着，很值得回味。

29. 马七进六　车8平9　　30. 车四平一　车9平8

31. 车一平四　车8平9（图22）

32. 车四进二　…………

兑车弃炮，精妙之着。如仍走车四平一，车9平8，双方不变作和。

32. ………… 车 9 退 2

33. 炮六进二 …………

如误走马六进五，则马 3 退 4，黑方得子。

33. ………… 马 3 退 4

34. 车四平九 …………

连续三步弃炮进攻，在实战中十分少见，内涵极为丰富，如果没有高瞻远瞩的洞察力和准确的计算是无法走出来的。

34. ………… 车 9 退 1

35. 炮六平五 马 4 进 5

黑 方

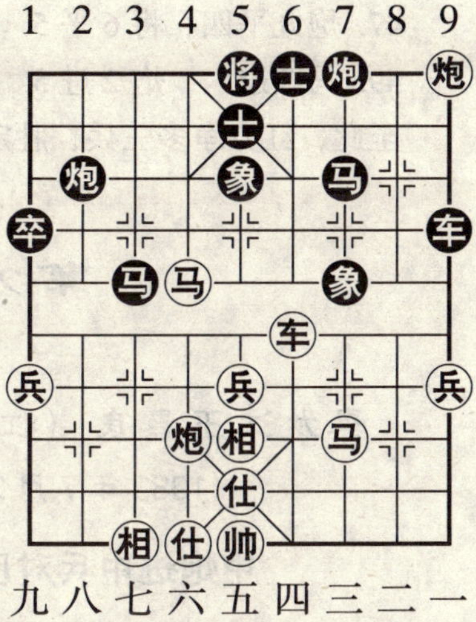

红 方

图 22

如马 4 退 3，车九平七，将 5 平 4，马六进七，将 4 平 5，马七进五，红胜势。又如炮 2 退 2，马六进四，黑难以应付。

36. 马六进七 士 5 退 4　　37. 车九退一 士 6 进 5

38. 车九平五 …………

红方先弃后取得回失子，多兵占优。

38. ………… 车 9 进 3　　39. 马七退八 将 5 平 6

40. 炮五平九 车 9 平 1　　41. 马三进二 炮 7 平 8

42. 车五平六 车 1 平 8

如炮 8 进 4 打双，则车六进一兑车脱身。

43. 马二退三 车 8 平 3　　44. 马八退六 车 3 平 1

45. 马六进四 …………

进马避兑，简化局势，稳操胜券。

45. ………… 马7进5　　46. 车六进一　炮8进3
47. 炮九平四　将6平5　　48. 车六平九　炮8平1
49. 马四进六　炮2进5　　50. 仕五进六

至此，红方净多三兵，胜定。

第23局

黑龙江王嘉良（红先负）河北李来群

（1983年7月26日弈于武汉）

中炮进中兵对反宫马后架中炮

1. 炮二平五　马2进3　　2. 马二进三　炮8平6
3. 车一平二　马8进7　　4. 兵五进一　…………

进中兵是一种老式的进攻方法，意图是打通中路。

4. ………… 炮6平5

后架中炮，是针对红方进中兵的一步正着。

5. 马八进七　车1进1

此时，黑方如改走炮5进3，则马七进五，兑炮后红方先手。

6. 炮八平九　炮2退1

退炮准备再平中路，着法灵活。

7. 车九平八　炮2平5　　8. 车八进六　车1平4
9. 仕六进五　卒7进1　　10. 车八平七　车4进1
11. 兵五进一　卒5进1

如改走炮5进2，则马七进五，红方略优。

12. 炮五进五　象7进5

13. 马七进五　车4进4

纵观全局，红方左车压马右车亮头，子力灵活。此时，黑方伸车弃马，有胆有识，如被红马五进七后将十分被动。

14. 车七进一　卒5进1

15. 马五退四　马7进5

16. 车七进一　车9进2

17. 车二进六　车9平6

20. 马四退二　车6进4（图23）

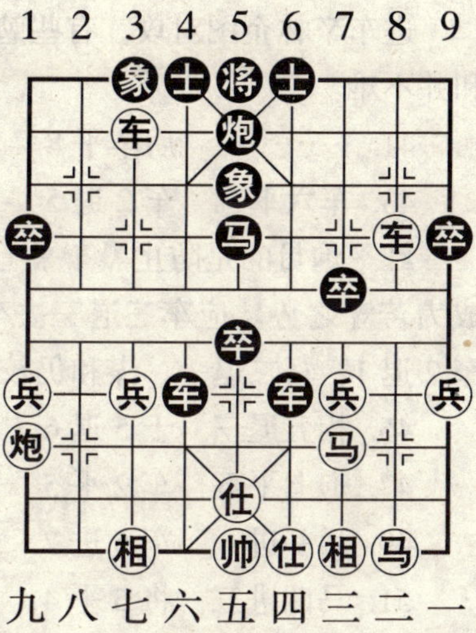

图23

如图，黑方双车占肋已成二鬼拍门之势，黑方占优。

21. 车七平五　士6进5　　22. 车二平五　卒5进1

23. 车五平七　车6退2　　24. 兵九进一　卒5平6

25. 炮九进一　车4退1　　26. 车七平一　车4平1

27. 炮九进三　车1平5　　28. 车一进三　士5退6

29. 车一退五　车5退2　　30. 炮九退四　车6平2

31. 车一平六　卒6平7　　32. 马三退一　车2进5

33. 车六退四　后卒进1　　34. 相三进五　前卒平6

35. 马二进四　士6进5　　36. 马四进二　卒7平6

37. 马二进一　后卒平7

至此，红方必失一子，导致被动局面。

38. 后马进三　卒6平7　　39. 马三进五　车5进3

40. 马一进二　车 5 平 6　　41. 车六进六　…………

进车卒林企图对攻，有些勉强，可改走马二退三去卒，谋和并不难。

41. …………　后卒平 8　　42. 马二进三　车 6 退 5

43. 车六平三　车 2 退 5　　44. 炮九平七　卒 8 进 1

红平炮目的是防止黑车平七兑车，但造成黑双卒携手，将成为苦守之势。应车三退三去卒，以下象 5 进 7，马三退二，车 2 退 1，马二退一，谋和仍较容易。

46. 相五退三　士 5 退 6　　46. 马三退四　士 4 进 5

47. 炮七平五　车 2 平 5　　48. 马四退三　车 6 进 4

49. 兵一进一　车 5 进 2　　50. 马三进四　车 6 平 4

51. 马四进三　将 5 平 4　　52. 车三平八　车 4 进 3

至此，黑方已控制了红方车马炮的攻势，使红方只有招架之功，并无还手之力，黑方胜局已定。

53. 马三退四　卒 7 进 1　　54. 车八退一　车 5 平 3

55. 相七进九　车 3 退 3　　56. 马四退六　卒 7 进 1

57. 炮五平六　将 4 平 5　　58. 马六退五　车 4 平 1

59. 相三进五　车 1 退 1　　60. 车八平四　车 3 进 5

61. 相五进七　车 1 退 1　　62. 车四平五　车 3 退 2

63. 马五进三　车 3 退 1　　64. 马三进四　车 3 平 6

65. 马四进三　车 6 退 4　　66. 马三退二　车 1 进 3

67. 炮六退二　卒 7 平 6　　68. 兵一进一　卒 8 平 7

69. 车五退三　卒 7 平 6　　70. 兵一进一　士 5 进 4

71. 车五平三　后卒进 1　　72. 车三进六　车 6 进 5

73. 车三退二　车 6 平 4

黑胜。

第24局

火车头郭长顺（红先和）上海胡荣华

（1984年4月17日弈于合肥）

五六炮正马对反宫马

1. 炮二平五　马2进3
2. 马二进三　炮8平6
3. 车一平二　马8进7
4. 炮八平六　卒7进1
5. 马八进七　士4进5
6. 车九平八　卒3进1
7. 车八进四　马7进6
8. 车二进六　车1平2
9. 兵七进一　卒3进1
10. 车八平七　象3进5
11. 车二平四　车2平4

红车平四逼马是夺取优势的关键。而黑车平4捉炮却是一步随手棋，给自己带来了后患。所以黑方似应暂时委曲一点，走马6进7，以下炮五进四，马3进5，车四平五，车9平8，黑虽失中卒，但可以坚守。

12. 仕四进五（图24）马6进7

黑　方

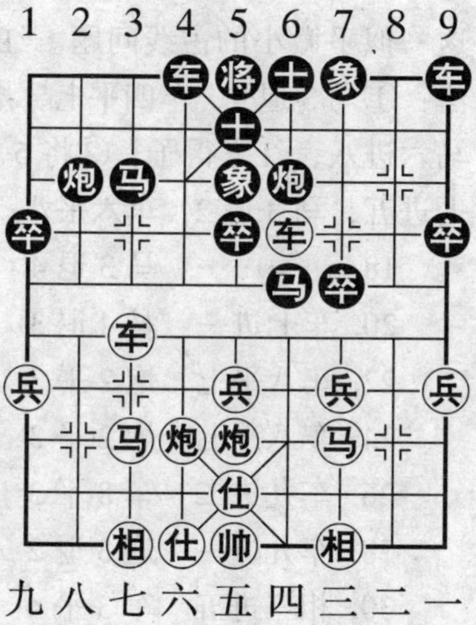

红　方

图24

如图形势，胡荣华已敏锐地觉察到平车捉炮造成的恶果，后悔不迭，口中下意识地微声念叨。

13. 马七进六　马 3 进 4

黑如车 4 平 2 逃车，则车四退三，炮 6 平 7，马六进五，马 3 进 5，炮五进四，红方大优。

14. 车四退三　卒 7 进 1　　15. 炮五进四　车 9 平 8

16. 车四进二　马 4 退 2

别无良策，只好退马交换。如走车 8 进 3，车四平六，红方白吃一马。

17. 炮六进七　马 2 进 3　　18. 炮六平九　…………

红方平边炮，从表面上看似乎是势在必行，可为以后侧袭多一条通路，其实是犯了一个经验主义的错误。临场很难考虑详尽，我们不能求全责备。但是，作为赛后总结，决不容忽视这一似乎微小的占线问题。红方应走炮六平八。黑有两种应法：①马 3 退 4，车四平七，炮 2 平 2，车七进一，马 4 退 3，马六进八，红方得子；②将 5 平 4，车四平六，炮 2 平 4，相七进五，马 3 退 2，车六平八，红占优势。

18. …………　马 3 退 4　　19. 车四平七　炮 2 平 3

20. 车七进一　马 4 退 3　　21. 车七平八　炮 3 平 2

22. 车八平七　炮 2 平 3　　23. 车七平八　炮 3 平 2

24. 车八平七　炮 2 平 3　　25. 车七平九　车 8 进 4

26. 车九进二　车 8 平 3　　27. 相七进五　马 3 退 1

28. 车九进一　炮 3 退 2　　29. 相五进三　将 5 平 4

30. 相三进五　车 3 平 4　　31. 马六退八　车 4 退 1

32. 炮五退二　车 4 进 3　　33. 车九平八　车 4 退 2

34. 炮五进一　炮 6 进 4　　35. 兵九进一　炮 6 平 2

红方的左马已成黑方的心腹大患，兑掉是缓解困难局势的关键。胡荣华先虚晃一招，佯装进车捉马，然后又退车调位，再伸炮打马交换，这几个回合走得简洁明了，显示出深厚精湛的中局功夫。

36. 车八退六　炮 3 进 7　　37. 相五退七　…………

应先走车八进六，如将 4 进 1 后再相五退七，红方占很大优势，正常发展下去是可以取胜的。

37. …………　车 4 退 1　　38. 车八进六　…………

一错再错，现已不宜进车叫将，应走炮五退一，黑如车 4 进 2，则车八退一捉炮，仍多兵占优。

38. …………　炮 3 退 7　　39. 炮五退一　车 4 进 2

40. 相七进五　车 4 平 1　　41. 炮五平三　象 5 进 7

红方强行兑子简化局势，先使自己立于不败之地，战略固然可取，但取胜的希望也随之减少了。

42. 车八平七　将 4 进 1　　43. 车七退四　象 7 退 5

44. 车七平六　士 5 进 4　　45. 车六平四　士 6 进 5

46. 车四退三　卒 9 进 1　　47. 马三退二　车 1 平 4

准备用车扼守河口，是取得和棋的正确方案。

48. 车四平三　马 7 退 5　　49. 兵五进一　车 4 平 5

50. 车三进一　车 5 退 2　　51. 车三平二　车 5 平 9

52. 车二进一　车 9 平 6

和棋。

第 25 局

甘肃钱洪发（红先和）安徽蒋志梁

（1978 年 9 月弈于郑州）

中炮对反宫马

1. 炮二平五　马 2 进 3　　2. 马二进三　卒 7 进 1

黑方左翼大子没动而先进 7 卒的走法，近来有较多被采用的趋势。它不仅避开了常套布局而且增加了选择余地，如以后反宫马、鸳鸯炮、屏风马均可采用。

3. 车一平二　炮 8 平 6　　4. 车二进八　士 4 进 5

5. 马八进七　炮 2 退 1　　6. 车二退二　…………

此外退四也属正常变化。另一种走法是车二退一，象 7 进 5，炮八平九，车 1 平 2，车九平八，马 8 进 6，车二退三，炮 2 进 5，黑方布局满意。

6. …………　马 8 进 7

如改走象 3 进 5，则炮八平九，马 8 进 7，车九平八，炮2 平 4，炮五进四，马 3 进 5，车二平五，红方多吃一中卒占优。

7. 车二平三　车 9 进 2

红方平车压马操之过急，应改走炮八平九，车 1 平 2，车九平八，炮 2 进 5，兵七进一，局势发展下去，红方占先。

8. 炮八平九　车 1 平 2　　9. 车九平八　炮 2 进 5

10. 车八进一（图 25）　…………

由此可见，红平车压马后，给自己造成了七兵不能抬头、双马受制的后果。

10. ………… 象3进5

如图形势，黑方飞象嫌软，应改走炮6进5打马。以下红方大致有两种走法，试演如下：①车八平七，象3进5，仕四进五（如车三平四，则炮6退3，黑优），卒3进1，车三平四，炮6退3，车七平六，炮6平4，黑方子力活跃，大占先手；②炮五进四，马7进5，炮九平四，马5进6，车三平二，马6进7，车二退四，车9平4，车二平三，车4进5，相三进五，炮2平5，仕四进五，车2进8，炮四平六，车2平3，炮六进二，炮5退1，炮六平七，马3进5，下步再卒3进1，红要失子。

黑　方

1 2 3 4 5 6 7 8 9

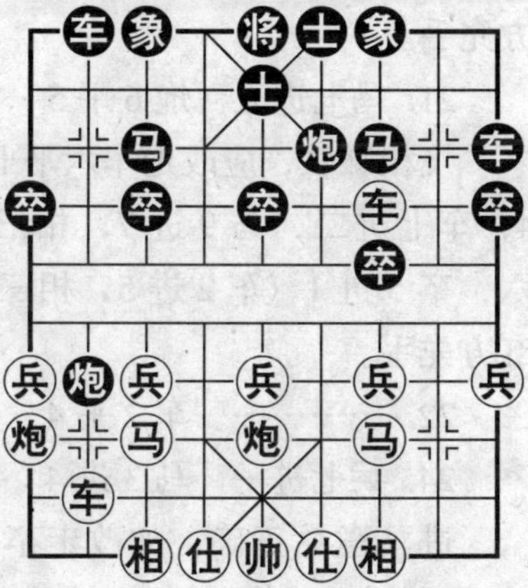

九 八 七 六 五 四 三 二 一

红　方

图25

11. 车八平六　炮6进5　　12. 马七退九　炮2平5

平炮打中兵后，虽然可白吃三个兵，但子力有些呆滞，不如改走炮6平1较稳妥。

13. 仕四进五　炮6进1　　14. 车六进三　炮5平1

15. 马九进七　炮1平7　　16. 车三平四　炮6退4

17. 车四进二　车9退1

退车邀兑，白丢一象，容易造成被动的局面。应改走马3退4保中象。

18. 炮五进四　士5退4　　19. 车四平一　马7退9

20. 炮五平二　士4进5

如改走炮6平3，则车六平七，马9进8，相三进五，红方先手。

21. 马七进五　炮6平5　　22. 相三进五　…………

飞相嫌软，应改走车六平七，接下黑如炮5平3（马3退4，车七进二，马9进7，相三进五，红方优势），则马五进六，卒5进1（车2进5，相三进五，红方优势），炮九平五，红方先手。

22. …………　车2平4　　23. 车六平二　卒3进1

24. 兵七进一　马3进4

进马邀兑正确。如改走卒3进1，则车二平七，马3进4，马五进四，炮7平2，车七进二，红方先手。

25. 车二平六　马4退3

红如改走车二退一捉炮，则马4进5，马三进五，炮7进2，兵七进一，车4进6，黑方易走。

26. 车六平二　马3进4　　27. 车二平六　马4退3

28. 车六平二　马3进4　　29. 车二平六　马4退3

30. 车六进五　马3退4

红方主动求变力求一搏。如再走车六平二，则马3进4，双方不变作和。

31. 兵七进一　马4进5　　32. 兵七平六　炮5进1

33. 马五进七　马9进8　　34. 兵六进一　卒5进1

35. 马七进五　马5进4

战局至此，红方过河一兵，黑方多卒少象，双方均势。

36. 炮九平六　炮7平2　　37. 马五进三　炮2平7

38. 前马进四　马8退6　　39. 炮二进三　马4进3

40. 兵六平五　卒7进1　　41. 炮二平五　马3退5

42. 相五进三　马5进4　　43. 仕五进六　马6进5

44. 相三退五　马5进6　　45. 仕六退五　卒1进1

46. 马四退二　象7进9

至此，双方子力相等，已成和局。

第26局

黑龙江陶汉明（红先负）上海洪智

（2007年9月6日弈于呼和浩特）

五八炮进七兵对反宫马

这是2007年全国个人赛第3轮，陶汉明对洪智两位特级大师的对局，前两轮均取得连胜的佳绩。此局，陶汉明不甘心平稳的和局，强行弃子抢攻，结果被洪智从容化解。

1. 炮二平五　马2进3　　2. 马二进三　炮8平6

3. 车一平二　马8进7　　4. 兵七进一　卒7进1

5. 炮八进四　象3进5　　6. 马八进七　士4进5

红进七路马开动子力。亦可改走炮八平五或兵五进一，红方不失先手。

7. 马七进六　卒3进1

红进七路马盘河，伺机夺取中卒，表现了陶汉明开局灵活善变的特点。

8. 兵七进一　车1平4　　9. 车二进四　车9平8

红如改走马六进七，则马7进6，车九进一，马6进4，兵七平六，马4进5，相三进五，车4进4，黑方反先。

10. 车二平四　象5进3

11. 炮八平七　车8进6

(图26)

红如不走平炮压马，而改走马六进五（如炮五平六打车，则马3进4，黑先），则马3进5，炮五进四，炮6平5，炮五退二，车8进3，炮八退一，马7进5，黑方反先。

黑　方

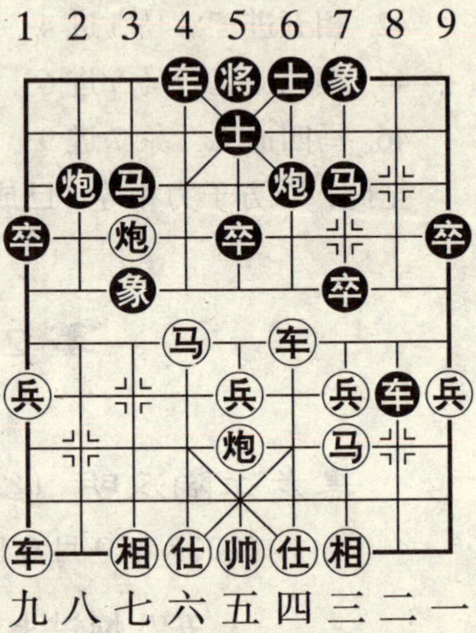

红　方

图26

12. 炮五平六　车4平2

13. 车九平八　炮6平4

14. 马六进四　象3退5

15. 炮六平七　炮2平1

红亦可改走马四进三兑马，以下炮4平7，炮六平七，双方均势。

16. 马四进五　象7进5

红弃马搏象，争胜欲望强烈。如改走车八进九，则马3退2，马四进三，炮4平7，车四平八，马2进3，双方均势，易成和局。

17. 车八进九　马3退2　　18. 车四平八　马2进4

19. 前炮进二　炮1进4　　20. 后炮平六　车8平7

21. 相七进五　马7进6　　22. 车八进五　士5退4

23. 炮六进六　车7进1　　24. 炮七进一　将5进1

25. 车八退二　车7退1

弃还一炮有惊无险，黑方已占优势。

26. 车八平六　车7平5　　27. 炮七退一　将5退1

28. 车六平七　士4进5　　29. 炮六退六　马6进4

30. 仕六进五　车5平2

至此，黑方车马炮三子归边，净多三卒。红方见大势已去，推枰认输。

第27局

山东王新光（红先胜）云南黎德志

（2007年9月7日弈于呼和浩特）

五六炮对反宫马先进7卒

这是C组第3轮王新光对黎德志两位业余高手的对局。双方前2轮同积3分。

1. 炮二平五　马2进3　　2. 马二进三　卒7进1

3. 车一平二　炮8平6　　4. 车二进八　士4进5

红进车压马是针对黑先挺7卒的有力措施，也是一步官着。

5. 炮八平六　象3进5

飞右象巩固中防。也可先走炮2退1，红车二退二或车二退四，红可保持略先的局面。

6. 马八进七　炮2退1　　7. 炮六进六　车1平4

红伸炮拦炮打车，创新着法。以往多走车二退二。

黑如改走将5平4，则车九进一，士5进4，车二退一，红方主动。

8. 炮六平七　车4平3

9. 炮七平六　车3平4

10. 炮六平七　车4平3

11. 炮七平六　炮2平3

12. 车九进一　炮6进5

13. 炮五退一　炮6进1

14. 炮五进一　炮6退1

15. 炮五退一　炮6进1

16. 炮五进一　炮6退1

17. 炮五退一　炮6进1

18. 炮五进一　车3平4

(图27)

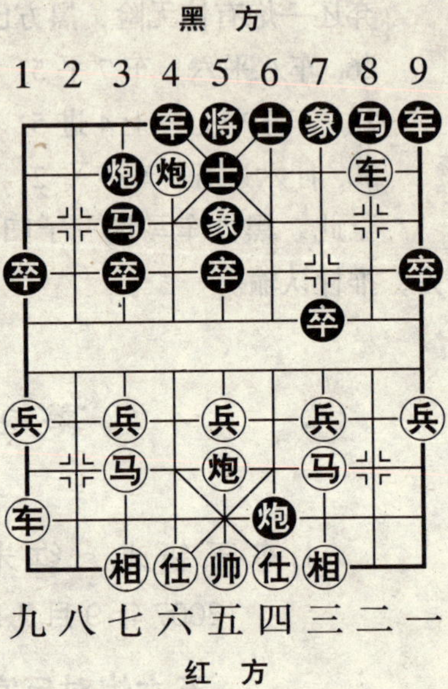

图27

黑退炮、进炮属于两打，按规则黑方必须变着。

19. 车九平六　炮6退4

20. 兵五进一　炮6平2

黑如改走炮6平3，则马三进五，亦是红优。

21. 车二退一　卒3进1

红退车机警！否则黑炮2退3打炮。

22. 马三进五　马8进9　　23. 炮五平二　马3进4

红卸中炮封车，弈法灵活。黑如改走卒5进1，则兵五进一，炮2平5，马五进四，红方优势。

24. 兵五进一　马4进5

黑如改走车4进1，则兵五平六，炮3进1，车二退一，亦是红优。

25. 马七进五　卒5进1　　26. 马五进四　炮2退3

27. 炮六退二　炮3进1　　28. 车二退一　马9退7

退马不如改走车9进1。

29. 车二平三　卒3进1　　30. 车六平八　炮3进1

31. 炮六平九　卒3平2　　32. 车八进三　炮3进6

33. 仕六进五　炮2平1　　34. 车八进四　马7进9

35. 车三平一　炮1进1　　36. 炮二平五！　车4进2

红立中炮，左右开弓，形成五子攻城的壮观场面，黑方已穷于应付。

37. 车八进一　士5退4　　38. 炮九平五　士6进5

39. 马四进三　马9退7　　40. 车一平三　车9平8

41. 前炮进二　象5退3

红改走马三进五踩士也佳。

42. 前炮平七　象3进5　　43. 炮七退八　卒5进1

44. 炮七平六　车4进6　　45. 车八退二　炮1进2

46. 炮六进九　车4退8　　47. 车八进一　车4进6

48. 车三平九

红胜。王新光三轮过后取得两胜一负积6分的战绩。

第28局

广东黄海林（红先和）北京王跃飞

（2007年9月7日弈于呼和浩特）

五六炮正马对反宫马

1. 炮二平五　马2进3　　2. 马二进三　炮8平6

3. 车一平二　马8进7　　4. 炮八平六　车1平2

5. 马八进七　炮2平1　　6. 兵七进一　卒7进1

7. 马七进六　士6进5

补左士，阵形比较协调，是近年来比较流行的走法。

8. 车二进六　车2进6

至此双方布成五六炮正马进七兵对反宫马的阵形。现在红右车过河，准备与河口马配合发动攻势。

9. 仕四进五　车2平4

红方也可以走仕六进五，以下车2平4，马六进七，车4平3（可马7进6），炮五进四，马3进5，车二平五，炮1进4，车五平四，象7进5，马七退五，红方占优。

10. 马六进五　马3进5

吃马简明。改走车4退3，则车九平八，马7进6，兵五进一，卒7进1，车二平四，马6进7，兵五进一，黑方没有便宜可占。

11. 炮五进四　象7进5

12. 车二平三（图28）　炮6进5

也可以走车4退3，红方接走车三退一，则炮6退1，炮五退二，炮6平7，车三平五，车9平8，车九平八，车8进4，黑方易走。

15. 炮五平九　车9平6

14. 车九平八　车4平5

15. 相三进五　车5平1

稳健的走法。如改走车八进七，则车5平4，仕五进四，车4进1，仕六进五，车

黑方

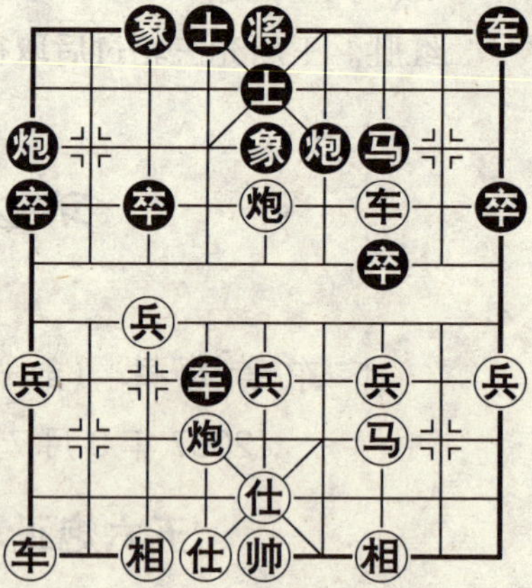

红方

图28

4平3，相七进五，车3退1，车三进一，局面比较复杂。

黑如改走车5平7，则炮六平四，车7进1，车八进六，车7退1，炮九平七，红方易走。

16. 炮六平四　车1退3　　17. 车八进三　车1进1

18. 车三平七　车1平5　　19. 马三退一　车6平8

退马软着，可以考虑车七平三，炮1平3，炮四退二，车6进5，车八平五，红方易走。

20. 马一退三　车8进8　　21. 车七平三　车8平7

22. 兵三进一　车5进1　　23. 兵三进一　马7进5

24. 车八进三　马5进7　　25. 车八平四　炮1进7

26. 车四进二　马7进8

进马巧着，化解红方的攻势。

27. 车三平二　马8进6

红棋不能车三退五，否则马8进7，炮四退一（如帅五平六，马7退5，炮四平二，马5退7，黑优），车5进2，车四退六，车5退1，车四平三，马7进9，黑方占优。

28. 车四退六　车5平4

缓着。黑方另有两种变化：①士5退6，车二平一，车5退1，车一退二，车5平7，车一平四，红多兵占优；②车5进1，车二平一，士5退6，兵一进一，士4进5，车一平六，车5退2，大体均势。

29. 车四进六　士5退6　　30. 车二平九　炮1平2

31. 车四平八　车4平6　　32. 车八退八　车6进3

33. 仕五退四　车7进1　　34. 仕六进五　车7平9

35. 车八进三　卒9进1

红方如接走车九平一，则车6退4，车八平二，车9退2，红方虽多双兵但取胜比较困难。双方同意作和。

第29局

北京张强（红先负）成都李艾东

（2007年9月10日弈于呼和浩特）

五七炮进三兵对反宫马

这是第6轮张强对李艾东两位大师的一场关键之战。前5轮两人同积9分，同时该组积9~13分的达12人之多，此局只有获胜方有望出线。双方在此形势下展开一场决斗。

1. 炮二平五　马2进3　　2. 马二进三　炮8平6

3. 兵三进一　卒3进1

红方缓开车先进三兵，是具有针对性的一着棋。卒3进1这着棋很重要，不仅挺卒活马，还可以避免红方挺起两头蛇。

4. 马八进九　象7进5

先补中象，目的是不让红炮八平七先手亮车，以便先出动己方右翼子力，对红方左路实施封锁。

5. 炮八平七　车1平2　　6. 车九平八　炮2进4

7. 车一进一　马8进7

红方起横车，伺机破坏黑炮的封锁，并可攻击黑方右翼子力。

至此，双方布成中炮缓开车对反宫马的阵形。

8. 车一平七　车9平8　　9. 兵七进一　炮2平3

10. 车八进九　炮3进2　　11. 车八退九　炮3退3

12. 炮五平六　车8进4（图29）

红方卸中炮调形，解放左车，同时可以给右路的孤马生根。如改走马三进四，则车8进6，马四进五，马3进5，炮五进四，士6进5，红方无便宜。

升车巡河是要着，既策应右翼子力，而且可以防止红方三路马跳出来，是一步大局观很强的棋。

13. 相七进五　卒7进1

14. 相五进七　卒7进1

红如改走兵三进一，则车8平7，相五进七，卒3进1，相三进五，卒3平4，车八进三，车7平2，车八平七，马3进4，炮六进三，车2平4，各有千秋。

黑 方

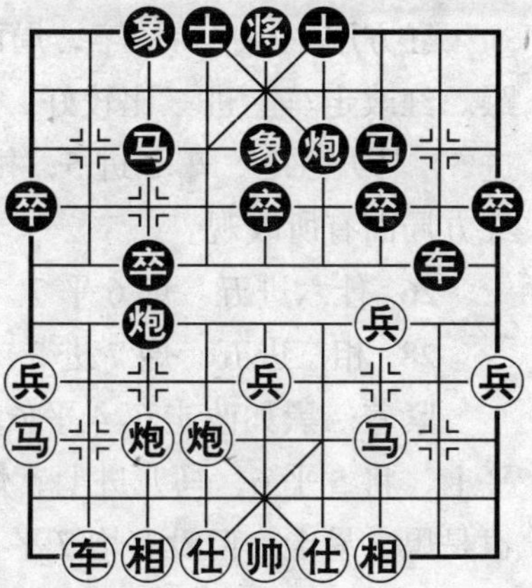

红 方

图29

15. 相七退五　卒7进1　　16. 马三退五　马3进4

红退窝心马贪恋得子，不如改走马三退一，以下马3进4（如车8进4，车八进七，马3进4，炮七进七，士4进5，车八进二，红优），炮七退一，车8进1，车八进八，马4进5，炮六进六，马5进3，马九退八，车8平2，各有千秋。

17. 马五退七　车8平5　　18. 车八进四　马4进5

软着，应改走兵五进一，以下车5进1，车八进八，马4进5，炮七进一，马7进6，炮六进六，红方易走。

19. 炮七退一　卒3进1　　20. 车八进四　车5平4

红方白白损失两步棋。

21. 车八退五　马7进6　　22. 炮七平五　卒7平6

23. 相五进七　马 5 退 3　　24. 车八平七　马 3 进 5

25. 炮五进五　士 6 进 5

红方用一相换得一卒，局面有所松透。但炮五进五略有急躁。红改走车七进三比较好，以下车 4 平 2，炮五进五，士 6 进 5，马九进七，车 2 进 5，相三进五，马 6 进 4，车七平六，红方局面有所改观。

26. 仕六进五　炮 6 平 7　　27. 车七进三　马 6 进 7

28. 相三进五　炮 7 进 2　　29. 仕五退六　炮 7 平 8

紧着。黑如改走车 4 平 6，则炮六退一，炮 7 平 8，炮六平七，将 5 平 6，马九进七，炮 8 进 5，相五退三，卒 6 进 1，也是黑方易走，但没有炮 7 平 8 紧凑。

30. 马九进七　炮 8 进 5　　31. 帅五进一　车 4 平 8

红如改走仕四进五，则车 4 平 8，前马进五，炮 8 平 9，马五退三，车 8 进 5，仕五进四，卒 6 平 7，红方也难应。黑方车双马炮卒五子攻城，红方已难应付了。

32. 帅五平六　炮 8 退 1

马 7 进 8 更为严厉，以下仕六进五，炮 8 平 3，车七平六，马 5 退 6，车六平八，马 6 退 7，炮五平九，车 8 平 3，车八退三，卒 6 平 5，帅六退一，炮 3 平 6，马七进五，车 3 平 5，黑方胜势。

33. 前马进五　马 7 进 6　　34. 仕六进五　车 8 平 5

35. 马七进八　马 5 进 3

如改走马五退七，则马 5 进 3，车七平六，车 5 进 2，前马进六，车 5 平 4，炮五退一，马 6 退 5，仕五退六，车 4 退 2，车六退一，马 5 退 4，红方同样难应。

36. 马五退七　卒 6 平 5　　37. 车七平六　卒 5 进 1

38. 炮五退四　马 6 退 7　　　39. 仕五进四　马 7 进 5

40. 马七退五　车 5 进 3　　　41. 车六平七　炮 8 退 3

以下黑方有炮 8 平 4 凶着，红方只能车七平六以车换炮，红方认输。李艾东大师取胜，积 13 分取得小组第八名，进入 32 强决赛。

第 30 局

黑龙江王琳娜（红先负）山西董波

（2007 年 9 月 13 日弈于呼和浩特）

中炮横车对反宫马

在 2007 年全国个人赛中，当男子“天下第一人”许银川被小将王跃飞淘汰出局后，赛场又传来一大“冷门”——在女子八强战中，女子“第一人”巾帼杀手特级大师被山西董波大师淘汰止步八强。、

1. 炮二平五　马 2 进 3　　　2. 马二进三　炮 8 平 6

3. 车一进一　马 8 进 7　　　4. 车一平四　士 4 进 5

5. 马八进七　车 9 平 8　　　6. 兵五进一　象 3 进 5

飞右象巩固中防，这种应着较为少见。通常多走卒 3 进 1、车 8 进 4 或炮 6 平 5，双方另具攻守变化。

7. 马七进五　车 8 进 4　　　8. 车四进五　车 1 平 4

9. 兵五进一　卒 5 进 1（图 30）

红如改走车四平三，车 8 平 7，车三退一，象 5 进 7，红无便宜。

10. 炮八平九　炮2进4

如图所示的形势，红如改走车四平七杀卒，则炮2进4，马五进七，卒5进1，马七进五，炮6进4，车七进一，炮6平5，仕四进五，车8平5，兵七进一，车5平4，马三进五，卒5进1，黑方反夺优势。

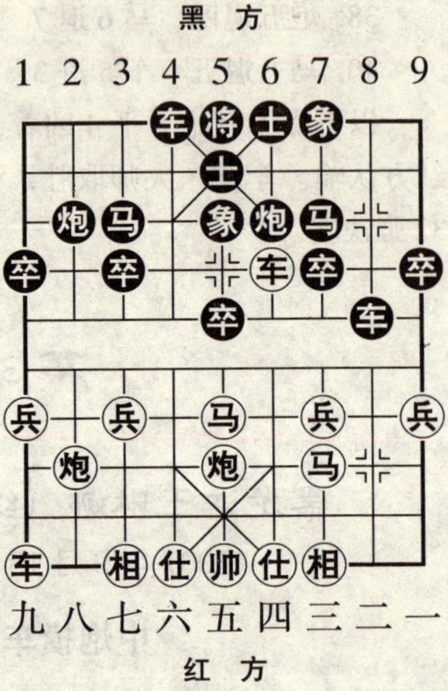

图30

11. 车九平八　炮2平5

12. 马三进五　车4进6

13. 马五进三　车4退2

14. 车四平三　车8平7

15. 车三平七　马7进8

16. 马三退五　卒5进1

弃卒正着！如误走车4进2，则兵三进一，再马五进四，红方占优。

17. 炮五进二　马8进7　　18. 炮五平七　车7平5

19. 炮七进三　车5进2　　20. 仕六进五　炮6平3

21. 车七进一　卒1进1　　22. 车八进九　士5退4

23. 车八退三　卒9进1　　24. 车八平九　车4进2

25. 车九平七　车4退2　　26. 后车平九　车4进2

27. 车九平七　车4退2　　28. 后车平四　车4平2

如双方不变作和，和棋对红方来说等于失败，故王琳娜只有强行求变。

29. 车四平六　士6进5　　30. 车六进二　马7退5

31. 兵七进一　车 2 进 5　　32. 车六退八　车 5 平 1
33. 车七退一　车 1 平 9　　34. 车七平九　马 5 进 3
35. 炮九平七　卒 1 进 1　　36. 兵七进一　马 3 退 5
37. 兵七平六　车 9 平 3

如改走车九退二，马 5 退 3，和局。

38. 炮七平五　车 3 进 3

黑胜。

图书在版编目(CIP)数据

中炮对反宫马 / 金启昌，杨仕俊，凡逊编著. –北京：人民体育出版社，2010
ISBN 978-7-5009-3881-1

Ⅰ. 中… Ⅱ. ①金… ②杨… ③凡… Ⅲ. 中国象棋–布局（棋类运动） Ⅳ. G891.2

中国版本图书馆 CIP 数据核字(2010)第 031871 号

*

人民体育出版社出版发行
北京市兴顺印刷厂印刷
新 华 书 店 经 销

*

850×1168 32 开本 11 印张 250 千字
2010 年 9 月第 1 版 2010 年 9 月第 1 次印刷
印数:1—5,000 册

*

ISBN 978-7-5009-3881-1
定价：23.00 元

社址：北京市崇文区体育馆路 8 号（天坛公园东门）
电话：67151482（发行部） 邮编：100061
传真：67151483 邮购：67118491